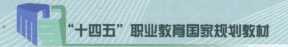"十四五"职业教育国家规划教材

汽车电气设备检修

主　编　陈　清
副主编　邱尚磊

北京理工大学出版社
BEIJING INSTITUTE OF TECHNOLOGY PRESS

版权专有　侵权必究

图书在版编目（CIP）数据

汽车电气设备检修/陈清主编．—北京：北京理工大学出版社，2019.11（2024.8重印）

ISBN 978-7-5682-7975-8

Ⅰ.①汽…　Ⅱ.①陈…　Ⅲ.①汽车-电气设备-车辆修理-高等职业教育-教材　Ⅳ.①U472.41

中国版本图书馆 CIP 数据核字（2019）第 253306 号

责任编辑：梁铜华　　文案编辑：梁铜华
责任校对：周瑞红　　责任印制：李志强

出版发行 / 北京理工大学出版社有限责任公司
社　　址 / 北京市丰台区四合庄路6号
邮　　编 / 100070
电　　话 / （010）68914026（教材售后服务热线）
　　　　　　（010）68944437（课件资源服务热线）
网　　址 / http：//www.bitpress.com.cn

版 印 次 / 2024年8月第1版第6次印刷
印　　刷 / 北京虎彩文化传播有限公司
开　　本 / 787 mm×1092 mm　1/16
印　　张 / 21.75
字　　数 / 497千字
定　　价 / 69.80元

图书出现印装质量问题，请拨打售后服务热线，负责调换

序言

汽车工业的水平综合反映一个国家的工业水平，截至 2019 年 6 月我国汽车保有量已突破 2.5 亿辆，汽车工业占 GDP 的比重持续提高，毫无疑问，汽车产业作为国民经济支柱产业的重要性日益增强。

近年来，在新一轮科技革命风起云涌的当下，全球汽车行业正迎来全新变量，汽车产业正在步入智能网联时代，不仅是新能源汽车带来的全新的产品前景，大数据、云计算、人工智能技术的深度融入，成为汽车产业加快转型升级的主要动力，全球汽车行业从思维理念到商业模式都发生着巨大变化，对汽车营销服务行业从业人员的素质提出了更高要求。

汽车科技的提升，汽车产业的社会化、规模化、集团化、网络化，使得汽车人才需求尤为突出，有报告预计未来五年汽车专业人才需求位居社会总体需求前五名，汽车从业人员需求量将达到 5 000 万人，汽车行业人才缺口巨大，人才网和国家人事部先后把汽车类专业人才列入紧缺人才、急需人才。

这套《汽车服务营销国家教学资源库配套教材》的产生，适应了汽车行业的变化及对汽车服务营销人才需求的变化。同时，

适应了教育部职业教育专业教学资源库建设目标及要求

根据资源库建设"国家急需、全国一流、面向专业"的要求，本套教材以落实立德树人为根本任务，积极培育和践行社会主义核心价值观，突出职业教育的类型特点，是全国 13 所高职院校，联合深圳中诺思等 10 家教育服务公司和宝马、大众、北汽等 10 大汽车品牌经销商"双元"合作开发的结果。

本套教材内容符合国家 2019 年颁布的汽车营销与服务专业教学标准，涵盖了基础知识和拓展知识，有利于教师分层教学和学生自主学习。同时，本套教材基于职业教育专业

教学资源库，结合国家专业标准设计课程体系及知识技能点，确立了开发目标——基于但是高于基本教学标准及教材标准，依托强大的专业教学资源库，充分体现信息技术的优势，配备丰富的教学资源。

自2015年起，在资源库平台建设了20门专业课程，每门课程都包含完整的教学内容和教学活动，包括教学设计、教学过程记录、教学评价等环节，建有试卷库36个，考试样卷268套。共上传文本、PPT演示文稿、图形/图像、音频、视频、动画和虚拟仿真等资源29 632个，基本资源26 910个，覆盖专业所有基本知识点和岗位基本技能点；拓展资源2 722个，体现行业发展的前沿技术和最新成果，集合专业领域全国不同地域特点和技术特色的优质资源。目前已经有6门课程被认定为省级精品在线开放课程。

资源库平台资源免费开放，各类用户可自由注册，进行自主学习；提供多终端的资源检索、资料下载、教学指导、学习咨询、讨论答疑，支持个人自学、学历教育、职业培训与认证，用户产生行为日志2 030万条，其中，检索资源109.9万次、浏览课程424.9万次、互动提问67.1万次、作品提交22.4万次、自测和考试8.5万次。为学生、教师、行业企业人员、社会学习者等各类用户，提供了PC终端和移动终端，实现了"将课程放在桌面上，将课堂放在口袋里"的"云+端"环境，提供了资源检索、信息查询、资料下载、教学指导、学习咨询、讨论答疑、就业支持等服务。

后面，将根据产业升级情况以及专业教学资源库更新情况，持续更新教材。

本套教材充分体现了混合式教学法的设计思路

本套教材经过3次审纲研讨会，不断完善，形成了混合式教学法的设计思路，与资源库平台课程配套，将课程教学分为课前、课中、课后三部分。课前教师组织教学材料、分发任务、学生完成测试、线上提出问题。课中学生问题反馈、小组互动、教师重难点问题讲解、任务实施、布置作业。课后强化盲点、完成作业、作品展示。

在中国汽车工程学会的大力支持下，来自京津地区、珠三角地区、长三角地区、东北地区、中部地区、西南地区等中国6大汽车产业集群所在地的9所国家示范性（骨干）高职院校参与教材编写。分别是湖南汽车工程职业学院、四川交通职业技术学院、淄博职业学院、长春汽车工业高等专科学校、常州机电职业技术学院、黄冈职业技术学院、浙江交通职业技术学院、云南交通职业技术学院、吉林交通职业技术学院。

经过编委会审定，本套教材能够满足高等职业教育汽车营销与服务专业、汽车运用与维修技术专业、汽车检测与维修技术专业的教学需要，也能够满足汽车从业人员终身职业教育的学习需要。

丛书编委会

2019年2月

前言

党的二十大报告指出，我们要坚持教育优先发展、科技自立自强、人才引领驱动，加快建设教育强国、科技强国、人才强国，坚持为党育人、为国育才，全面提高人才自主培养质量，着力造就拔尖创新人才，聚天下英才而用之。

"汽车电气设备检修"是高职汽车营销与服务专业公共平台专业核心课程，是汽车营销与服务人员在汽车服务顾问岗位、汽车销售顾问岗位专业能力的重要组成部分。课程主要内容包含汽车电气基础、蓄电池、电源系统、起动系统、电动车窗系统、中控门锁及防盗系统、电动座椅系统、电动后视镜系统、雨刮及清洗系统、照明系统、信号系统、仪表及报警系统、空调系统、音响系统、导航系统、安全气囊系统等内容。

学完本课程后，学生能正确描述汽车电气设备各系统组成、结构及基本工作原理，能完成汽车电气各系统正确使用操作演示及讲解，能够与客户就汽车电气各系统常见故障及原因进行沟通。在每个学习任务中，均按照任务引入、任务描述、学习目标、相关知识、在线测验、任务实施、常见故障及原因分析、拓展提升几个环节来编写。

本教材贯彻落实党的二十大精神，结合汽车营销与服务国家级专业教学资源库建设，是国家级专业教学资源库配套教材。教材结合目前国际主流车型与各院校校企合作情况，选择丰田卡罗拉、大众帕萨特、本田思铂睿、宝马3系等国际主流车型制作了大量视频资源，包含正确操作功能演示、正确使用两人采访、常见检修操作项目、故障原因三人讨论等大量的精品资源，资源通过二维码融入教材，使学习者在学习过程中可以直观感受到4种车型丰富的功能操作演示，丰田卡罗拉或本田思铂睿汽车各检修项目规范操作，大众帕萨特汽车各系统特点及基本检查，宝马3系汽车所体现的高档车尊贵的体验。

本书分为6篇18个学习任务来编写。第1篇为汽车电气基础，学习任务1 汽车电气设备认识由韩飒老师编写，学习任务2 汽车车载网络系统认识及维护由任东老师编写；第2篇为汽车电源及起动系统认识及维护，学习任务1 汽车蓄电池认识及维护、学习任务2 汽车电源系统认识及维护由韩蕾老师编写，学习任务3 汽车起动系统认识及维护由邱尚磊老师编写；第3篇为汽车车身电气系统认识及维护，学习任务1 汽车电动车窗系统认识及维护、学习任务 4 汽车电动后视镜系统认识及维护由王剑波老师编写，学习任务 2 汽车中央门锁及防盗系统认识及维护、学习任务 3 汽车电动座椅系统认识及维护由邱尚磊老师编写，学习任务 5 汽车刮水器及清洗器认识及维护由陈清老师编写；第 4 篇为汽车照明、信号及仪表系统认识及维护，学习任务 1 汽车照明系统认识及维护、学习任务 2 汽车信号系统认识及维护由卜军伟老师编写，学习任务 3 汽车仪表及报警系统认识及维护由韩飒老师编写；第 5 篇为汽车舒适系统认识及维护，学习任务 1 汽车空调系统认识及维护由周旭老师编写，学习任务 2 汽车音响系统认识及维护由王钰老师编写，学习任务 3 汽车导航系统认识及维护由李亚林老师编写；第 6 篇为汽车行车安全辅助系统认识及维护，学习任务 1 汽车安全气囊电子控制系统认识及维护由任东老师编写，学习任务 2 汽车行车辅助系统认识由陈清老师编写。

本教材从国家级专业资源库项目立项开始，反复修改，历时两年，陈清老师担任主编、邱尚磊老师担任副主编，课程组全体教师针对本教材所面向的岗位分析归纳出汽车服务顾问、汽车销售顾问岗位技能中汽车电气设备检修相关知识和技能，确定了教材内容的广度和深度，设计了紧密结合岗位的实训项目，进行了反复讨论和企业调研，大至课程框架，小至学习目标中的一句描述、一个实训项目的操作步骤等，都倾注了课程组教师大量的心血，最终形成了目前的书稿。在这里对在本教材编写和资源库建设方面给予我们帮助的所有教师及企业专家一并表示感谢。

限于编者的经历和水平，教材内容和所涉及的车型很难覆盖全国各地各个院校的实际情况，希望各院校在使用本教材的过程中，注重积累经验，及时为本教材提出修改意见和建议，以便再版修订时改正，使本教材能更好地服务于教学。

编　者

2022 年 12 月

二维码内容资源获取说明

Step 1：扫描下方二维码，下载安装"微知库"APP；

Step 2：打开"微知库"APP，单击页面中的"汽车营销与服务"专业。

Step 3：单击"课程中心"，选择相应课程。

Step 4：单击"报名"图标，随后图标会变成"学习"，单击"学习"，即可使用"微知库"APP进行学习。

PS：下载"微知库"APP并注册登录后，直接使用APP中"扫一扫"功能，扫描本书中二维码，也可直接观看相关知识点视频。

安卓客户端

IOS 客户端

目录

第1篇 汽车电气基础 ▶ 001

学习任务1 汽车电气设备认识 / 002
任务引入 / 002
任务描述 / 002
学习目标 / 002
  1.1 相关知识 / 002
    1.1.1 汽车电气设备发展历程 / 002
    1.1.2 汽车电气设备组成 / 004
    1.1.3 汽车电气设备特点 / 004
    1.1.4 汽车电气系统电路图 / 005
  1.2 在线测验 / 013

  1.3 任务实施——丰田卡罗拉汽车电路图读图方法 / 013
    1.3.1 任务准备 / 013
    1.3.2 制动灯系统电路图解读 / 013
    1.3.3 电动座椅系统电路图解读 / 013
  1.4 拓展提升——上汽大众帕萨特汽车电路图读图方法 / 015

学习任务2 汽车车载网络系统认识及维护 / 022
任务引入 / 022
任务描述 / 022
学习目标 / 022
  2.1 相关知识 / 022
    2.1.1 汽车车载网络系统类型 / 022
    2.1.2 汽车车载网络系统特点 / 024
    2.1.3 汽车车载网络系统基本工作原理 / 026
  2.2 在线测验 / 029
  2.3 任务实施——丰田卡罗拉汽车车载网络系统特点 / 030
    2.3.1 任务准备 / 030
    2.3.2 丰田卡罗拉汽车车载网络系统特点介绍 / 030

  2.4 拓展提升——上汽大众帕萨特汽车车载网络系统认识 / 031

第2篇　汽车电源及起动系统认识及维护 ▶ 033

学习任务1　汽车蓄电池认识及维护 / 034

任务引入 / 034

任务描述 / 034

学习目标 / 034

  1.1 相关知识 / 035

    1.1.1 电源系统组成 / 035

    1.1.2 几种类型蓄电池对比 / 035

    1.1.3 蓄电池基本工作原理 / 036

    1.1.4 蓄电池型号识别 / 037

  1.2 在线测验 / 038

  1.3 任务实施——丰田卡罗拉汽车蓄电池使用及检查 / 038

    1.3.1 任务准备 / 038

    1.3.2 蓄电池正确使用 / 038

    1.3.3 蓄电池充电 / 039

    1.3.4 跨接起动车辆 / 041

    1.3.5 检查蓄电池技术状态 / 042

    1.3.6 更换蓄电池 / 043

  1.4 蓄电池常见故障及原因分析 / 044

  1.5 拓展提升——蓄电池型号的其他表示方法 / 045

学习任务2　汽车电源系统认识及维护 / 047

任务引入 / 047

任务描述 / 047

学习目标 / 047

  2.1 相关知识 / 048

    2.1.1 交流发电机作用 / 048

    2.1.2 交流发电机类型 / 048

    2.1.3 交流发电机结构 / 051

    2.1.4 交流发电机基本工作原理 / 053

    2.1.5 交流发电机铭牌识别 / 057

    2.1.6 丰田卡罗拉汽车电源系统电路 / 057

  2.2 在线测验 / 059
  2.3 任务实施——丰田卡罗拉汽车发电机使用及检查 / 059
    2.3.1 任务准备 / 059
    2.3.2 交流发电机的正确使用 / 059
    2.3.3 电源系统工作状态检查 / 060
    2.3.4 交流发电机解体检查 / 061
  2.4 电源系统常见故障及原因分析 / 063
  2.5 拓展提升——上汽大众帕萨特汽车电源系统特点 / 065
学习任务 3 汽车起动系统认识及维护 / 066
任务引入 / 066
任务描述 / 066
学习目标 / 066

3.1 相关知识 / 066
  3.1.1 起动系统作用 / 066
  3.1.2 起动机类型 / 067
  3.1.3 起动机结构认识 / 068
  3.1.4 起动机基本工作原理 / 071
  3.1.5 起动机铭牌识别 / 072
  3.1.6 电子点火开关的使用方法 / 073
  3.1.7 丰田卡罗拉汽车起动系统电路 / 073
3.2 在线测验 / 075
3.3 任务实施——丰田卡罗拉起动系统的正确使用及检查 / 075
  3.3.1 任务准备 / 075
  3.3.2 正确起动车辆 / 076
  3.3.3 起动系统熔断丝检查 / 078
  3.3.4 起动继电器检查 / 079
  3.3.5 起动机解体检查 / 080
3.4 起动系统常见故障及原因分析 / 081
3.5 拓展提升——上汽大众帕萨特汽车起动系统特点 / 083

第3篇　汽车车身电气系统认识及维护 ▶ 087

学习任务1　汽车电动车窗系统认识及维护 / 088

任务引入 / 088

任务描述 / 088

学习目标 / 088

  1.1　相关知识 / 088

    1.1.1　电动车窗作用 / 088

    1.1.2　电动车窗组成 / 089

    1.1.3　电动车窗基本工作原理 / 090

    1.1.4　电动天窗组成及工作原理 / 091

    1.1.5　电动车窗其他控制技术 / 093

    1.1.6　丰田卡罗拉汽车电动车窗电路 / 094

  1.2　在线测验 / 096

  1.3　任务实施——丰田卡罗拉汽车电动车窗正确使用及检查 / 096

    1.3.1　任务准备 / 096

    1.3.2　电动车窗正确使用 / 096

    1.3.3　电动车窗初始化 / 098

    1.3.4　电动车窗熔断丝及继电器检查 / 099

    1.3.5　电动车窗开关检查 / 099

  1.4　电动车窗常见故障及原因分析 / 101

  1.5　拓展提升——上汽大众帕萨特汽车电动车窗系统特点 / 102

学习任务2　汽车中央门锁及防盗系统认识及维护 / 105

任务引入 / 105

任务描述 / 105

学习目标 / 105

  2.1　相关知识 / 106

    2.1.1　汽车中央门锁系统 / 106

    2.1.2　汽车遥控门锁系统 / 109

    2.1.3　汽车防盗系统 / 110

    2.1.4　汽车无钥匙进入系统 / 113

    2.1.5　丰田卡罗拉汽车中央门锁系统控制电路 / 114

    2.1.6　丰田卡罗拉汽车防盗系统电路 / 116

  2.2　在线测验 / 118

2.3 任务实施——丰田卡罗拉汽车中央门锁、遥控门锁、防盗系统正确使用及检查 / 118
　　2.3.1 任务准备 / 118
　　2.3.2 中央门锁正确使用 / 118
　　2.3.3 遥控门锁正确使用 / 120
　　2.3.4 防盗系统正确使用 / 122
　　2.3.5 遥控钥匙电池更换 / 124
　　2.3.6 中央门锁、遥控门锁熔断丝的检查 / 125
　　2.3.7 中央门锁开关检查 / 127
　　2.3.8 发动机舱盖门监控开关检查 / 128
2.4 中央门锁、遥控门锁及防盗系统常见故障及原因分析 / 128
2.5 拓展提升——上汽大众帕萨特汽车中央门锁、防盗系统的特点 / 130

学习任务3　汽车电动座椅系统认识及维护 / 135
任务引入 / 135
任务描述 / 135
学习目标 / 135
3.1 相关知识 / 136
　　3.1.1 电动座椅作用 / 136
　　3.1.2 电动座椅组成 / 136
　　3.1.3 电动座椅基本工作原理 / 137
　　3.1.4 电动座椅其他技术 / 138
　　3.1.5 丰田卡罗拉汽车电动座椅电路 / 141
3.2 在线测验 / 142
3.3 任务实施——本田思铂睿汽车电动座椅正确使用及检查 / 142
　　3.3.1 任务准备 / 142
　　3.3.2 电动座椅正确使用 / 143
　　3.3.3 电动座椅记忆功能设置 / 144
　　3.3.4 电动座椅熔断丝检查 / 145
　　3.3.5 电动座椅开关检查 / 146
3.4 电动座椅常见故障及原因分析 / 146
3.5 拓展提升——上汽大众帕萨特汽车带记忆功能电动座椅系统特点 / 147

　　学习任务 4　汽车电动后视镜系统认识及维护 / 150
　　　任务引入 / 150
　　　任务描述 / 150
　　　学习目标 / 150
　　　4.1　相关知识 / 151
　　　　4.1.1　电动后视镜作用 / 151
　　　　4.1.2　电动后视镜系统组成 / 151
　　　　4.1.3　电动后视镜系统基本工作原理 / 152
　　　　4.1.4　后视镜其他技术 / 153
　　　　4.1.5　丰田卡罗拉汽车电动后视镜系统电路 / 154
　　　4.2　在线测验 / 157
　　　4.3　任务实施——丰田卡罗拉汽车电动后视镜正确使用及检查 / 157
　　　　4.3.1　任务准备 / 157
　　　　4.3.2　电动后视镜正确使用 / 157
　　　　4.3.3　电动后视镜熔断丝检查 / 158
　　　　4.3.4　电动后视镜开关检查 / 159
　　　　4.3.5　电动后视镜电动机检查 / 161
　　　4.4　电动后视镜常见故障及原因分析 / 161
　　　4.5　拓展提升——上汽大众帕萨特汽车电动后视镜系统特点 / 163
学习任务 5　汽车刮水器及清洗器认识及维护 / 165
　任务引入 / 165
　任务描述 / 166
　学习目标 / 166
　　5.1　相关知识 / 166
　　　5.1.1　汽车刮水器认识 / 166
　　　5.1.2　风窗清洗器认识 / 169
　　　5.1.3　前照灯清洗装置认识 / 170
　　　5.1.4　雨量感知型刮水器认识 / 171
　　　5.1.5　丰田卡罗拉汽车刮水器及清洗器控制电路 / 172
　　5.2　在线测验 / 174
　　5.3　任务实施——丰田卡罗拉汽车刮水器及清洗器使用及检查 / 174
　　　5.3.1　任务准备 / 174
　　　5.3.2　刮水器及清洗器正确使用 / 174

5.3.3 刮水器及清洗器熔断丝检查 / 176

5.3.4 刮水器及清洗器开关检查 / 177

5.3.5 刮水器电动机检查 / 178

5.3.6 清洗器电动机检查 / 179

5.4 刮水器及清洗器常见故障及原因分析 / 180

5.5 拓展提升——上汽大众帕萨特汽车刮水器及清洗器特点 / 182

第 4 篇 汽车照明、信号及仪表系统认识及维护 ▶ 185

学习任务 1 汽车照明系统认识及维护 / 186

任务引入 / 186

任务描述 / 186

学习目标 / 186

1.1 相关知识 / 186

1.1.1 照明系统作用 / 186

1.1.2 不同前照灯对比 / 187

1.1.3 照明系统组成 / 189

1.1.4 照明系统其他技术 / 190

1.1.5 丰田卡罗拉汽车前照灯，前、后雾灯电路 / 193

1.2 在线测验 / 195

1.3 任务实施——丰田卡罗拉汽车照明系统使用及检查 / 195

1.3.1 任务准备 / 195

1.3.2 前照灯正确使用 / 196

1.3.3 前、后雾灯正确使用 / 198

1.3.4 前照灯检查 / 199

1.3.5 前照灯熔断丝检查 / 200

1.3.6 前照灯继电器检查 / 201

1.3.7 前照灯开关检查 / 201

1.4 照明系统常见故障及原因分析 / 202

1.5 拓展提升——上汽大众帕萨特汽车照明系统特点 / 204

学习任务 2 汽车信号系统认识及维护 / 208

任务引入 / 208

任务描述 / 209

学习目标 / 209

- 2.1 相关知识 / 209
  - 2.1.1 汽车信号系统作用 / 209
  - 2.1.2 汽车信号系统组成 / 210
  - 2.1.3 汽车信号系统基本工作原理 / 210
  - 2.1.4 丰田卡罗拉汽车转向灯/危险警示灯电路 / 213
- 2.2 在线测验 / 214
- 2.3 任务实施——丰田卡罗拉汽车信号系统正确使用及检查 / 214
  - 2.3.1 任务准备 / 214
  - 2.3.2 转向灯/危险警示灯正确使用 / 214
  - 2.3.3 转向灯/危险警示灯熔断丝检查 / 216
  - 2.3.4 喇叭熔断丝、继电器检查 / 218
  - 2.3.5 转向灯开关/危险警示灯开关检查 / 218
- 2.4 信号系统常见故障及原因分析 / 220
- 2.5 拓展提升——上汽大众帕萨特汽车信号系统特点 / 221

学习任务 3　汽车仪表及报警系统认识及维护 / 225

- 任务引入 / 225
- 任务描述 / 225
- 学习目标 / 225
- 3.1 相关知识 / 225
  - 3.1.1 汽车仪表系统发展 / 226
  - 3.1.2 不同类型仪表对比 / 227
  - 3.1.3 汽车电子组合仪表及报警系统组成、工作原理 / 228
  - 3.1.4 丰田卡罗拉汽车仪表及报警系统电路原理 / 230
- 3.2 在线测验 / 231
- 3.3 任务实施——上汽大众帕萨特汽车仪表及报警系统认识及检查 / 231
  - 3.3.1 任务准备 / 231
  - 3.3.2 仪表及报警系统功能认识 / 231
  - 3.3.3 保养预检——仪表盘相关信息记录 / 234
  - 3.3.4 保养完工——保养指示灯归零 / 235
- 3.4 仪表及报警系统常见故障及原因分析 / 236
- 3.5 拓展提升——宝马3系汽车仪表及报警系统特点 / 237

第 5 篇　汽车舒适系统认识及维护　▶ 239

学习任务 1　汽车空调系统认识及维护 / 240

任务引入 / 240

任务描述 / 240

学习目标 / 240

 1.1　任务准备 / 241

  1.1.1　空调系统作用 / 241

  1.1.2　制冷剂与冷冻润滑油认识 / 242

  1.1.3　空调采暖系统认识 / 242

  1.1.4　空调制冷系统认识 / 244

  1.1.5　空调调节系统认识 / 253

  1.1.6　空调通风系统认识 / 256

  1.1.7　空调空气净化装置认识 / 257

  1.1.8　空调控制系统认识 / 258

  1.1.9　丰田卡罗拉汽车空调系统控制电路 / 262

 1.2　在线测验 / 264

 1.3　汽车空调系统使用及维护 / 264

  1.3.1　任务准备 / 264

  1.3.2　汽车空调系统类型认识 / 264

  1.3.3　汽车空调系统正确使用 / 264

  1.3.4　制冷剂及冷冻润滑油选择 / 267

  1.3.5　汽车空调系统基本检查 / 267

  1.3.6　汽车空调制冷性能检查 / 268

  1.3.7　汽车空调滤清器更换 / 270

 1.4　汽车空调系统常见故障及原因分析 / 270

 1.5　拓展提升——上汽大众帕萨特汽车空调系统特点 / 272

学习任务 2　汽车音响系统认识及维护 / 274

任务引入 / 274

任务描述 / 274

学习目标 / 274

 2.1　知识准备 / 275

  2.1.1　汽车音响系统作用 / 275

　　2.1.2　汽车音响系统组成 / 275
　　2.1.3　汽车音响系统特点 / 277
　　2.1.4　汽车音响系统工作过程 / 279
　　2.1.5　汽车音响系统其他功能 / 279
　　2.1.6　汽车音响系统电路原理图 / 280
　2.2　在线测验 / 281
　2.3　音响系统使用及检查 / 281
　　2.3.1　音响系统正确使用 / 281
　　2.3.2　收音机频道存储 / 282
　　2.3.3　汽车音响蓝牙功能使用 / 282
　　2.3.4　汽车音响 AUX 功能使用 / 283
　　2.3.5　汽车音响语音拨打电话功能使用 / 284
　2.4　汽车音响系统常见故障及原因分析 / 284
学习任务3　汽车导航系统认识及维护 / 285
任务引入 / 285
任务描述 / 286
学习目标 / 286

　3.1　相关知识 / 286
　　3.1.1　汽车导航系统功能 / 286
　　3.1.2　汽车导航系统组成 / 288
　　3.1.3　汽车倒车雷达系统认识 / 288
　　3.1.4　汽车倒车影像系统认识 / 290
　3.2　在线测验 / 291
　3.3　任务实施——汽车导航系统使用 / 291
　　3.3.1　导航系统正确使用 / 291
　　3.3.2　倒车雷达系统正确使用 / 293
　　3.3.3　倒车影像系统正确使用 / 294
　3.4　汽车导航系统常见故障及原因分析 / 295

第6篇　汽车行车安全辅助系统认识及维护　▶ 297

学习任务1　汽车安全气囊电子控制系统认识及维护 / 298
任务引入 / 298
任务描述 / 298
学习目标 / 298
　1.1　相关知识 / 298

1.1.1 汽车安全气囊系统作用 / 298
1.1.2 汽车安全气囊系统类型 / 299
1.1.3 安全气囊系统组成 / 300
1.1.4 安全气囊系统工作原理 / 303
1.1.5 引爆式安全带 / 304
1.1.6 丰田卡罗拉汽车安全气囊系统电路 / 304
1.2 在线测验 / 306
1.3 任务实施——丰田卡罗拉汽车安全气囊系统认识及检查 / 306
1.3.1 任务准备 / 306
1.3.2 丰田卡罗拉汽车安全气囊系统认识 / 306
1.3.3 安全气囊正确使用 / 307
1.3.4 安全气囊警示灯状态检查 / 309
1.3.5 安全气囊系统故障码读取 / 309
1.4 汽车安全气囊系统常见故障及原因分析 / 310
1.5 拓展提升——上汽大众帕萨特汽车安全气囊系统特点 / 311

学习任务2 汽车行车辅助系统认识 / 313
任务引入 / 313
任务描述 / 314
学习目标 / 314
2.1 汽车主动巡航控制系统认识 / 314
2.2 汽车盲区显示系统认识 / 316
2.3 自动泊车辅助系统认识 / 316
2.4 汽车夜视辅助系统认识 / 318
2.5 汽车车道保持系统认识 / 319
2.6 抬头数字显示系统认识 / 321
2.7 汽车起—停系统认识 / 322
2.8 汽车多功能转向盘认识 / 322
2.9 在线测试 / 323

参考文献 324

第 1 篇 汽车电气基础

学习任务1　汽车电气设备认识

任务引入

汽车电气系统是汽车重要组成部分之一,其性能好坏直接影响汽车动力性、经济性、可靠性、安全性、舒适性及排放性等。汽车电气系统是现代汽车发展水平的一个重要标志,其科技含量已成为衡量现代汽车档次的重要指标之一。这就要求汽车营销与服务技术从业人员具备汽车电气设备基本组成、特点相关知识,能够识读汽车电气基本电路,能够与客户就汽车电气设备常见故障进行沟通。

任务描述

李小明在某丰田汽车4S店做维修接待近两年了,客户韩先生新买了一辆丰田卡罗拉汽车,车子的左后制动灯突然不亮了,韩先生原来是学习机电一体化专业的,对汽车很感兴趣,今天专门来店咨询卡罗拉汽车制动灯相关问题。

假如你是小明,请你负责接待韩先生,为韩先生介绍卡罗拉汽车电气系统组成、特点,并介绍一下丰田卡罗拉汽车电路图。

学习目标

①能向客户描述汽车电气设备的组成。
②能向客户描述汽车电气设备的特点。
③能向客户描述汽车电路图读图基本方法。
④能向客户介绍丰田卡罗拉汽车电气设备组成,并操作演示其功能。
⑤能向客户介绍丰田卡罗拉汽车电路图读图方法。

1.1　相关知识

1.1.1　汽车电气设备发展历程

20世纪50年代以前,汽车的发展以机械设备为主,电气设备在汽车上的应用较少,只有一些必要的电源和用电设备。20世纪50年代后,伴随电子技术的发展,汽车上开始采用电子设备。随着电子技术与汽车技术不断深入结合,汽车油耗、排放、安全等方面法规的要求不断提高,汽车电子技术得到了飞速发展。目前,平均每辆汽车上的电子装备已经占到整车成本的 30% 左右，在一些豪华汽车上，电子产品的成本甚至已经占到整车成本的 50% 以上。

1）汽车电气设备的发展阶段

汽车电气的发展与汽车电子技术的发展过程同步，大致可以分为分立电子元件控制、集成电路独立控制、微机综合控制和车载网络控制四个阶段。

（1）分立电子元件控制阶段

从 20 世纪 50 年代初至 70 年代中期，汽车电子设备主要采用分立电子元件组成的电子控制器，以电子装置代替传统的机械部件，并由分立电子元件产品向集成电路产品过渡。汽车电气设备的主要产品有电子闪光器、晶体管收音机等。

（2）集成电路独立控制阶段

从 20 世纪 70 年代中期至 80 年代末期，汽车电子设备广泛采用大规模集成电路控制，主要应用在某些机械装置所无法解决的复杂控制功能方面。此阶段出现的汽车电气设备主要有防抱死制动系统（ABS）、电子控制门锁、车辆防盗等。

（3）微机综合控制阶段

从 20 世纪 80 年代末至 90 年代末期，微机技术的发展给汽车电子控制技术带来了一场技术革命。汽车电子设备广泛应用微处理器进行各种功能的综合控制及车辆整体系统的综合控制，此时的控制技术开始向智能化方向发展。出现的汽车电气设备主要有制动防抱死与牵引力控制系统、声音合成与识别系统、通信与导航系统、自动防追尾碰撞系统、自动驾驶系统等。

（4）车载网络控制阶段

自 2000 年以来，汽车进入网络控制时代。汽车车载局域网 LAN（Local Area Network）是指分布在汽车上的电子设备在物理上互相连接，并按照网络协议相互进行通信，以共享硬件、软件和信息等资源为目的电子控制系统。目前常用的汽车网络主要有控制器局域网络 CAN（Controller Area Network）、局部互联网络 LIN（Local Interconnect Network）、多媒体定向系统传输网络 MOST（Media Oriented System Transport）等。

2）汽车电气设备的发展趋势

未来汽车电气设备的发展方向仍然是环保、节能、安全和舒适，其主要变化如下。

（1）提高汽车供电系统的电压

随着汽车车载电器持续增加，同时电子设备用电功率也在不断增加，现有车载供电系统提供的功率可能满足不了实际需求，汽车的供电系统由 12 V 向 24 V 转化，甚至将来可能采用集成起动机——发电机的 42 V 供电系统。汽车供电电压的提高结合车载网络系统，将使线束的体积和质量得以有效减少，机械式的继电器、熔丝式保护电路将被淘汰，电能的损耗将得以降低。

（2）向智能网络化方向发展

随着智能运输系统和汽车车载电气网络化的发展，汽车电气设备将向智能化、网络化的方向发展，将广泛使用蜂窝电话与全球定位系统（GPS），以及多路总线分布式网络来集成所有汽车部件的电子控制模块，使整个系统具有数据融合、故障诊断和一定的自修复功能。

1.1.2 汽车电气设备组成

汽车电气设备可分为电源、用电设备和电路及配电装置三部分。汽车电气设备组成如图1-1和图1-2（视频）所示。

图1-1 汽车电气设备组成（1）　　图1-2 汽车电气设备组成视频

1）电源

电源主要包括蓄电池、发电机。发电机是其主要电源，蓄电池是辅助电源。发电机与蓄电池并联，发动机不工作时，由蓄电池供电；发动机起动后，主要由发电机供电。

2）用电设备

汽车上用电设备数量较多，大致包括以下几类。

①起动机：用于起动发动机。

②附属电器：包括电动车窗、中控门锁、电动座椅、电动后视镜、刮水器及清洗器等。为适应驾驶舒适性的需要，车身附属电器设备的数量和类型还在增加。

③照明设备：包括车内外各种照明灯，用来保证夜间安全行车所必需的灯光，其中以前照灯最为重要。

④信号装置：包括灯光信号和声音信号，用来提供车辆安全运行所必需的信号。主要装置为电喇叭及各种信号灯。

⑤仪表与报警装置：包括常见指示表及报警灯，为驾驶员提供车辆运行状况信息；中控仪表台上有对汽车运行状态进行调节和控制的装置，例如定速巡航、电子稳定、车道保持、抬头显示、发动机起停等，它们可以减轻驾驶员疲劳，提高驾驶安全性、舒适性。

⑥电子控制装置：利用微机控制的各个系统，包括网络系统、电子控制点火系统、安全气囊系统、防盗系统等，它们使汽车上各个系统均处于最佳工作状态，从而提高车辆动力性、经济性、安全性及舒适性。

⑦空调设备：包括制冷、采暖、通风和空气净化等装置，用于保持车内适宜的温度、湿度和空气清新度。

3）电路及配电装置

电路及配电装置包括中央配电盒、电路开关、保险装置、电线束和插接器等，使汽车电路构成一个统一的整体。

1.1.3 汽车电气设备特点

汽车电气设备采用蓄电池和发电机共同供电，其特点包含直流、低压、单线制以及负极搭铁。汽车电气设备特点的视频如图1-3所示。

图1-3 汽车电气设备特点的视频

1）直流

汽车采用直流系统的原因是发动机要靠电力起动机起动，起动机由蓄电池供电，而蓄电池电能消耗后又必须用直流电充电，发电机必须输出直流电，所以汽车电气系统为直流系统。

2）低压

目前汽油车电气系统的额定电压普遍采用12V，低压系统的优点主要是安全性好，对减少蓄电池质量和尺寸有利。

3）单线制

普通电气系统电路必须用两条导线，一条为火线，另一条为零线，从而形成闭合回路，使用电设备正常工作。单线制是指从电源到用电设备只用一根导线连接，而把汽车底盘、发动机等金属机体作为另一根共用导线。由于单线制节省导线，线路简化清晰，安装和检修方便，且电器元件也不需要与车体绝缘，所以现代汽车电气系统普遍采用单线制，如图1-4所示。

4）负极搭铁

采用单线制时，蓄电池的一个电极接到车体上，俗称"搭铁"。若蓄电池的负极与车体相接，就称负极搭铁；反之为正极搭铁。按照国家标准规定，国产汽车电气系统均采用负极搭铁。

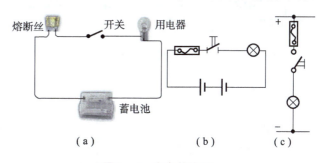

图1-4 汽车单线制
(a) 实物电路；(b) 一般电路；(c) 汽车电路

1.1.4 汽车电气系统电路图

1）汽车电气系统电路图组成及分类

用电设备要能够正常地工作，就需要用导线将用电设备和电源连接起来构成闭合的电流回路，这种电流流过的路径称为电路。汽车电路图不仅可以用来表达汽车电气设备工作电路，还可以表示各用电设备、线束等在车上的具体位置。

(1) 汽车电气系统电路图组成

汽车电路图可以分为整车电路图和系统电路图。汽车整车电路就是汽车用电设备总电路，通常将汽车上各种电器设备按照各处的工作特点和相互联系，通过各种开关、配电装置用导线把它们合理地连接起来而构成整体电路。汽车电气系统电路图是用来表示局部电路的，有时又称为某一部分电路图。

汽车电气系统电路图通常由若干个局部电路组成，一般按照用电设备进行分类，通常可以分为电源系统、起动系统、电动车窗系统、中控门锁系统、电动座椅系统、电动后视镜系统、刮水器及清洗器系统、照明系统、信号系统、仪表及报警系统、电子控制点火系统、安全气囊系统、防盗系统和空调系统等局部电路。

（2）汽车电气系统电路图分类

世界上各个汽车制造厂家在电路图的绘制上没有统一的规定，风格各异，但根据汽车电路图的特点可以分为汽车电器布线图、汽车电路原理图、汽车线束图和汽车电器设备定位图。

汽车电气系统常用的电路图为电路原理图、线束图和电器设备定位图。下面以丰田车系电路图为例说明汽车电路图的分类。

①电路原理图。

电路原理图是用简明的图形符号，根据汽车各系统的工作原理和电器设备的连接关系绘制而成的。电路原理图简洁清晰，电器设备间的连接控制关系十分清楚，对于维修人员了解电器设备的工作原理和分析排除电气系统的故障十分方便。

电路原理图多由汽车制造厂家提供，由于国家法规、传统习惯的差异，各个汽车制造公司提供的电路图在具体表达上有很大差异，但也存在着很多相似之处。图1-5所示为丰田卡罗拉汽车制动灯系统电路图。

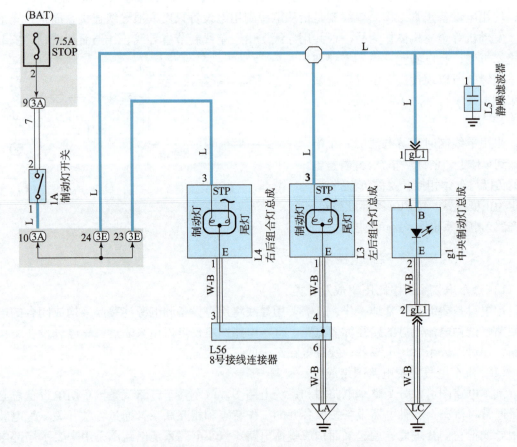

图1-5 丰田卡罗拉汽车制动灯系统电路图

电路原理图均具备：

ⓐ导线旁都标注有颜色代码和规格。

ⓑ各元件旁边都标有设备名称和代码，通过该代码可以查找控制部件安装位置。

ⓒ开关、继电器等控制器都处于断开状态，用电设备都处于停止工作状态。

ⓓ电路图中的电源线常画在图的左边，如丰田车系；也有的在上方，如大众车系、通用车系等。

我们在阅读汽车电路图的时候，可以充分利用不同车系电路图中的相似之处来提高读图效率。

②线束图。

所谓线束就是将汽车上走向相同的各类导线包扎在一起，构成像电缆一样的一束线。根据线束在汽车上的位置不同，我们可以把线束图分为发动机室线束图、仪表板线束图、底盘线束图、车身线束图和辅助线束图等。辅助线束多用于辅助电器和车身线束、底盘线束间的连接，例如车顶线束、电动车窗线束、ABS 线束等。图 1-6 所示为丰田卡罗拉汽车仪表板线束图。

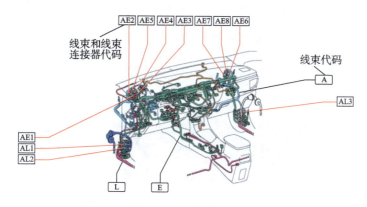

图 1-6 丰田卡罗拉汽车仪表板线束图

③电器设备定位图。

电器设备定位图一般采用立体图或实物照片的方式来标示汽车上各电器设备在车上的具体位置。按照汽车上电器设备的不同，汽车电器设备定位图可以分为电控单元定位图、过载保护装置定位图、接地点（搭铁）定位图、用电器定位图、诊断插座定位图等。

图 1-7 所示为卡罗拉汽车车身搭铁点定位图，图 1-8 所示为丰田卡罗拉汽车车身部件定位图。在阅读电路原理图的时候，参照电器设备定位图能更容易地读懂电路图，并能把电路图与实物快速地联系起来，排除汽车电路的故障。

2) 汽车电气系统电路图基本元件

汽车电气系统电路图基本元件包括电源、电路保护装置（熔断丝及继电器）、控制器件（开关及控制单元）、用电设备、导线与线束插接器、搭铁点等。各元件在电路图中用特殊的图形符号进行表示，由于各国对电路图的绘制技术标准、文字标注等方面没有制定出统一的标准，因此世界上各国各大汽车制造厂家绘制的电路图在电器符号、连接关系的表达、文字标注等方面存在很大差异。

下面以丰田车系电路图符号为例说明电器元件的符号。表 1-1 为丰田车系电路图示意图符号。

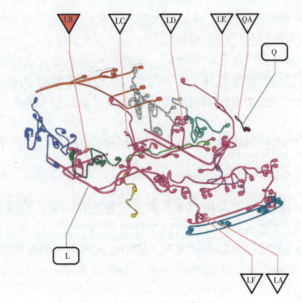

图1-7 丰田卡罗拉汽车车身搭铁点定位图

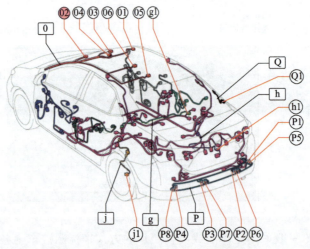

图1-8 丰田卡罗拉汽车车身部件定位图

表1-1 丰田车系电路图示意图符号

符号	说明	符号	说明
⊣⊢	蓄电池		可变电阻
	熔断丝		单灯丝灯泡
	断路器		双灯丝灯泡
⊣⊢	电容器		喇叭

续表

符号	说明	符号	说明
─▷├─	二极管	扬声器符号	扬声器
发光二极管符号	发光二极管	Ⓜ	电动机
晶体管符号	晶体管	常闭继电器符号	常闭继电器
⏚	搭铁	常开继电器符号	常开继电器
传感器符号	传感器	手动开关符号	手动开关
电阻符号	电阻	点火开关符号	点火开关

3）导线与线束插接器

以丰田卡罗拉汽车为例，连接器可分为以下几类：

第一类是连接线束和电器元件的连接器，如图1-9所示。

第二类是连接线束与线束的连接器，如图1-10所示。

第三类是连接线束与车身的连接器，如图1-11所示。

第四类是过渡连接的连接器，将连接器中需要连接的导线用短接端子连接起来，如图1-12所示。

图1-9 连接线束和电器元件的连接器

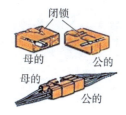

图1-10 连接线束与线束的连接器

图1-11 连接线束与车身的连接器

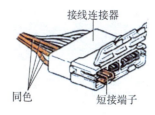

图1-12 过渡连接的连接器

为清楚地表示连接器中各导线的情况，我们通常对连接器内的导线插脚进行编号，以便在进行电路检查时，尽快找到连接器中的各条导线。图1-13所示为丰田汽车连接器插脚编号，表1-2为丰田汽车线束部件示意图符号。

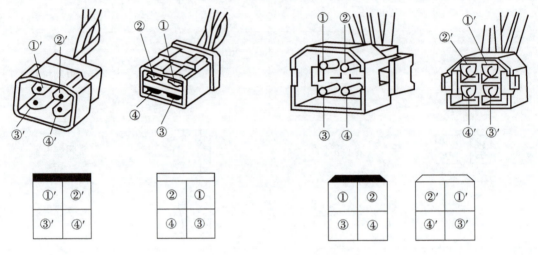

图1-13 丰田汽车连接器插脚编号

表1-2 丰田汽车线束部件示意图符号

符号	说明	符号	说明
┼	未结合线束	⊕	结合线束

4）怎样读懂汽车电路图

图1-14所示为丰田汽车电路图样例，本电路图只作为电路图举例，不适用于实际的车辆。图1-15、图1-16所示为配套的电路图说明。

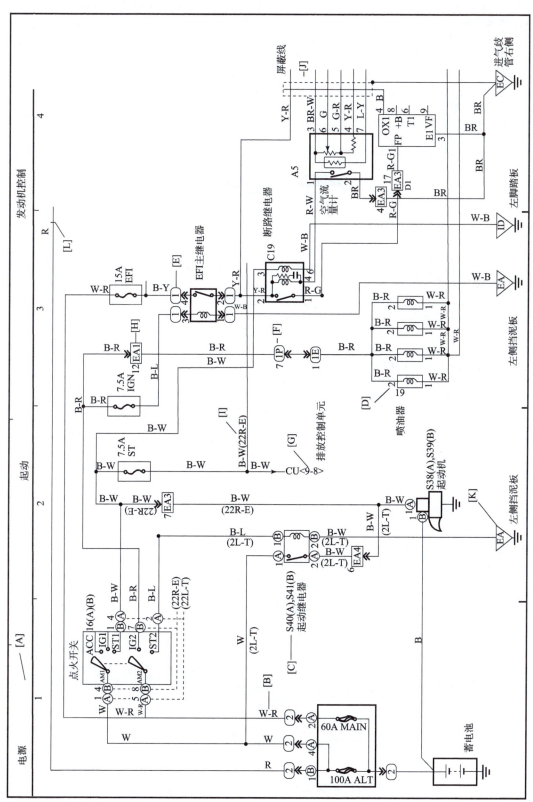

图1-14 丰田汽车电路图样例

[A]：系统名称
[B]：表示导线的颜色
　　　导线的颜色用字母代码表示
　　　B = 黑　　　　W = 白　　　　BR = 棕
　　　L = 蓝　　　　V = 紫　　　　SB = 浅蓝
　　　R = 红　　　　G = 绿　　　　LG = 浅绿
　　　P = 粉红　　　Y = 黄　　　　GR = 灰
　　　O = 橙
　　　第一个字母表示基色
　　　第二个字母表示条纹颜色
　　　例如：L-Y

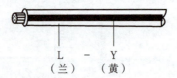

　　　　　　　　　　　L － Y
　　　　　　　　　　（兰）（黄）

[C]：部件的位置在电路图和路线图中相同
[D]：表示连接器端子号，端子的排号顺序在插头和插座上有所区别
　　　例如：序号从左上到右下　　　　序号从右上到左下

```
┌───┬───┬───┐      ┌───┬───┬───┐
│ 1 │ 2 │ 3 │      │ 3 │ 2 │ 1 │
├───┼───┼───┤      ├───┼───┼───┤
│ 4 │ 5 │ 6 │      │ 6 │ 5 │ 4 │
└───┴───┴───┘      └───┴───┴───┘
    插座                  插头
```

　　　全车电路图都采用上述的排号系统
[E]：表示继电器盒号码。这里不使用，只标注继电器盒号码以便和接线盒区分
　　　例如：□ 表示 1 号继电器盒

图 1-15　丰田汽车电路图样例说明 1

[F]：接线盒（圆圈中的号码是接线盒号，连接器号码写在旁边）

　　　　　　15 ③Ｃ
　　　例如：　↕　　　3C 表示它位于 3 号接线盒内
　　　　　　 7 ③Ｃ

[G]：表示相关联的系统
[H]：表示线束和线束的连接器
　　　带插头的线束用箭头（▼）表示，外侧号码是端子号

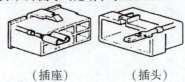

　　　　　　（插座）　　　　（插头）

[I]：（ ）用来表示因车型、发动机类型或规格的不同而不同的导线和连接器
[J]：表示屏蔽电缆

[K]：表示搭铁位置
[L]：相同的代码出现在下一页，表示线束是连续的

图 1-16　丰田汽车电路图样例说明 2

1.2 在线测验

1.2 在线测验试题

1.3 任务实施——丰田卡罗拉汽车电路图读图方法

1.3.1 任务准备

①丰田卡罗拉汽车1辆，车辆开进作业工位并做好车辆防护。
②车主手册1本。
③丰田卡罗拉汽车电路图册1本。
④作业记录单。

1.3.2 制动灯系统电路图解读

①踩下制动踏板，点亮制动灯。
②对照制动灯电路图，找出电路图上各元件在车上的安装位置，并描述其在电路中的作用，之后填写表1-3。

表1-3 丰田卡罗拉汽车制动灯电路组成

元件名称	安装位置	作用（电源/熔断装置/开关/用电设备）
蓄电池		
7.5A STOP 熔断丝		
制动灯开关		
左后制动灯		
右后制动灯		
高位制动灯		

③描述制动灯电路的工作过程。
踩下制动踏板后，电流如何沿着电源正极→开关→用电设备→搭铁→电源负极形成回路？请自己完成描述。

1.3.3 电动座椅系统电路图解读

丰田卡罗拉汽车电动座椅的电路图如图1-17所示。

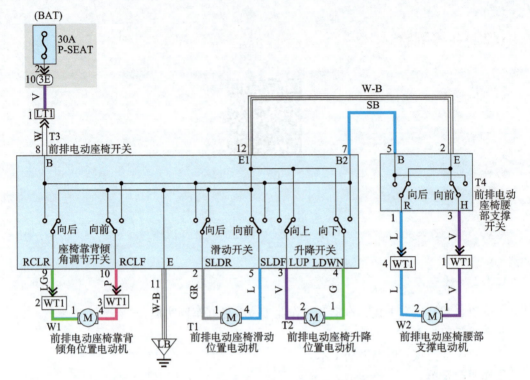

图1-17 丰田卡罗拉汽车电动座椅电路图

①对照电动座椅电路图,找出电路图上各元件在车上的安装位置,描述其在电路中的作用,填写表1-4。

表1-4 丰田卡罗拉汽车电动座椅电路组成

元件名称	安装位置	作用(电源/熔断装置/开关/用电设备)
蓄电池		
30A P-SEAT		
滑动开关		
升降开关		
靠背倾角调节开关		
腰部支撑开关		
滑动位置电动机		
升降位置电动机		
靠背倾角位置电动机		
腰部支撑电动机		

②描述电动座椅电路的工作过程。

按下电动座椅操作开关(滑动开关、升降开关、靠背倾角调节开关或腰部支撑开关)后,电流如何沿着电源正极→开关→用电设备→搭铁→电源负极形成回路?请自己任选电动座椅的一个调整方向进行描述。

1.4 拓展提升——上汽大众帕萨特汽车电路图读图方法

1）拓展任务

李小明顺利完成了韩先生的接待，韩先生对小明关于卡罗拉汽车电路图的解答还算满意，小明还想多了解一下其他车型如上汽大众汽车的电路图，于是他向在上汽大众4S店工作的同学要了一些电路图入门资料，根据自己已有的汽车电路图基础开始学习。

2）上汽大众帕萨特汽车电路图

（1）概述

①帕萨特汽车全车电气系统采用中央线路板方式，即大部分继电器和熔断丝都安装在中央线路板正面，主线束从中央线路板反面接插后通往各用电设备。

②中央线路板标有线束和导线接插位置的代号及导线连接点的数字号、主要线束接插件的代号。

（2）帕萨特汽车电路图结构

帕萨特汽车电路图如图1-18所示，左侧为系统电路图，右侧为系统电路图名称、图中元件代号和名称。元件用灰色区域标出。

（3）帕萨特汽车电路图符号含义

下面以图1-19为例详细介绍电气线路图中各个符号的含义。图1-20、图1-21所示分别说明了上汽大众汽车电路图的读图方法。

图1-19中：

①——熔断丝代号，图中"SC7"表示熔断丝盒中7号位熔断丝（7.5A）。

②——元件上插头的代号，表示插头代号触点数和连接的触点号，例如：T94a/87意为多针脚插头T94a，94针，触点87。

③——三角箭头指示该元件在电路图上一页有延续。

④——元件的符号。

⑤——线束的插头连接代号，指示多针脚插头代号、触点数和连接的触点号，例如：T8s/7意为多针脚插头T8s，8针，触点7。

⑥——导线截面积（单位：平方毫米）和颜色。

⑦——指示内部连接的去向，数字表示电路图中上一个部分有相同数字的内部连线相连。

⑧——三角箭头，表示接下一页电路图。

⑨——BCM车身控制单元上多针插头代号及插头的触点号，例如：T52b/12意为52针脚，T52b，触点12。

⑩——连接端子号，元件上的连接端子号或多针插头触点号。

⑪——触点代号，在继电器上表示继电器上单个触点，例如：87＝继电器上的触点87。

⑫——继电器位置编号，在继电器支架上。

⑬——指示导线的延伸，框内的数字指示导线在相同编号的部分有延续。

⑭——元件代号，可以在电路图右侧查到元件名称。

⑮——线束内部连接的代号，可以在电路图下方查到该不可拆式连接位于哪个线束内。

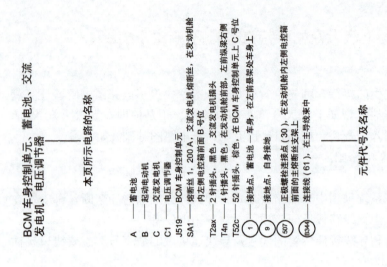

BCM车身控制单元、蓄电池、交流发电机、电压调节器

本页所示电路的名称

代号	名称
A	蓄电池
B	起动电动机
C	交流发电机
C1	电压调节器
J519	BCM车身控制单元
SA1	熔断丝1, 200 A, 交流发电机熔断丝, 在发动机舱内左侧电控箱前面B号位
T2ax	2针插头, 黑色, 交流发电机插头
T4n	4针插头, 黑色, 在发动机舱前部, 左测纵梁右侧
T52c	52针插头, 黑色, 在BCM车身控制单元上C号位
①	接地点, 蓄电池—车身, 在左前悬架处车身上
9	接地点, 自身接地
507	正极螺栓连接点（30）, 在发动机舱内左侧电控箱前面的主熔断丝支架上
B344	连接线（61）, 在主导线束中

元件代号及名称

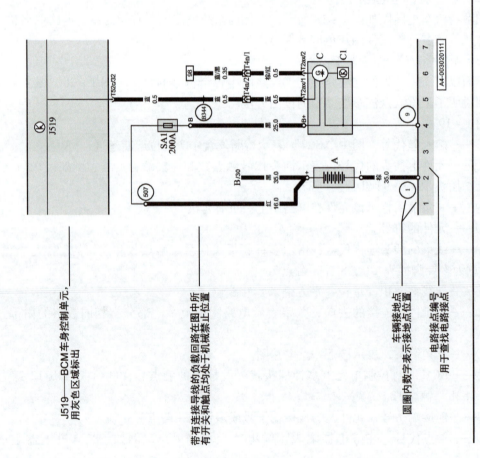

图1-18 帕萨特汽车电路图

J519——BCM车身控制单元，用灰色区域标出

带有连接导线的负载回路在图中所有开关和触点均处于机械禁止位置

圆圈内数字表示接地点
车辆接地点位置

电路接点编号
用于查找电路接点

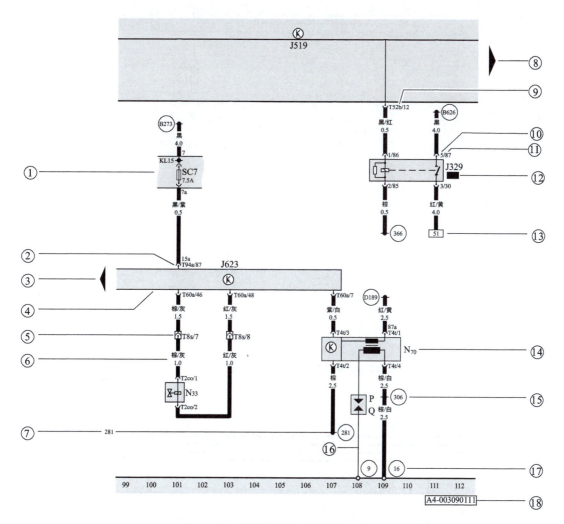

图 1-19　帕萨特汽车电路图符号含义

⑯——内部连接（细实线）。这个连接并不是作为导线存在，而是表示元件或导线束内部的电路。

⑰——接地点的代号，可以在电路图下方查到接地点在车上的位置。

⑱——电路图图号，例如：A4-003090111，A4 表示车型，003 表示组号，09 表示页码，01 表示月份，11 表示年份。

注：

标有 "30"（或 "30a"）的为常火线，它与蓄电池直接相连，中间不经过任何开关，不论是停车还是发动机处于熄火状态，该线均有电，其电压为蓄电池电压。"30" 号电源线的电源专门供停车灯、制动灯、报警灯、顶灯、冷却风扇电动机等在发动机熄火时需要用电的用电设备使用。

标有 "15"（或 "15b"）的电源线为小容量用电设备的电源正极，它的电源受点火开关控制，只有点火开关接通后，用电设备才能通电使用。

标有 "X"（或 "XC"）的电源线为大容量用电设备的电源正极。只有在发动机运转时，由其供电的用电设备接通方能使用，如后风窗除霜器、空调系统的鼓风电动机等。

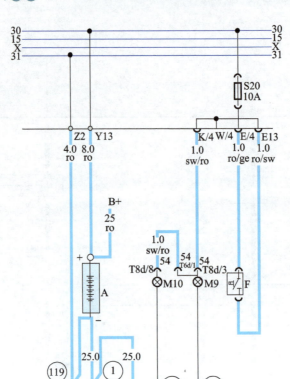

图 1-20 上汽大众汽车电路图读图方法

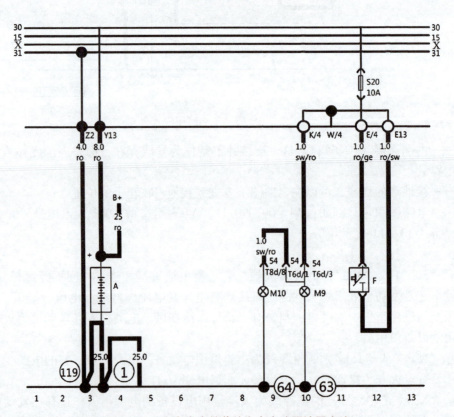

图 1-21 上汽大众帕萨特汽车电路图读图方法

（4）帕萨特汽车电路图元件符号说明

帕萨特汽车电路图中各元件的符号说明如表 1-5 所示。

表 1-5 电路图元件符号说明

符号	含义	符号	含义
	线束的插头连接		机械开关
	元件上插头连接		压力开关
	元件上可拆式导线连接		温控开关
	不可拆式导线连接	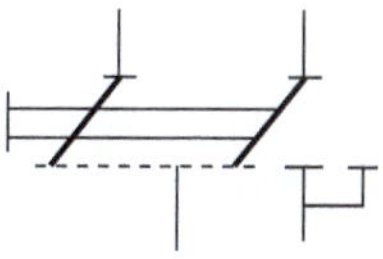	多挡手动开关
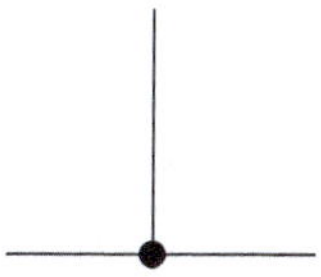	元件内部导线连接		电阻
	熔断丝	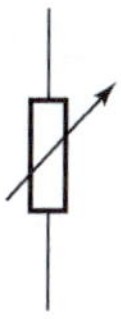	可变电阻
	手动开关	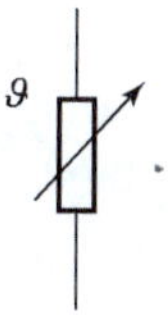	温控电阻
	按键开关		灯泡

续表

符号	含义	符号	含义
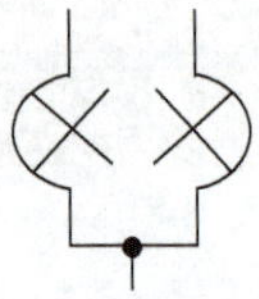	双丝灯泡		点烟器
	电动机		火花塞和火花塞插头
	二极管	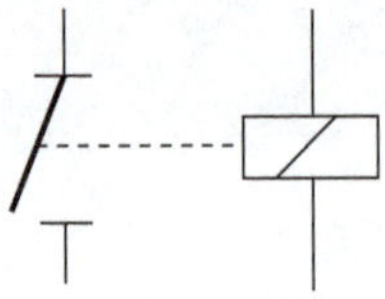	继电器
	发光二极管	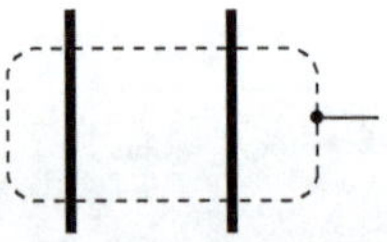	导线屏蔽
	电子控制器		线圈
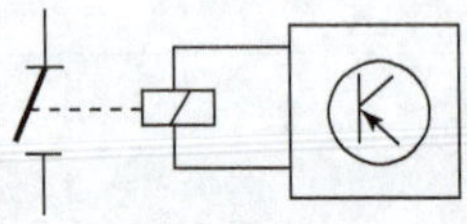	继电器（电子控制）	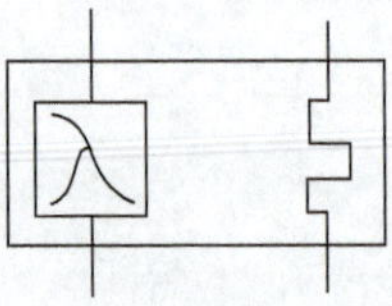	氧传感器
	显示仪表		电容器
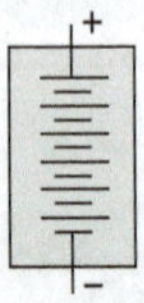	蓄电池	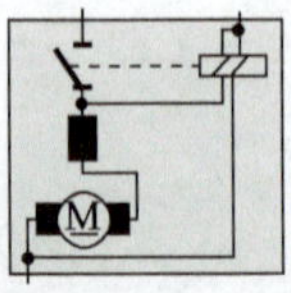	起动机

续表

符号	含义	符号	含义
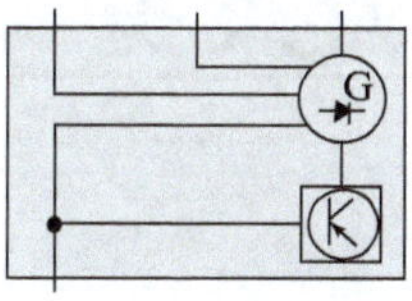	交流发电机	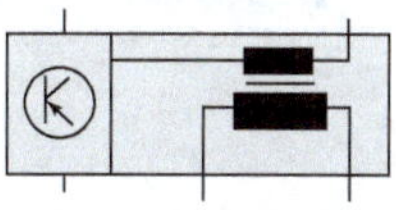	点火线圈
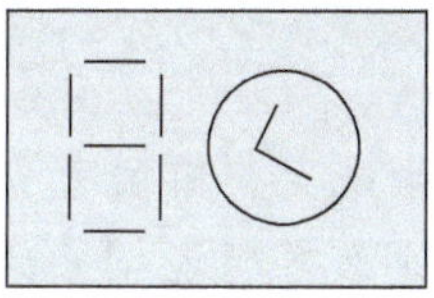	数字钟	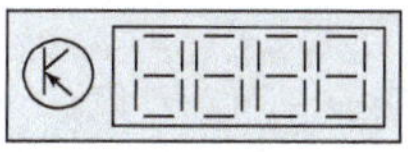	多功能显示
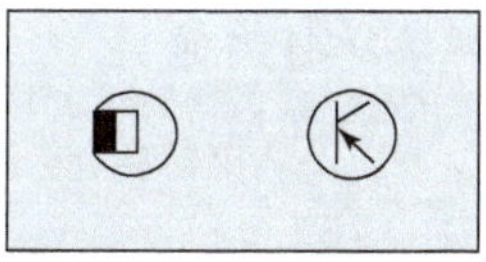	霍尔传感器	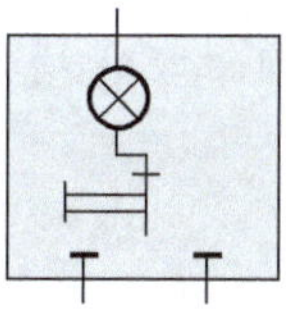	内部灯
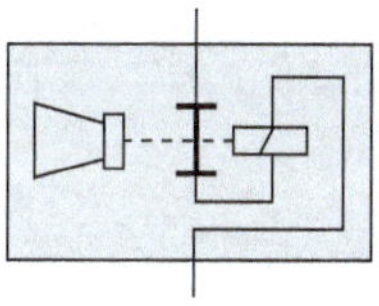	喇叭	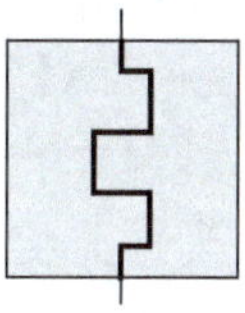	可加热后窗玻璃
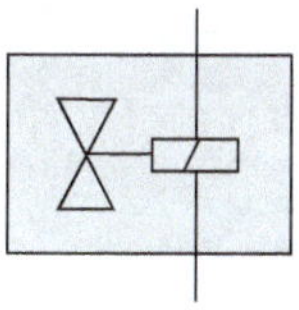	电磁阀	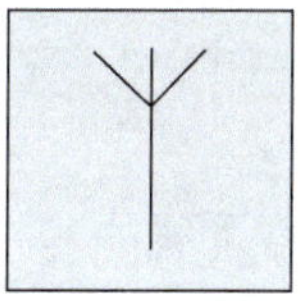	天线
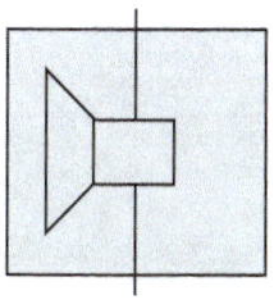	收音机喇叭	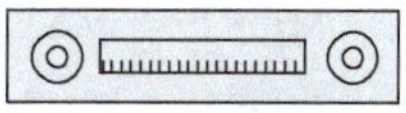	收音机
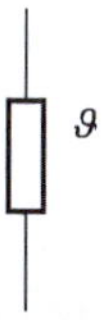	过热熔断丝	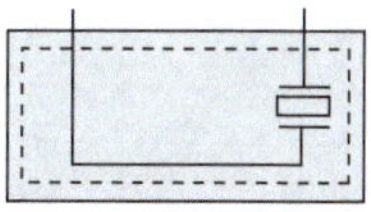	爆震传感器
	螺旋弹簧	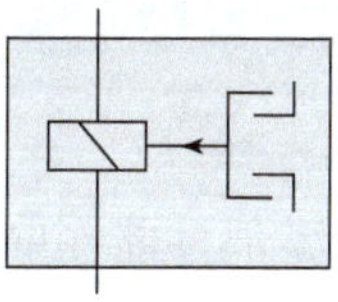	换挡杆锁电磁阀

学习任务 2　汽车车载网络系统认识及维护

任务引入

随着用户对汽车低碳化、信息化、智能化要求的提高，汽车电控系统变得日益复杂，电控单元相互之间通信量和速率日益增长。客户在购买时往往就车辆这么多的控制系统、这么复杂的逻辑关系怎么协调配合和数据交换提出很多疑问。所以要求汽车营销与服务技术从业人员具备汽车车载网络系统相关知识，能够与客户就汽车车载网络进行沟通。

任务描述

李小明在某丰田汽车4S店做维修接待。有一天，客户任先生开着一辆丰田卡罗拉汽车来到4S店。任先生反映他早上起动车辆后，仪表板上发动机故障警示灯、ABS故障警示灯、防滑指示灯等全亮了。

假如你是小明，请你负责任先生车辆的接待，为任先生解释该车这些灯同时点亮的原因，同时介绍丰田卡罗拉汽车车载网络系统的组成、类型、特点及工作原理。

学习目标

①能描述汽车车载网络系统的特点。
②能描述汽车车载网络系统的类型。
③能描述汽车车载网络系统的组成及工作原理。
④能说明 CAN、LIN、MOST 总线技术的特点和应用。
⑤能说明 CAN、LIN、MOST 三种总线的区别。
⑥能介绍卡罗拉汽车车载网络系统的特点。
⑦能介绍上汽大众帕萨特汽车车载网络系统的特点。

2.1　相关知识

2.1.1　汽车车载网络系统类型

1）按照传输速度分类

为使不同厂家生产的零部件能在同一辆汽车上协调工作，我们必须制定标准。国际上众多知名汽车公司早在20世纪80年代就积极致力于汽车网络技术的研究及应用，迄今为止，已有多种网络标准。各种汽车网络标准侧重的功能有所不同。

为方便研究和设计应用，SAE车辆网络委员会将汽车数据传输网按照系统的信息量、响应速度、可靠性等要求将车载网络系统分为 A 级、B 级、C 级、D 级、E 级五类。

A 级是面向传感器、执行器控制的低速网络，数据传输速度通常小于 20 Kb/s，主要用于后视镜、电动车窗、照明等控制，目前首选的是 LIN 总线。

B 级是面向独立模块间数据共享的中低速网络，速度在 20～125 kb/s，主要应用于车身电子舒适模块、故障诊断、仪表显示等系统，低速 CAN 总线凭借其突出的可靠性、实时性和灵活性，已成为被世界接受的 B 类总线的主流协议。

C 级是面向中高速的多路传输网，速度在 125 Kb/s～1 Mb/s，主要用于牵引控制、发动机控制、自动变速器、ABS 等系统。就目前来说，高速 CAN 总线仍是 C 类网络协议的主流。

D 级是面向媒体传输的高速网络，速度在 1Mb/s 以上，主要用于导航、车载音响、车载电话等信息娱乐系统，主要有 MOST 和无线蓝牙技术。

E 类是面向乘员的安全系统高速、实时网络，速度在 10Mb/s 以上，主要用于车辆被动性安全领域，如在 BMW 公司设计的安全气囊系统中，使用 Byteflight 协议连接气囊控制单元、加速度传感器、安全传感器等装置为被动安全提供最佳保障。

2）按物理连接关系分类

常用的物理连接关系有三种：总线型、环型、星型。

图 2-1 所示为总线型结构网络。多个电子控制单元共用一条传输线，所以同一时刻只能有两个电子控制单元在相互通信，适用于传输距离较短、电子控制单元有限的环境，车载局域网多采用此种方式。

图 2-2 所示为环型结构网络。每个电子控制单元都与两个相邻的电子控制单元相连，信息流在网络中单向流动，每次信息在网络中传输的时间最大值是固定的，实时性较高，但环路中电子控制单元过多，会影响信息传输速率，使网络的响应时间延长；一个电子控制单元发生故障，将会造成全网瘫痪，可靠性低；环路是封闭的，不便于扩充。

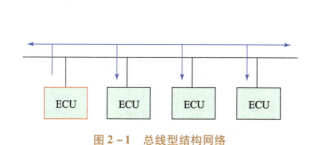

图 2-1　总线型结构网络

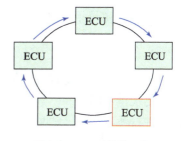

图 2-2　环型结构网络

图 2-3 所示为星型结构网络，属于集中控制型网络，整个网络中所有的传输信息均需通过中心电子控制单元（主 ECU）转发，因此，中心电子控制单元相当复杂，而其他电子控制单元的通信处理负担都很小，只需要满足简单通信要求，线路利用率不高。

一般车载网络控制系统通过多条不同速率的总线分别连接不同类型的电子控制单元，采用特定的通信协议，组成局域网络系统，并使用网关来实现整车的信息共享和网

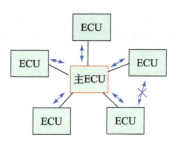

图 2-3　星型结构网络

络管理，如图 2-4 所示。

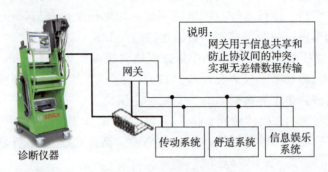

图 2-4 车载网络的构成

通信协议：随着汽车上的电子控制单元越来越多，各电子控制单元要想交流成功，就必须使用和解读相同的电子语言，这种语言称为"协议"，即在通信内容、怎样通信及何时通信等方面，电子控制单元要相互遵从一组约定和规则，这些约定和规则的集合称为协议。汽车计算机网络常见的传输协议有数种。大多数通信协议（以及使用它们的数据总线和网络）都是专用的。因此，维修诊断时需要专门的软件。

局域网：数据总线作为电子控制单元之间的一种数据传递方式，将各个控制单元连接形成一个网络系统。由于受到信息传输速度、成本和网络功能的限制，现代汽车网络还不能完全采用单一的网络系统。一般采用局域网的形式，即在一个有限区域内连接某些电子控制单元，这个区域具有特定的职能，遵从特定的通信协议，通过局域网络实现这个系统内的资源共享和信息通信，如图 2-4 所示的传动系统、舒适系统、信息娱乐系统等。

网关：汽车车载网络结构采用多条不同速率的总线分别组成局域网络系统，为了数据总线间实现无差错数据传输，必须用一种特殊功能的电子控制单元达到信息共享和不产生冲突。这种电子控制单元就叫作网关，如图 2-4 所示。它可以单独由一个电子控制单元充当，也可以由某个电子控制单元兼顾，有些车可能安装两个以上的网关。

2.1.2 汽车车载网络系统特点

由于法规在汽车的排放、能耗和安全性能等方面的要求日益严格，同时顾客对汽车舒适性的要求也不断提高，现代汽车使用的电子控制系统和通信系统越来越多。这些系统之间需要进行数据交换，如果采用常规的布线方式，即每项信息通过独立的数据线进行交换传输［图 2-5（a）］那么两个电子控制单元需要五条数据线进行数据交换。传递信号项目多会导致电子控制单元针脚数目增多、线路复杂、故障率增多。据统计，如果采用普通线束，那么一个中级轿车就需要线束插头 300 个左右，插针总数将达到 2 000 个左右，线束总长超过 1.6 km，不但装配复杂而且故障率会很高。

为了解决这个问题，目前汽车上通过数据总线进行各个控制单元之间所有信息的传递。如图 2-5（b）所示，一辆汽车不管有多少个电子控制单元，不管需要传递的信息量有多大，所有信息都通过一根或两根双向数据总线进行传递，这样可以更好地实现各控制系统之间高速通信、交流信息，这一根或两根导线就称为数据总线。图 2-6 所示为没有应用车载网络系统车辆与应用车载网络系统车辆的线束对比。

总体来说，使用汽车网络系统具有以下优点：

图 2-5　传统网络传输与车载网络传输
(a) 传统网络传输；(b) 车载网络传输

图 2-6　车载网络线束对比
(a) 没有应用车载网络系统的车辆；(b) 应用车载网络系统的车辆

① 共用信息能够减少使用开关、传感器和执行器的数量。
② 开关和传感器可以将信号传递给附近的电子控制单元（ECU），再通过网线将信号传输给其他电子控制单元（ECU），这样可以缩短线束的总长度。
③ 极大地降低了导线线束的重量。
④ 控制装置的插头芯针数量更少。
⑤ 提高了可靠性和耐用性。

根据汽车复杂的使用环境和使用要求，车载网络系统须具备以下特性：
① 配置灵活性：是指节点在网络上增加的可行性及对网络的影响。
② 可扩展性：是指网络中网段拓展的可行性。
③ 可靠性：是指整车网络系统的稳定性与可维护性。
④ 平台化：是指系统在不同车型以及车型拓展的可适应性。
⑤ 简洁性：是指网络系统的复杂程度。
⑥ 成本性：是指网络系统对整车成本的影响。

车载网络系统用在动力系统、传动系统、车身系统、娱乐与媒体系统、故障诊断系统等局域网中，如图 2-7 所示。

在动力、传动系统网络中，主要连接对象是发动机 ECU、ABS ECU 及自动变速器 ECU 等，它们都是与汽车行驶直接相关的控制系统，这些系统需要尽可能快速传递数据，以便及时利用数据，对通信实时性要求较高，因此使用高速数据总线。

在车身系统网络中，主要连接对象是低速电动机和开关器件，它们对通信实时性要求低，且数量众多，所以使用低速数据总线，有利于通信的实时性。

对于娱乐与媒体系统网络，其主要负责卫星导航及智能通信系统，要求容量大、通信速率非常高，所以采用新型的多媒体总线（基于光纤通信）连接车载媒体，可以保证充足的带宽。

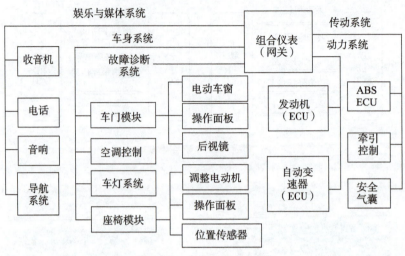

图 2-7 车载网络的组成

故障诊断系统是将车用诊断仪器连接到车载通信网络上加以实现的,目前,汽车的故障诊断主要是通过一套较为独立的诊断网络。其目的主要采用 OBD-Ⅱ、OBD-Ⅲ 或 E-OBD 标准、协议。

2.1.3 汽车车载网络系统基本工作原理

汽车车载网络系统常用的有 CAN（Controller Area Network）、LIN（Local Interconnect Net）和 MOST（Media Oriented System Transport）这三种通信协议,CAN、LIN 和 MOST 的区别如表 2-1 所示。

表 2-1 CAN、LIN 和 MOST 的区别

协议	CAN	LIN	MOST（以宝马车系为例）
通信速度	500Kb/s（HS） 250Kb/s（MS） 100Kb/s（LS）	9.6~20Kb/s	22.5Mb/s
通信线	双绞线	单线	光缆
数据类型	差分电压	单线电压	光脉冲
通信方向	双向	双向	单向
网络拓扑结构	总线型网络	星型	环型
控制方式	多主	主/从	主/从
使用范围	传动系统、底盘和车身电气系统	车身电气系统	导航、车载音响等娱乐与媒体系统

1）CAN 总线

CAN 协议是由福特、Internet 与博世公司共同开发的高速汽车通信协议。CAN 是 Controller Area Network（电子控制单元区域网络）的缩写,意思是控制单元通过网络进行数据

交换。CAN 数据总线就如同公共汽车线路，每个电子控制单元的节点相当于公交站点，公共汽车可以同时运输大量乘客，路上有各个站点，故数据总线也称为 BUS 线，如图 2-8 所示。

在现代轿车的设计中，CAN 已经成为必须采用的装置，奔驰、宝马、大众等品牌汽车都将 CAN 作为电子控制器联网的手段。目前我国中高级轿车主要以欧洲车型为主，欧洲车型应用最广泛的是 CAN 技术，同时 CAN 技术也是国产轿车引进的主要技术项目。

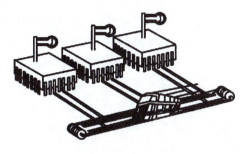

图 2-8　CAN-BUS 数据总线

（1）CAN 网络系统的构成及功能

CAN 网络系统中每个控制单元的内部都包含一个 CAN 控制器和一个 CAN 收发器，外部连接了两条 CAN 数据总线，如图 2-9 所示。在系统中作为终端的两个控制单元内部各装有一个数据传输终端（有时数据传输终端安装在控制单元外部）。

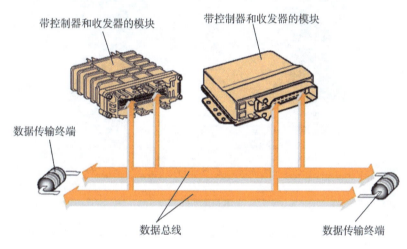

图 2-9　CAN 总线系统的组成

CAN 控制器的作用是接收控制单元中微处理器发出的数据，处理数据后传给 CAN 收发器。同时，CAN 控制器也接收收发器收到的数据，处理数据后传给微处理器；CAN 收发器将 CAN 控制器提供的数据转化成电信号并通过数据总线发送出去，同时，它也接收总线数据，并将数据传到 CAN 控制器；数据传输终端实际上是一个电阻，其作用是避免数据传输终了反射回来，产生反射波而使数据遭到破坏；CAN 数据总线是用来传输数据的双向数据线，分为 CAN 高位（CAN—High）和 CAN 低位（CAN—Low）数据线。如图 2-10 (a) 所示，为了防止外界电磁波干扰和向外辐射，CAN 总线采用两条线缠绕在一起的形式；两条线上的电位是相反的，电压总和

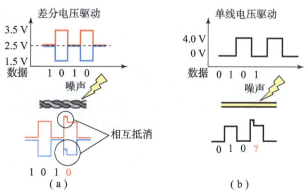

图 2-10　CAN 总线结构

等于常数。图 2 – 10（b）所示为单线传输形式，容易受到外界的干扰。

（2）CAN 总线数据的传输

CAN 总线数据的传输过程如图 2 – 11 所示，每条数据的传输包括提供数据、发送数据、接收所需要的数据。如需要，它将被接受并得到处理，否则被忽略。控制单元首先向 CAN 控制器提供需要发送的数据，CAN 收发器接收由 CAN 控制器传来的数据，并转化为电信号发送到数据总线上。在 CAN 系统中，所有控制单元内部都含有接收数据总线上数据的接收器，并将编码数据分解成可以使用的数据，各控制单元判断接收的数据是否是本控制单元所需要的。

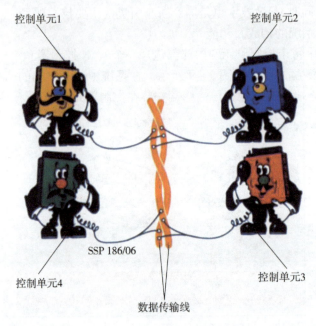

图 2 – 11　CAN 总线数据的传输过程

（3）CAN 数据的构成

CAN 总线在极短的时间内在各控制单元间传输数据。一条数据由七个区域组成，即开始域、状态域、检查域、数据域、安全域、确认域和结束域，如图 2 – 12 所示。该形式在两条数据传输线上是一样的。

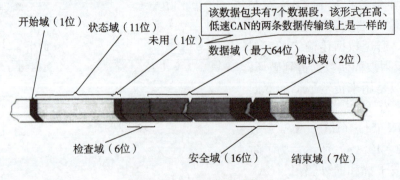

图 2 – 12　CAN 数据的构成

2）LIN 总线

LIN 是一种新型低成本汽车车身网络地段通信总线。LIN 总线的定位是作为 CAN 的辅助总线，用于车身控制网络的低端场合，实现汽车车身网络的层次化，以降低汽车网络的复杂程度，保持最低成本。

(1) LIN 总线布局

如图 2-13 所示，LIN 总线包括：和 CAN 联络的主 ECU、几个从属 ECU。主 ECU 有网关功能，并能从 CAN 网络接收各种信息。

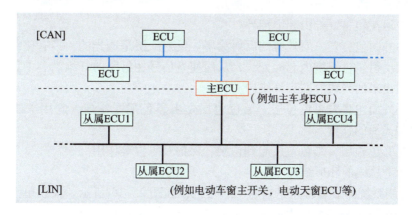

图 2-13 LIN 总线的结构

(2) LIN 总线特点

LIN 总线使用串行通信协议，可以有效地支持汽车上机械电子节点的控制。其有以下主要特点：

①极少的信号线就可实现 ISO 9141 标准，传输速率最高可达 20Kb/s，最大总线长度 40 m。

②采用单主机、多从机模式，无须仲裁机制，数据的优先级由主机节点确定，可以根据需要灵活改变。

③具有监控总线、数据校验和标识符双重奇偶校验等错误检测功能，保证数据传输的可靠性。

④低成本，基于 UART/SCI 接口，几乎所有微控制器都具备 LIN 必需的硬件。

3) MOST 总线

MOST 总线（Media Oriented Systems Transport）是一种基于多媒体数据传输的网络系统，MOST 总线用光缆将音响设备、电视、车辆定位系统及电话等设备互相连接起来，给用户带来极大的方便。

光缆有塑料光缆和玻璃纤维光缆两种，在汽车上广泛应用的是塑料光缆。与玻璃纤维光缆（G-LWL）相比，塑料光缆（K-LWL）具有光纤横断面较大、制造过程简单、更易于使用（塑料不会像玻璃一样脆弱）、更容易加工处理（在线束制造及在售后维修时具有较大的优势）、成本低廉等优点。

光缆的核心部分是光纤，光纤传输的是光线，产生出的光波波长为 650 纳米，是人眼可见的红光。光纤借助光波可以显著提高传输速度，其传输速率可以达到 22.5 Mb/s。光纤的抗干扰能力也比较强，与 CAN 总线、LIN 总线等铜导线传输的电信号相比，光波的波长很短，不会产生电磁干扰，而且光纤本身对电磁干扰也不敏感。

（1）光缆的结构

光缆是由塑料纤维内芯、反射涂层、黑色包层以及彩色包层等组成，如图 2 – 14 所示。

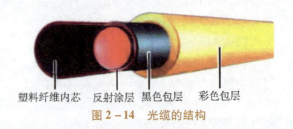

图 2 – 14　光缆的结构

塑料纤维内芯又称光纤，是一根较细的圆柱形透明塑料纤维，光根据全反射原理几乎可以无损失地在塑料纤维内芯中传导。

纤维内芯外面包裹着一层较薄的反射涂层。反射涂层是透光的，具有比纤维内芯低的折射率，可以反射来自纤维内芯的光线，从而使光信号在封闭的纤维内芯中传播，这样就可以避免发射出来的光线泄漏到纤维内芯外。

反射涂层外面包裹着黑色包层。黑色包层是由黑色尼龙制成，它用来防止外部光照射，并能增加光缆的强度。

最外面是彩色包层，彩色包层起到识别、保护及隔温等作用。

（2）MOST 总线的环形结构

MOST 总线系统的显著特点是它的环形结构，如图 2 – 15 所示。控制单元通过一根光导纤维把数据传送至环形结构中的下一个控制单元，这个过程一直持续到数据返回至最初发出数据的那个控制单元。由此形成了一个闭合的环路。MOST 总线系统的诊断是借助于数据总线的诊断接口和诊断 CAN 进行的。根据汽车配置不同，MOST 总线系统的控制单元数量也有所不同。

在 MOST 总线系统中每个控制单元都通过光缆环彼此连接在一起，每个控制单元都有两个 MOST 接口。其中一个用于接收信息（即 R—接收装置），另一个用于发送信息（即 T—发送装置），如图 2 – 16 所示。每个 MOST 控制单元都可以将数据发送到 MOST 总线系统上。此外，只有主控制单元（如网关等）能实现 MOST 总线系统与其他总线系统之间的数据交换。

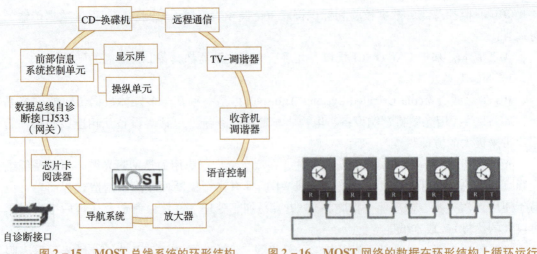

图 2 – 15　MOST 总线系统的环形结构　　图 2 – 16　MOST 网络的数据在环形结构上循环运行

（3）MOST 总线的插头

为了能将光导纤维连接到控制单元上，MOST 总线系统使用了一种专用插头。插座接头上有信号方向箭头，如图 2 – 17 所示。

为了使光波在光纤插头中无大的衰减，在连接插头时一定要规范，除了注意按照箭头方向连接外，还应该避免端面错位（即插头壳体碎裂）、端面未对正（即角度不对）、光导纤维端面与控制单元的接触面之间有空隙（即插头壳体碎裂或未定位）、以及端套变形等情况的发生。

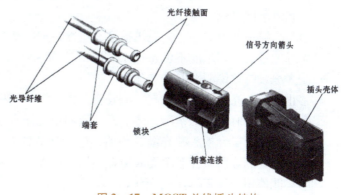

图 2 – 17　MOST 总线插头结构

（4）MOST 总线使用及维修注意事项

在进行车辆 MOST 导线束方面的工作时必须非常细心，因为与铜导线相比，光缆损坏时可能不会导致故障立即发生，而是在客户以后使用车辆时才表现出来。光纤内光脉冲的发射距离越大功率损失也越大，这种自然形成的功率损失被称为衰减。衰减量不允许超过某个规定值，否则相应控制单元内的接收模块将无法处理这个光脉冲。为防止光纤信号衰减过大，使用及维修中应注意以下事项：

① 塑料光缆的弯折半径不允许小于 50 mm。

塑料光缆的弯折半径小于该尺寸时，会影响光缆的功能或导致塑料光缆毁坏，在弯折半径过小的位置处光线将从光缆中射出。

② 装配时绝不允许将光缆对折。

光缆任一位置不允许对折，对折会损坏包层和光纤，光线将在对折位置处出现局部散射，结果造成传输速度降低，即使短时对折一下也会毁坏光缆。

③ 不准挤压光纤。

因为挤压可以使导光的横断面永久变形，所以必须避免出现任何挤压，否则会丧失光线传输能力。不能踩在光缆插头或光缆上，过紧的导线扎带也会在光缆上形成严重的挤压，这些情况都应该尽力避免。

④ 严禁摩擦光纤。

光纤与铜导线不同的是，光缆在磨坏时不会造成短路，但会导致光线损失或外部光线射入系统受到干扰或完全失灵，所以光缆插头和缆线不允许在地上拖拉，在线束固定和安装时应尽力避免其它线束或者元件对光缆造成摩擦。

⑤ 严禁过度拉伸光缆。

光缆过度拉伸时，光缆芯线伸长，光线横断面减小，结果光线通过能力减小，光衰减严重到一定程度时会导致光缆无法正常使用。

⑥ 光纤端面不得有污物或刮痕。

开口的光缆插头不允许触摸，不能被灰尘、油腻或其他液体弄脏。光纤端部的污物将光线隔绝可能阻止光束通过，光纤端部的刮痕使射至其上的光束发生散射，到达接收器的光量较少，二者均会造成光衰减过大导致光缆无法正常使用。

⑦光缆不准过热。

因为光缆是塑料纤维，会受热损坏，所以在进行车身焊接、修补漆干燥等作业时必须注意光纤的最大允许温度不可超过85℃。光缆在－40℃~85℃的温度内都能正常工作。

⑧光缆只能按说明图安装和连接。

禁止将两条光缆绞合在一起，或着将一根光缆与一根铜线绞合在一起。

⑨只有在确有必要的情况下才能断开控制单元插头和光缆插头。

在断开控制单元插头和光缆插头前，应确保数据总线处于睡眠模式。在重新连接时，一定要读出并删除所有控制单元故障存储器里的故障，如有必要可进行调整。

⑩只能使用专用工具切割光纤。

光纤在维修和使用中，为了使传输过程中的损失尽量小，光导纤维的端面应该保证光滑、垂直、洁净，所以在维修中只能用专用工具切割光纤。

2.2 在线测验

2.2 在线测验试题

2.3 任务实施——丰田卡罗拉汽车车载网络系统特点

2.3.1 任务准备

①丰田卡罗拉汽车1辆，车辆开进作业工位并做好车辆防护。

②车主手册1本。

③丰田卡罗拉汽车电路图册1本。

④作业记录单。

2.3.2 丰田卡罗拉汽车车载网络系统特点介绍

丰田卡罗拉汽车车载网络系统电路如图2－18所示，卡罗拉汽车车载网络结构如图2－19所示。

丰田卡罗拉汽车车载网络系统采用了CAN总线系统和LIN总线系统。

①CAN总线系统相关的计算机有组合仪表、中央空气囊传感器、空调放大器、转向角度传感器、DLC3、主车身ECU、动力转向机ECU、驱动防滑控制ECU、ECM。其中组合仪表和ECM中设有120Ω电阻，其余计算机没有此电阻。DLC3诊断接口与CAN系统相连。

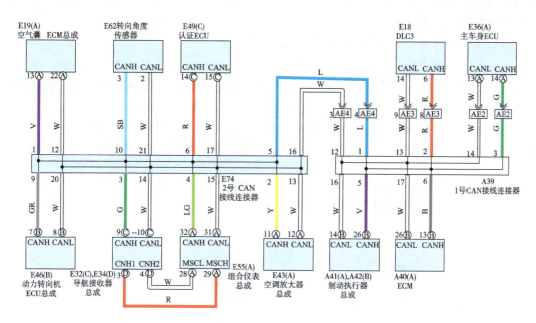

图 2-18 卡罗拉汽车车载网络系统电路

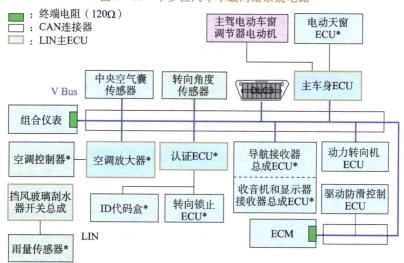

图 2-19 卡罗拉汽车车载网络结构

②采用 LIN 总线系统的有主车身 ECU（主 ECU）、电动天窗 ECU、主驾电动车窗调节器电动机；空调放大器（主 ECU）、空调控制器；挡风玻璃刮水器开关总成（主 ECU）、雨量传感器；认证 ECU（主 ECU）、转向锁止 ECU、ID 代码盒。

2.4　拓展提升——上汽大众帕萨特汽车车载网络系统认识

1）拓展任务

李小明完成了任先生车辆的接待任务。这次接待，小明感觉自己对车载网络系统有些陌生，解答任先生的问题有点吃力。为了有足够的知识储备，他还想了解一下其他品牌汽车的车载网络系统与丰田卡罗拉有何不同，于是他向在上汽大众4S店工作的同学要了一些车载网络系统的资料开始学习。

2）上汽大众帕萨特汽车总线系统组成及特点

上汽大众帕萨特汽车的总线系统如图2-20所示，其总线系统以颜色来划分，灰色为驱动系统总线，绿色为舒适系统总线，紫色为信息系统总线，不同系统总线通信需要经过网关J533。

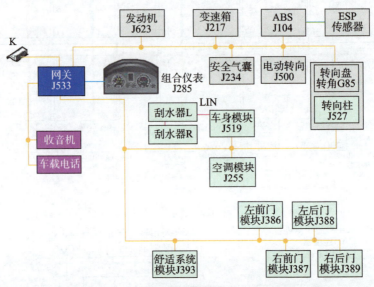

图2-20　上汽大众帕萨特汽车的总线系统

驱动系统总线为高速CAN总线，速率最高达到500 Kb/s，采用终端电阻结构，其中心电阻为66Ω（发动机电阻）；高低CAN-BUS线为环型结构，即任意一根CAN-BUS线断路，则CAN-BUS无法工作。驱动系统总线主要的控制单元有发动机控制单元J623，变速箱控制单元J217，ABS控制单元J104，安全气囊控制单元J234，电动转向控制单元J500，以及转向盘转角传感器G85等。

舒适系统总线速率为100 Kb/s，没有终端电阻，且高低CAN-BUS线分离，即任意一根CAN-BUS线断路，CAN-BUS工作不受影响。舒适系统总线为中速CAN总线，中速CAN总线中包含车身模块J519，空调模块J255，舒适系统模块J393，左前门模块J386，右前门模块J387，左后门模块J388，右后门模块J389，其中刮水器与车身模块J519之间为LIN线连接。

信息系统总线工作原理与舒适系统基本相同，主要包含收音机、车载电话等。全新一代帕萨特的信息系统总线采用的是速度更高的MOST总线系统。

第 2 篇
汽车电源及起动系统认识及维护

学习任务1　汽车蓄电池认识及维护

 任务引入

为了能安全、方便和舒适地驾驶车辆，汽车装有许多电气装置。汽车不但在行驶时要用电，停车时也要用电。汽车蓄电池作为一种储存电能的装置，一旦连接外部负载或接通充电电路，便开始其能量转换过程，使车辆正常运行。这就要求汽车营销与服务技术从业人员具备汽车蓄电池基本结构、作用及基本工作原理相关知识，并能够与客户就汽车蓄电池常见故障及维护进行沟通。

 任务描述

李小明在某丰田汽车4S店做维修接待工作。有一天早上他刚上班，客户韩先生打电话来咨询，他的丰田卡罗拉汽车在早上起动时，听见起动机有轻微的"哒哒"声而车辆无法起动，并且按喇叭，其声音很小，韩先生家离4S店的距离为20km左右。

假如你是小明，请你与维修救急小组共同做好韩先生车辆的接待工作，准备好备用蓄电池及工具，为韩先生汽车的蓄电池实施检测，并解答韩先生关于车辆蓄电池使用、检查及更换的相关问题。

 学习目标

① 能描述汽车电源系统的组成。
② 能描述普通铅酸蓄电池、免维护蓄电池、玻璃纤维（AGM）蓄电池的不同及优缺点。
③ 能描述蓄电池的工作原理。
④ 能根据蓄电池上的标记，说明蓄电池的型号、容量等参数的表示方法。
⑤ 能描述蓄电池的正确使用方法，以及蓄电池的常见维护作业项目。
⑥ 能描述蓄电池常见故障，分析其可能原因。
⑦ 能在车辆上查找蓄电池、发电机等元件，并能准确描述其安装位置。
⑧ 能对不同的汽车蓄电池实施就车及拆下充电。
⑨ 能正确更换汽车蓄电池并能实施存储系统的复位作业。
⑩ 能完成不同蓄电池的维护作业项目。
⑪ 能用蓄电池或起动充电机实施车辆的跨接起动。
⑫ 能使用蓄电池检测仪判断不同蓄电池的技术状态。
⑬ 能与客户就蓄电池相关故障进行沟通。

1.1 相关知识

1.1.1 电源系统组成

汽车电源系统的作用是向整车用电设备提供电能，给蓄电池充电。

电源系统主要由蓄电池、交流发电机、充电指示灯、点火开关等组成，如图 1-1 所示。其中交流发电机是主要电源，蓄电池是辅助电源，充电指示灯用来指示蓄电池充放电状况。

在汽车上，蓄电池、交流发电机是并联的，如图 1-2 所示。起动时，蓄电池向起动机供电；起动后，发动机正常工作时，交流发电机向用电设备供电并向蓄电池充电。

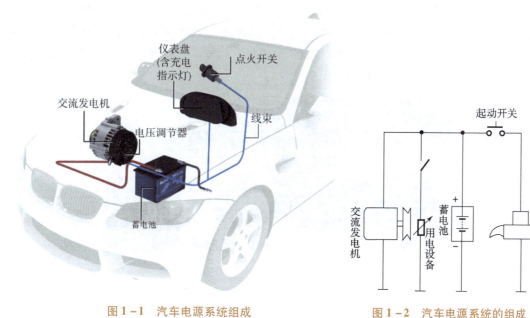

图 1-1 汽车电源系统组成　　　　图 1-2 汽车电源系统的组成

1.1.2 几种类型蓄电池对比

汽车用蓄电池目前常用的有普通铅酸蓄电池、免维护蓄电池和玻璃纤维（AGM）蓄电池三种。

1. 普通铅酸蓄电池

如图 1-3 所示，普通铅酸蓄电池启用时需加电解液，再经初充电后才能使用。

2. 免维护蓄电池

如图 1-4 所示，免维护蓄电池在合理使用过程中不需添加蒸馏水，同时电桩腐蚀轻、内阻少、自行放电少、低温起动性能好，比普通蓄电池使用寿命长。

3. 玻璃纤维蓄电池（AGM）

玻璃纤维蓄电池是一种采用玻璃纤维隔板的铅蓄电池，如图 1-5 所示。

图1-3 普通铅酸蓄电池

图1-4 免维护蓄电池

图1-5 玻璃纤维蓄电池（AGM）

AGM蓄电池与普通蓄电池的不同之处在于其充电时的环保性和物质稳定性。在车辆蓄电池充电时，通过电解释放出氧和氢两种气体。使用普通蓄电池时，会将氧和氢这两种气体释放到大气中去。使用AGM蓄电池时，这两种气体会重新转化为水，充电时正极处产生的氧气通过渗透性玻璃纤维网到达负极处，并在此与电解液中的氢离子发生反应而形成水，因此不会释放出任何气体，电解液也不会流失。这种蓄电池没有电眼，壳体为黑色。

三种类型蓄电池差别的视频如图1-6所示。

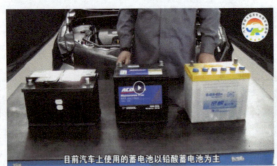

图1-6 比较不同类型蓄电池的视频

1.1.3 蓄电池基本工作原理

蓄电池的工作过程是化学能与电能的相互转换过程。当蓄电池将化学能转换为电能时，蓄电池向外供电，称为放电过程；当蓄电池将电能转换为化学能时，称为充电过程。蓄电池的基本工作原理如图1-7和图1-8所示。

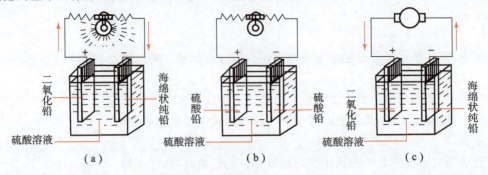

图1-7 蓄电池基本工作原理（1）

(a) 放电开始；(b) 放电结束；(c) 充电结束

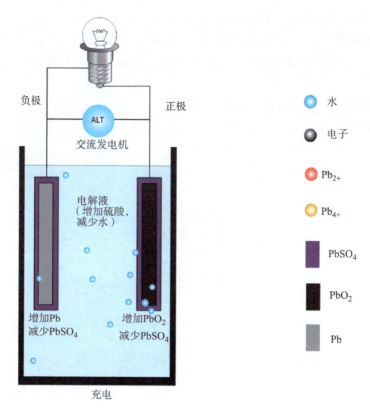

图 1-8 蓄电池基本工作原理（2）

蓄电池在充、放电时总的化学反应过程可用下式表示：

$$PbO_2 + Pb + 2H_2SO_4 \underset{充电}{\overset{放电}{\rightleftharpoons}} 2PbSO_4 + 2H_2O$$

① 在放电过程中，正、负极板上的活性物质都转换为 $PbSO_4$，同时，电解液中的 H_2SO_4 转换为水，电解液的密度不断下降。

② 在充电过程中，正、负极板上的 $PbSO_4$ 分别转换为 PbO_2 和 Pb，电解液中硫酸成分逐渐增多，电解液的密度逐渐上升。

1.1.4 蓄电池型号识别

按照校准 JB/T 2599—2012 的规定，蓄电池型号由三部分组成，排列如下：

第一部分　　第二部分　　　第三部分

第一部分：表示串联单格电池数，用阿拉伯数字表示，其中额定电压为这个数字的两倍。例如：6 表示 6 个单格电池，额定电压为 12V。

第二部分：表示蓄电池的类型和特征，用两个或以上汉语拼音字母表示。例如：第一个字母是 Q，表示起动用铅酸蓄电池，M 表示摩托车用。第二个字母表示蓄电池的特征代号，无字母则表示为普通式铅蓄电池，例如：A 表示干荷电式，W 表示免维护式。

第三部分：表示蓄电池的额定容量和特殊性能，我国目前采用 20h 放电率的额定容量，单位是 A·h（安培·小时），用数字表示，特殊性能用字母表示。例如：G 表示高起动率，S 表示塑料外壳，D 表示低温起动性能好。

以型号为 6-QW-60 的蓄电池为例，说明如下：
①6 表示由 6 个单格电池组成，每个单格电池电压为 2V，即额定电压为 12V。
②Q 表示汽车起动用蓄电池。
③W 表示免维护型蓄电池。
④60 表示蓄电池的额定容量为 60A·h。

1.2 在线测验

1.2 在线测验试题

1.3 任务实施——丰田卡罗拉汽车蓄电池使用及检查

1.3.1 任务准备

①丰田卡罗拉汽车 1 辆，车辆开进作业工位并做好车辆防护。
②丰田卡罗拉汽车电路图册 1 本。
③万用表 1 只。
④常规工具 1 套、连接导线。
⑤充电机 1 台。
⑥作业记录单。

1.3.2 蓄电池正确使用

①不连续使用起动机，每次起动的时间不得超过 5 s。如果一次未能起动发动机，则应间隔 15 s 以上第二次起动。如果连续三次起动不成功，则应查明原因，排除故障后再起动发动机。
②放完电的蓄电池应在 24 h 内及时充电，每两个月至少进行补充充电一次。
③应经常清除蓄电池表面的灰尘污物，保持蓄电池表面清洁、干燥。
④应经常检查蓄电池在车上的安装是否牢靠，电极接线柱与接线头的连接是否紧固。
⑤从车上拆卸蓄电池电缆时，应先拆下蓄电池的负极，再拆下蓄电池的正极；安装时，应先安装蓄电池的正极，再安装蓄电池的负极。

蓄电池的正确使用讨论视频如图 1-9 所示，蓄电池的不正确使用方法视频如图 1-10 所示。

图1-9　蓄电池的正确使用讨论视频

图1-10　蓄电池的不正确使用方法视频

1.3.3　蓄电池充电

蓄电池充电分为拆下充电和就车充电两种。在进行拆下充电时，如果是单个电池充电，则要注意调节好充电电流，有关视频如图1-11所示；如果有多个电池，则可以对两个及以上电池采用并联、串联方法同时充电，充电方法视频如图1-12和图1-13所示。如果是就车充电，充电步骤如下，充电方法视频如图1-14和图1-15所示。

图1-11　单个蓄电池的充电视频

图 1-12　两个蓄电池并联充电视频

图 1-13　两个蓄电池串联充电视频

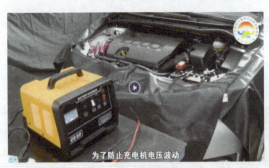

图 1-14　普通蓄电池就车充电视频

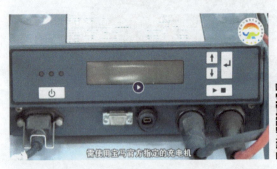

图 1-15　宝马 3 系 AGM 蓄电池就车充电视频

①关闭灯光、空调、音响等用电设备。
②关闭点火开关。
③打开发动机盖。
④断开蓄电池负极连接电缆。
⑤将充电器正极引线连接至蓄电池正极端，充电器负极引线连接至蓄电池负极端。
⑥开启充电机电源，并调节充电电流至蓄电池容量的十分之一。
⑦检查蓄电池充电过程中的电流及温度，直至充电完成为止。

1.3.4 跨接起动车辆

（1）打开缺电车辆发动机舱盖门，准备好电缆线

（2）将应急救援车辆停在缺电车辆的旁边并熄火

（3）打开应急救援车辆的发动机舱盖门，区分蓄电池的正、负极

（4）连接起动电缆线（图1-16）

①将红色跨接导线连接至缺电车辆蓄电池的正极接线柱。

②把红色跨接导线的另一端连接到应急救援车辆蓄电池的正极接线柱上。

③将黑色跨接导线连接至应急救援车辆蓄电池的负极接线柱。

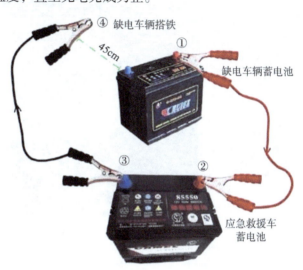

图1-16 跨接起动车辆

④将黑色跨接导线另一端连接至缺电车辆接地点，比如发动机缸体或发动机固定螺栓。连接时尽可能远离缺电车辆蓄电池。

（5）连接好两车的蓄电池正、负极后，起动应急救援车辆

用蓄电池跨接起动过程视频如图1-17所示，用起动电源跨接起动过程视频如图1-18所示，用车辆跨接起动视频如图1-19所示。

图1-17 用蓄电池跨接起动视频

图1-18　用起动电源跨接起动视频

图1-19　用车辆跨接起动视频

1.3.5　检查蓄电池技术状态

蓄电池的技术状态检查包含常规检查、电压检查、电解液密度检查以及蓄电池测试仪检查等。

常规检查主要是检查蓄电池的外观、固定情况、连接情况以及电解液液位等,相关视频如图1-20所示。

图1-20　蓄电池常规检查视频

电压检查主要是检查蓄电池的空载静态、起动电压及充电电压,相关视频如图1-21所示。

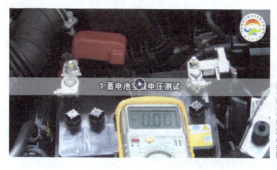

图1-21 蓄电池电压检查视频

电解液密度检查主要针对普通蓄电池，相关视频如图1-22所示。

图1-22 电解液密度检查视频

对于蓄电池，经常需要用蓄电池测试仪测试其性能，测试视频如图1-23所示。

图1-23 用蓄电池测试仪测试视频

1.3.6 更换蓄电池

应先确保充电机上的电源开关已关闭，普通蓄电池的更换视频如图1-24所示。
①拆卸蓄电池的负电缆线夹，并做好防护。
②拆卸蓄电池的正电缆线夹。
③拆卸蓄电池。
④安装新蓄电池。
⑤安装蓄电池的正电缆线夹。
⑥安装蓄电池的负电缆线夹。
⑦检查蓄电池的安装状态，确保车辆能够正常起动。

图1-24 普通蓄电池的更换视频

1.4 蓄电池常见故障及原因分析

汽车蓄电池的常见故障有自放电、极板硫化、亏电和内部短路等，故障现象及故障原因分析如表1-1所示，相关分析视频如图1-25所示。

表1-1 汽车蓄电池常见故障及原因分析

故障名称	故障现象	可能原因
自放电	充足电或使用正常的蓄电池放置几天后，在无负荷情况下，出现电量低甚至无电情况	(1) 电解液不纯，含有杂质； (2) 蓄电池上盖表面有电解液，导致放电； (3) 蓄电池长期放置不用，硫酸下沉
极板硫化	放电时，端电压下降快；充电时，端电压上升快，电解液温度上升过快且易超过45℃	(1) 经常使蓄电池过度放电； (2) 电解液液面过低，极板露出液面； (3) 电解液中含有较多杂质； (4) 电解液密度过高； (5) 蓄电池经常充电不足或放电后长时间放置
亏电	汽车起动时起动机转动无力；按喇叭，其声音弱；开启大灯后，灯光很暗；电解液耗损过快	(1) 使用新蓄电池前未按要求进行充电； (2) 发电机故障，导致充电电压过低； (3) 电解液密度过低； (4) 蓄电池极板有短路或隔板击穿、损坏情况； (5) 电解液相对密度过高，充电电流过大，致使极板硫化； (6) 经常长时间起动起动机
内部短路	容量下降或没有容量，用蓄电池测试仪检查，发现端电压很低	(1) 隔板质量不好或隔板缺角导致短接； (2) 极板拱曲变形导致短接； (3) 活性物质脱落导致短接

图1-25 蓄电池常见故障及原因分析视频

1.5 拓展提升——蓄电池型号的其他表示方法

1）拓展任务

李小明完成了韩先生车辆的接待工作，回答了韩先生关于汽车蓄电池的相关问题。小明想起自己在配件市场上还看到过其他进口品牌的蓄电池，这些蓄电池的型号表示方法和国标不一样，他想了解一下，于是他在网上找了一些资料开始学习。

2）日本 JIS 标准蓄电池型号

博世蓄电池型号的表示方法如图 1-26 所示，型号为 80D26L。松下蓄电池型号的表示方法如图 1-27 所示，型号为 55D23L。

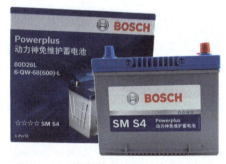

图1-26 博世蓄电池型号的表示方法

图1-27 松下蓄电池型号的表示方法

以型号"80D26L"为例，说明蓄电池型号中各参数的含义：

80：表示容量代号。容量代号是容量大小的标识，其数值大小与容量无关，如容量代号为 80 的蓄电池，其实际容量为 68A·h。

D：表示宽与高的乘积。蓄电池的宽度和高度组合是由 8 个字母中的一个来表示的，从 A 到 H，字符越接近 A，表示蓄电池宽度和高度值越小；越接近 H，表示蓄电池宽度和高度值越大。

26：表示长度，单位为厘米（cm）。

L（左）或 R（右）：表示负极桩头位置在左侧或者右侧。正、负极桩头在靠近观察者一侧时的位置在左侧用 L 表示、在右侧用 R 表示。

3）德国 DIN 标准蓄电池型号

以型号为 544 34 的蓄电池为例，其型号说明如下：

①第一位数字 5、6 或者 7 为蓄电池的容量代号。开头 5 表示蓄电池额定容量在 100 A·h 以下；开头 6 表示蓄电池容量在 100~200A·h；开头 7 表示蓄电池额定容量在 200A·h 以上。

例如 54434 蓄电池额定容量为 44A·h；61017MF 蓄电池额定容量为 110 A·h；70027 蓄电池额定容量为 200 A·h。

②容量后两位数字表示蓄电池尺寸组号，具体情况请看表 1-2。

表 1-2 德国 DIN 标准蓄电池型号对照

蓄电池型号	额定电压/V	额定容量/(A·h)	低温试验电流（-18℃）/A	带液质量（参考）/kg	最大外形尺寸/mm		
					l	b	h
53624	12	36	175	13	210	175	175
54434		44	210	14			190
54549		45	220	16	249		
55414		54	265	17.5	293		175
55415							
55530		55	255	16.5	243		190
56316		63	300	19	293		175
56318							
56618		66		18	297		190
57069		70	340	20.5	278	175	190
57525		75	250	23	327		220
57526							
58026		80	280				
58027							
58815		88	395	25	371		190
59029		90	450				
59514		95	320	29	413		220
59515							
60026		100	360				
60027							
61017		110	450	35	513	189	223
61511		115	380	23			
61512							
62034		120	420	36			
63530		135		38			
64020		140	460	40			
64021							
64323		143	570	45	514	218	210
65012		150	480	44	513	223	223
66514		165	540	46			
67018		170	600	49			
67019							

③MF 表示免维护型。

4）美国 BCI 标准蓄电池型号

以 58 430（12V 430A 80min）蓄电池为例，其型号说明如下：

①58 表示蓄电池尺寸组号。

②430 表示冷起动电流为 430A。

③80min 表示蓄电池储备容量为 80min。

美国标准的蓄电池也可以这样表示：78-600，78 表示蓄电池尺寸组号，600 表示冷起动电流为 600A。

学习任务 2　汽车电源系统认识及维护

任务引入

除了蓄电池外，交流发电机也是电源系统的主要设备，对汽车正常行驶至关重要。这就要求汽车营销与服务技术从业人员具备交流发电机的作用、组成和基本工作原理相关知识，并能够正确地向客户介绍交流发电机的正确使用方法，能够与客户就交流发电机的常见故障及维护进行交流。

任务描述

李小明在某丰田汽车 4S 店做维修接待工作。有一天中午，客户韩先生打电话来咨询，他的丰田卡罗拉汽车仪表板上充电指示灯亮了，汽车还能不能正常使用。

假设你是小明，请你负责该车辆的接待工作，为韩先生介绍发电机的基本结构及工作原理，完成韩先生汽车电源系统的基本检查，并与韩先生完成车辆发电机使用、检查相关问题的沟通。

学习目标

①能描述交流发电机的作用。

②能描述交流发电机内各元件的作用。

③能描述交流发电机的基本工作原理。

④能区分内、外搭铁式交流发电机及调节器。

⑤能分析汽车充电指示灯电路的工作过程。

⑥能对照电路图，分析汽车电源系统电路中励磁电路、充电指示灯电路、发电机输出电路的电流流向。

⑦能说明交流发电机及调节器的正确使用方法及常见维护作业项目。
⑧能描述常见车型电源系统电路、大众负荷管理系统工作过程。
⑨能描述汽车电源系统常见故障,分析其可能原因。
⑩能根据交流发电机的铭牌信息,说明交流发电机的输出电压、电流等参数。
⑪能就车判断交流发电机及调节器的技术状况。
⑫能根据汽车充电指示灯判断充电系统的状态。
⑬能对照电路图及端子图,说明发电机上各端子的名称及作用。
⑭能根据客户描述,分析判断电源系统常见故障的可能原因。

2.1 相关知识

2.1.1 交流发电机作用

交流发电机是汽车的主要电源,其作用是:在发动机正常工作时,向用电设备供电;当蓄电池存电量不足时,向蓄电池及时充电。交流发电机的功用如图2-1所示。

图2-1 交流发电机的功用

2.1.2 交流发电机类型

1) 按照总体结构不同分类

按照总体结构不同,交流发电机分为以下五种:

①普通交流发电机:使用时需要配装电压调节器才能使用,如图2-2(a)所示。

②整体式交流发电机:调节器采用电子元件集成,安装在发电机内部,如图2-2(b)所示。随着汽车车载网络技术的发展,整体式交流发电机中电压调节控制采用了LIN线控制,称为LIN线控制的交流发电机。

③带泵交流发电机:和汽车制动系统中的真空助力泵安装在一起,多用于柴油车,如图2-2(c)所示。

④无刷交流发电机：无电刷和滑环结构，减少了电刷磨损，如图2-2（d）所示。

⑤永磁交流发电机：转子磁极采用永磁材料制作，无转子线圈，结构简单，如图2-2（e）所示。

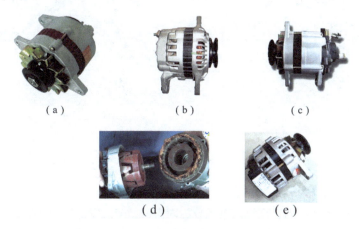

图2-2 按总体结构区分交流发电机的类型

（a）普通交流发电机；（b）整体式交流发电机；（c）带泵交流发电机；
（d）无刷交流发电机；（e）永磁交流发电机

目前在汽车上广泛使用整体式交流发电机、无刷交流发电机和LIN线控制的交流发电机，其结构对比视频如图2-3所示。

图2-3 不同类型交流发电机对比视频

2）按整流器结构不同分类

按整流器结构不同，交流发电机可分为六管交流发电机、八管交流发电机、九管交流发电机和十一管交流发电机。

①六管交流发电机：三相交流发电机整流器中有三个正二极管和三个负二极管用于三相整流，如图2-4（a）所示。

②八管交流发电机：除具备六管交流发电机的特点外，还增加了两个中性点二极管，可以在高转速时增加发电机的输出功率。

③九管交流发电机：除具备六管交流发电机的特点外，还增加了三个励磁二极管，用于给励磁绕组供电以及用于控制充电指示灯。

④十一管交流发电机：除具备六管交流发电机的特点外，还增加了八管交流发电机的两个中性点二极管，以及九管交流发电机的三个励磁二极管，如图2-4（b）所示。

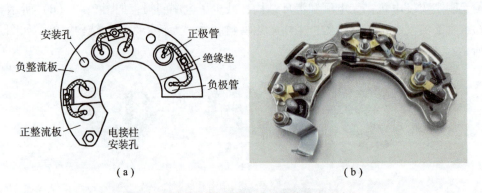

图 2-4 按整流器结构不同分类的发电机类型
(a) 六管交流发电机的整流器；(b) 十一管交流发电机的整流器

3) 按磁场绕组搭铁形式不同分类

按磁场绕组搭铁形式不同,交流发电机分为内搭铁型交流发电机和外搭铁型交流发电机。

① 内搭铁型交流发电机：即发电机转子绕组通过自身内部搭铁。发电机转子绕组的搭铁端（E）自身能够搭铁，电源端（F）受电压调节器中大功率三极管控制,如图 2-5（a）所示。

② 外搭铁型交流发电机：即发电机转子绕组通过外部的调节器才能搭铁。发电机转子绕组的电源端 F1 直接连电源，搭铁端（F2）受电压调节器中大功率三极管控制,三极管导通时转子绕组才能搭铁,如图 2-5（b）所示。

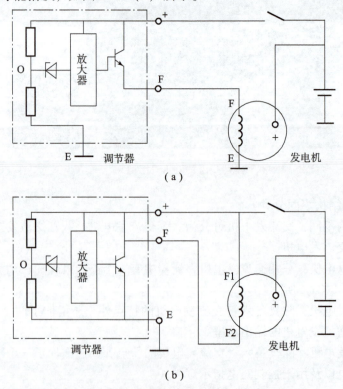

图 2-5 内、外搭铁式交流发电机及调节器
(a) 内搭铁；(b) 外搭铁

4）按电枢绕组的连接形式不同分类

按电枢绕组的连接形式不同,交流发电机分为Y形连接和三角形连接。

①Y形连接:三相定子绕组呈Y形连接,如图2-6(a)所示。

②三角形连接:三相定子绕组呈△形连接,如图2-6(b)所示。

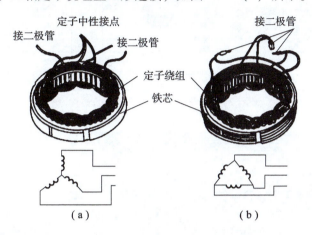

图2-6 交流发电机定子绕组的连接方式

(a)定子绕组Y形连接;(b)定子绕组三角形连接

2.1.3 交流发电机结构

目前国内外生产的汽车交流发电机,结构基本相同,主要由转子、定子、整流器、电压调节器、风扇、皮带轮、前后端盖等组成,如图2-7所示。

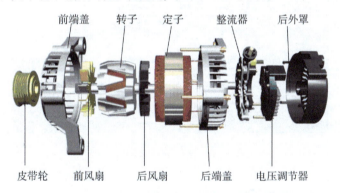

图2-7 交流发电机的结构

在发电机的后端盖上装有电刷架和电刷,电刷装在电刷架的孔内。电刷将直流电引入转子。发动机通过皮带带动皮带轮旋转,转子被带动旋转,在转子上产生交变的磁场。依据电磁感应,在定子上产生交流电动势,通过整流器后转换为直流电。电压调节器将发电机输出的电压调节到规定范围内。在发电机工作时,风扇随皮带轮旋转,强制通风,对发电机进行冷却。整体式交流发电机的内部结构如图2-8和图2-9(视频)所示,无刷交流发电机的结构视频如图2-10所示,LIN总线控制交流发电机的结构视频如图2-11所示。

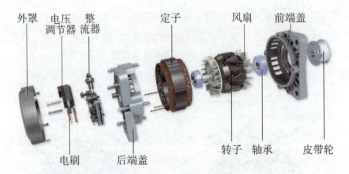

图 2-8　整体式交流发电机的结构

图 2-9　有刷交流发电机的结构视频

图 2-10　无刷交流发电机的结构视频

图 2-11　LIN 总线控制交流发电机的结构视频

2.1.4 交流发电机基本工作原理

1）发电原理

（1）交流电的产生

交流发电机产生交流电的基本原理是电磁感应原理，交流发电机工作原理如图2-12、图2-13所示。励磁绕组中有电流通过时，便产生磁场，而当产生磁场的转子旋转时，磁力线和定子绕组之间产生相对的切割运动，在定子绕组内便会产生交流感应电动势。感应电动势的大小与每相绕组串联的匝数及转子的转速有关，即匝数越多，转速越高，感应电动势越大。

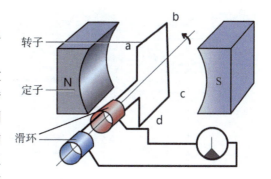

图2-12 交流发电机工作原理（1）

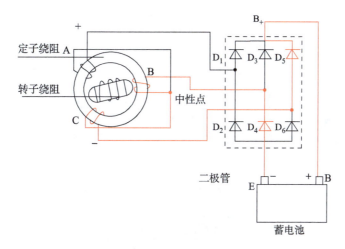

图2-13 交流发电机工作原理（2）

（2）励磁方式

交流发电机的励磁方式：先他励、后自励，其励磁过程如图2-14、图2-15所示。

交流发电机开始发电时，由于转子上磁极的剩磁很弱，在低转速下仅靠剩磁产生的电动势不能使二极管导通，发电机不能自励发电，此时必须由蓄电池提供励磁电流，增强磁场，使发电机在低速转动时电压能够迅速上升。

当发电机转速达到一定值，发电机发电产生的电压达到或超过蓄电池电压时，发电机自己供给励磁电流，于是，发电机由他励转变为自励发电。

2）整流原理

整流器是利用二极管的单向导电性，将交流电转换为直流电。

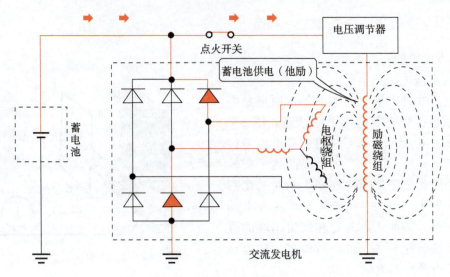

图 2-14 交流发电机的励磁方式——他励

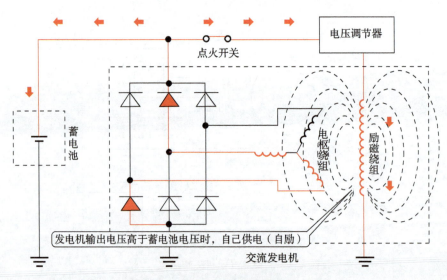

图 2-15 交流发电机励磁方法——自励

图 2-16 所示是以六管构成的三相桥式整流电路,其中三只正极管(VD_1、VD_3、VD_5)的负极连接在一起,在某一瞬间,正极电位最高的正二极管导通;而三只负极管(VD_2、VD_4、VD_6)的正极连接在一起,在某一瞬间,负极电位最低的负二极管导通。所以每个时刻有两个二极管同时导通,同时导通的两个二极管总是将发动机的电压加在负载的两端。

①当 $t=0$ 时,C 相电位最高,而 B 相电位最低,所对应的二极管 VD_5、VD_4 均处于正向导通,在 $0\sim t_1$ 时间内电流流向如图 2-17(a)所示。

②在 $t_1\sim t_2$ 时间内,A 相电位最高,而 B 相电位最低,故对应的 VD_1、VD_4 处于正向导通,在 $t_1\sim t_2$ 时间内电流流向如图 2-17(b)所示。

③在 $t_2\sim t_3$ 时间内,A 相电位最高,而 C 相电位最低,故对应的 VD_1、VD_6 处于正向导通,在 $t_2\sim t_3$ 时间内电流流向如图 2-17(c)所示。

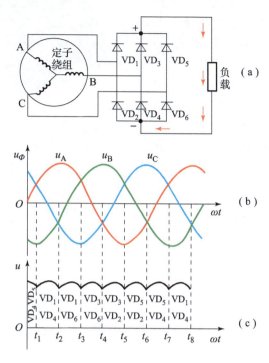

图 2-16 三相桥式整流电路

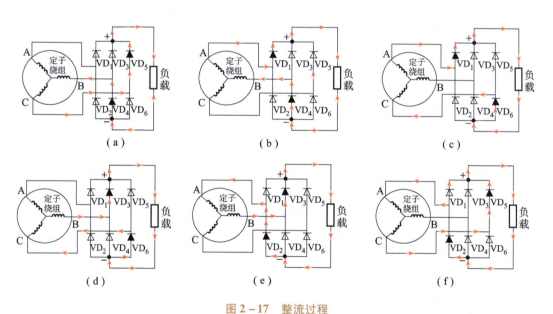

图 2-17 整流过程

(a) $0 \sim t_1$；(b) $t_1 \sim t_2$；(c) $t_2 \sim t_3$；(d) $t_3 \sim t_4$；(e) $t_4 \sim t_5$；(f) $t_5 \sim t_6$

以此类推，周而复始，在负载上便可获得一个比较平稳的直流脉动电压，各段时间内电流流向如图 2-17 所示。

3）电压调节原理

交流发电机电压调节原理：当发电机转速升高时，电压调节器通过减小发电机励磁电流来减弱磁场，使发电机的输出电压保持不变；当发电机的转速降低时，电压调节器通过增大发电机的励磁电流来增强磁场，使发电机的输出电压保持不变。

目前汽车用交流发电机中均采用集成电路式电压调节器，如图2-18所示为一款典型集成电路电压调节器，其具有电压调节、充电指示灯、发电机故障监测等功能，其端子名称及作用如表2-1所示。

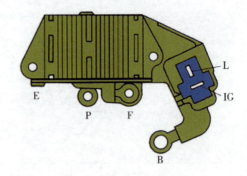

图2-18 集成电路电压调节器

表2-1 集成电路电压调节器端子名称及作用

端子	端子名称	端子作用
B	电源端子	接蓄电池正极
IG	点火端子	点火开关接通至ON挡有电
L	充电指示灯端子	接充电指示灯
F	磁场端子	接磁场绕组正端
P	定子绕组监测端子	接发电机定子某一相定子绕组
E	搭铁端子	接蓄电池负极

集成电路电压调节器的电压调节原理与晶体管式电压调节器相同，这里以一款典型的内搭铁型晶体管式电压调节器为例说明其电压调节过程，如图2-19所示。

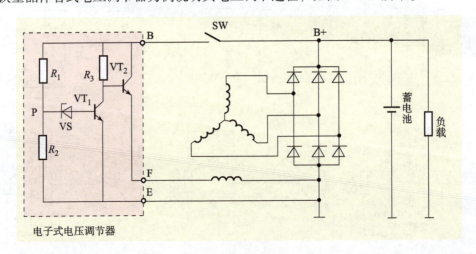

图2-19 内搭铁型晶体管式电压调节器

此内搭铁型晶体管式电压调节器由功率开关晶体管、信号放大和控制电路以及电压信号检测电路等三部分电路组成。

电阻R_1和R_2串联组成一个分压器，接在发电机输出端B+与搭铁E之间，直接检测发电机的输出电压U_B，分压电阻R_2两端的电压U_P为：

$$U_P = \frac{R_2}{R_1 + R_2} U_B$$

当接通点火 SW 而发动机未起动成功时，蓄电池电压便加在 B、E 两端，由于蓄电池电压值低于发电机的规定电压值，故此时加到稳压管 VS 上的电压值小于其反向击穿电压 U_{VS}，稳压管 VS 截止，VT_1 截止，VT_2 则由 R_3 提供偏置电流而处于饱和导通状态，蓄电池便经 VT_2 给励磁绕组提供励磁电流。

当发动机成功起动，发电机电压值超过规定值时，VS 导通，VT_1 导通，使 VT_2 的发射结被短路，因而 VT_2 截止，从而切断了励磁电路，使得发电机电压迅速下降。如此反复，发电机的电压便被稳定在规定范围内。

总之，晶体管式电压调节器是利用晶体管的开关特性，将晶体管作为一只开关串联在发电机的励磁电路中，根据发电机输出电压的高低，控制晶体管的导通和截止，调节发电机的励磁电流，从而使发电机输出电压稳定在某一规定的范围之内。

2.1.5 交流发电机铭牌识别

根据中华人民共和国汽车行业标准 QC/T73—1993《汽车电气设备产品型号编制方法》规定，国产汽车交流发电机型号主要由下列五大部分组成，即

□□□	□	□	□	□
1	2	3	4	5

第一部分为产品名称代号。交流发电机产品名称代号为 JF；整体式交流发电机产品名称代号为 JFZ；带泵交流发电机产品名称代号为 JFB；无刷交流发电机产品名称代号为 JFW。字母 J、F、Z、B 和 W 分别为"交""发""整""泵""无"字的汉语拼音第一个大写字母。

第二部分为分类代号，即电压等级代号，用一位阿拉伯数字表示：1——12V；2——24V；6——6V。

第三部分为电流等级代号，用一位阿拉伯数字表示，如表 2-2 所示。

表 2-2 电流等级

电流等级	1	2	3	4	5	6	7	8	9
电流/A	≤19	≤20~29	≤30~39	≤40~49	≤50~59	≤60~69	≤70~79	≤80~89	≥90

第四部分为设计序号，按产品设计先后顺序，用阿拉伯数字表示。

第五部分为变型代号，交流发电机以调整臂的位置作为变型代号。从驱动端看，Y——右边；Z——左边；在中间不加标记。

例如：以型号为 JFZ132 的发电机为例，说明如下：

①JFZ 表示整体式交流发电机。

②1 表示电压 12V。

③3 表示电流为 30~39A。

④2 表示第二次设计。

2.1.6 丰田卡罗拉汽车电源系统电路

丰田卡罗拉汽车电源系统电路如图 2-20 所示。电源系统电路由蓄电池、蓄电池电流传感器、交流发电机及电压调节器、组合仪表等组成。交流发电机是内装集成电路调节器

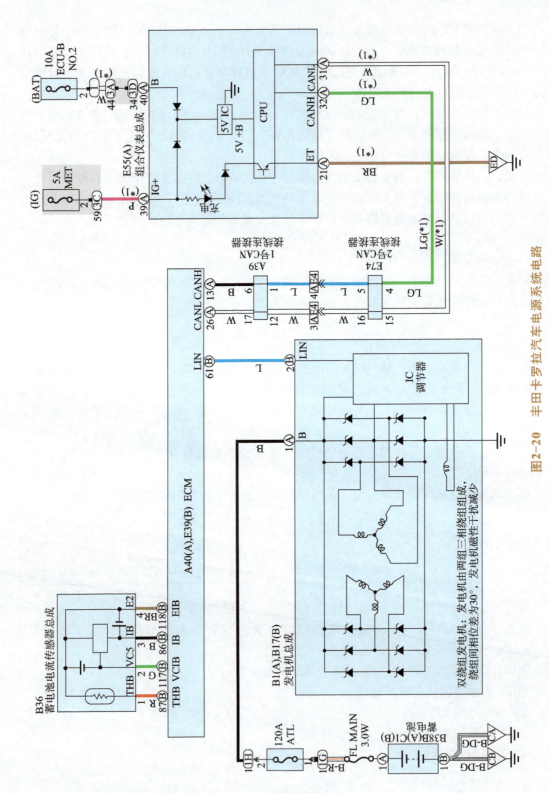

图2-20 丰田卡罗拉汽车电源系统电路

的整体式发电机，属于 LIN 总线控制的交流发电机。蓄电池电流传感器监测蓄电池电流，并将其输入 ECM 控制模块中。

卡罗拉汽车电源系统电路工作过程分析如下：

当点火开关置于关闭位置时，通过测量开路电压来判断蓄电池的充放电状态。点火开关置于接通位置时，根据蓄电池容量、初始充电状态和温度等参数计算充放电状态。ECM 控制模块根据蓄电池电流传感器测试蓄电池充电状态和温度，通过 LIN 总线控制发电机的电压调节器控制励磁电流，达到控制发电机的输出电压的目的。ECM 控制模块监测发电机信号电路，将充电电压设置在不损害蓄电池寿命的最佳充电电压，以改善蓄电池充电状态、蓄电池寿命和燃油经济性。

仪表板组合仪表与 ECM 控制模块之间通过两条 CAN 总线通信。当充电系统正常时，通过 CAN 总线熄灭充电指示灯；当充电系统出现故障时，通过 CAN 总线点亮组合仪表中充电指示灯提醒用户。

2.2 在线测验

2.2 在线测验试题

2.3 任务实施——丰田卡罗拉汽车发电机使用及检查

2.3.1 任务准备

①丰田卡罗拉汽车 1 辆，车辆开进作业工位并做好车辆防护。
②丰田卡罗拉汽车电路图册 1 本。
③万用表 1 只。
④常规工具 1 套、连接导线。
⑤充电机 1 台。
⑥作业记录单。

2.3.2 交流发电机的正确使用

在交流发电机的使用过程中，线路必须连接正确、可靠，我们一般通过充电指示灯的状态来判断交流发电机的工作状态。

①将点火开关接通至点火挡而不起动发动机时，充电指示灯应点亮。
②起动发动机后，充电指示灯应熄灭。
③在汽车行驶过程中，如果充电指示灯突然点亮，则需要及时检修电源系统。
④确认发电机是否还在正常发电。
确认方法是在车辆处于起动状态下，开启前照灯，检查蓄电池电压：
①如果蓄电池端电压在 14V 左右，则说明发电机还在正常发电，充电指示灯亮只是表

示其控制电路出了故障,车辆可以继续行驶,结束本次行程后去4S店检修。

②如果蓄电池端电压在12V以下且越来越低,则说明发电机已经不发电了,此时车辆单纯依靠蓄电池供电,那么过不了多久就会抛锚,因此需要尽快将车开到4S店检修。

有关交流发电机的正确使用讨论视频如图2-21所示。

图2-21 有关交流发电机的正确使用讨论视频

2.3.3 电源系统工作状态检查

电源系统工作状态检查包括静态检查和动态检查。

静态检查主要检查发电机皮带张紧程度、发电机固定及连接情况、蓄电池固定及安装情况、蓄电池正负极桩连接情况等。静态检查视频如图2-22所示。

图2-22 卡罗拉电源系统的静态检查视频

动态检查主要是检查电源系统的空载和带负载电压。动态检查视频如图2-23所示。

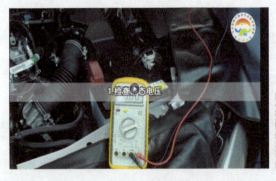

图2-23 卡罗拉电源系统的动态检查视频

（1）检查静态电压

使用万用表测量蓄电池静态电压，将红色和黑色表笔分别与蓄电池正极、负极相连，测得静态电压应该在12V以上。

（2）检查怠速充电电压

起动发动机保持在怠速运转状态，将红色和黑色表笔分别与蓄电池正极、负极相连，测得怠速充电电压应该在14.1V以上。

（3）检查2 000r/min充电电压

起动发动机并保持在2 000r/min运转状态，将红色和黑色表笔分别与蓄电池正极、负极相连，测得充电电压应该在14.1V以上。

（4）检查怠速带负载充电电压

起动发动机保持在怠速并打开大灯，将红色和黑色表笔分别与蓄电池正极、负极相连，测得充电电压应该在14V以上。

（5）检查带负载2 000r/min充电电压

起动发动机并保持在2 000r/min运转状态，打开大灯，将红色和黑色表笔分别与蓄电池正极、负极相连，测得充电电压应该在14.1V以上。

如果要检查发电机带负载时的工作电流，则用电流感应钳进行测量，测量视频如图2-24所示。

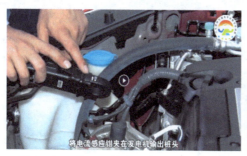

图2-24 本田思铂睿负载电流测量视频

2.3.4 交流发电机解体检查

在电源系统工作状态检查中，如果发现发电机有故障，则需要对发电机进行解体检查。发电机的解体检查主要包括转子绕组检查、定子绕组检查、整流器检查、电刷组件检查等。

1）转子绕组检查

发电机转子绕组检查视频如图2-25所示。

图2-25 发电机转子绕组检查视频

（1）目视检查

检查滑环是否变脏或烧蚀。用布料和毛刷清洁滑环和转子，如果脏污和烧蚀明显，则应更换转子总成。

（2）磁场绕组断路、短路检测

用万用表电阻挡的最小挡来检查两个滑环之间是否导通，如果发现超出规定值范围，则应更换转子。

（3）磁场绕组搭铁故障检测

用万用表电阻挡的最大挡或20k挡测量滑环与转子轴之间的电阻，万用表的一支表笔接任意一个滑环，另一支表笔接转子轴，每个滑环与转子轴之间的阻值都应该是无穷大，否则说明绝缘不良。

2）定子绕组检查

发电机定子绕组检查视频如图2-26所示。

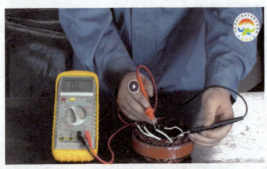

图2-26　发电机定子绕组检查视频

（1）定子绕组断路故障检测

用万用表电阻挡的最小挡测量三相绕组A、B、C任意两相的电阻值，三相间任意两相阻值应一致且小于10Ω，否则说明有断路故障。

（2）定子绕组搭铁故障检测

用万用表电阻挡的最大挡测量三相绕组中的任一组与铁芯间的电阻，即万用表的一支表笔接三相绕组中的任一组，另一支表笔接铁芯，测量得到的阻值应为无穷大，否则说明定子绕组绝缘不良。

3）整流器检查

发电机整流器检查视频如图2-27所示。

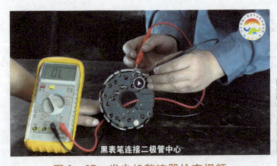

图2-27　发电机整流器检查视频

使用万用表的二极管测试模式,将万用表的任意一支表笔放在二极管的一端,另外一支表笔放在二极管的另外一端,观察万用表的读数,交换表笔,检查是否单向导通。

4)电刷组件检查

发电机电刷组件检查视频如图2-28所示。

图2-28 发电机电刷组件检查视频

电刷组件主要包括电刷及电刷架。电刷检查主要是检查电刷高度是否符合要求以及电刷在电刷架内是否能够上下活动自如,电刷高度低于原尺寸的2/3时,应更换(用游标卡尺测量,如图2-29所示),且电刷磨损后与滑环接触面积应大于其总面积的75%。电刷架检查主要是检查其是否有烧损、破损和变形情况。

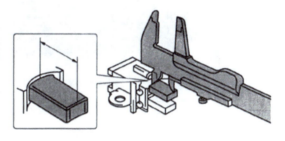

图2-29 电刷高度测量

2.4 电源系统常见故障及原因分析

汽车电源系统常见故障有不充电、充电电流过小、充电电流过大、充电电流不稳等,故障现象及故障原因分析如表2-3所示。

表2-3 汽车电源系统常见故障及原因分析

故　障	故障现象	可能故障原因
不充电	发动机以中速以上速度运转时,充电指示灯不熄灭	(1)线路接线断开或短路; (2)充电指示灯的接线错误; (3)发电机及调节器故障
充电电流过小	蓄电池长期亏电,发动机中高速运转时,充电电流很小,车灯偏暗	(1)充电线路接触不良; (2)发电机及调节器故障
充电电流过大	蓄电池在充足电的情况下,充电电流仍在10A以上,灯泡易烧坏	(1)调节器损坏; (2)发电机电刷与元件板短路,造成调节器不起作用

续表

故　障	故障现象	可能故障原因
充电电流不稳	发动机转速高于急速时，充电指示灯时而亮时而不亮，车灯忽明忽暗	（1）发电机传动带过松或打滑； （2）充电系统线路接触不良； （3）发电机转子或定子绕组局部短路或断路； （4）滑环脏污或电刷与滑环间接触不良； （5）调节器工作不良

图 2-30 所示为汽车电源系统常见故障及原因分析视频，图 2-31 所示为不充电故障视频，图 2-32 所示为充电电流小（电压低）故障视频。

图 2-30　电源系统常见故障及原因分析视频

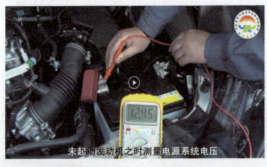

图 2-31　不充电故障视频

图 2-32　充电电流小（电压低）故障视频

2.5 拓展提升——上汽大众帕萨特汽车电源系统特点

1）拓展任务

李小明完成了韩先生车辆充电指示灯故障的接待工作，他还想了解一下其他品牌汽车的充电指示灯控制方式与丰田卡罗拉汽车有何不同，于是他向在上汽大众4S店工作的同学要了一些资料开始学习。

2）上汽大众帕萨特汽车电源系统组成及安装位置

上汽大众帕萨特汽车电源系统电路如图2-33所示，包括蓄电池、车身控制模块J519、J533、发动机控制单元等。

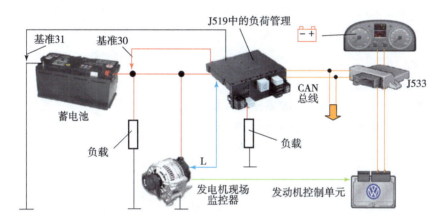

图2-33　上汽大众帕萨特汽车电源系统电路

3）上汽大众帕萨特汽车电源系统工作过程

负荷管理记录随车电源的绝对临近蓄电池电压，在电压小于12.7V的随车电源有一段延迟（起动电流和负载的PTC响应）后进行干预。J519记录随车电源的绝对临近蓄电池电压，如果随车电子系统的电压小于或等于12.7V，就不能保证对蓄电池的充电。

帕萨特汽车电源系统检查视频如图2-34所示。

图2-34　帕萨特汽车电源系统检查视频

学习任务3　汽车起动系统认识及维护

 任务引入

起动系统通过起动机将蓄电池的电能转换成机械能，在发动机起动时，驱动发动机，直到其能够自行持续转动为止。目前汽车上常用的电力起动系统也有不同类型。这就要求汽车营销与服务技术从业人员具备起动系统类型、结构、工作原理、电路和基本操作等相关的基础知识，能够与客户就起动系统常见故障及原因进行沟通。

 任务描述

李小明在某丰田汽车4S店做维修接待工作。有一天，小明接到客户邱先生的急救电话，邱先生说他的卡罗拉汽车无法起动，要求4S店进行现场急救，并需要用拖车将卡罗拉汽车运回并对该车的起动系统进行彻底检查。

假如你是小明，请你负责接待邱先生，为邱先生介绍汽车起动系统的组成、功能及正确使用方法，并完成汽车起动系统初步检查，与客户完成关于起动系统故障的初步沟通。

 学习目标

①能描述汽车起动系统的组成。
②能描述普通起动机、减速起动机的组成，及各元件的作用。
③能分析对比普通起动机与减速起动机，并能描述各自的特点。
④能根据起动机的型号，说明起动机的电压、电流和功率等参数。
⑤能分析常见汽车起动系统的电路。
⑥能描述车辆一键起动系统的组成及工作过程，使用一键起动实施车辆起动。
⑦能在车辆上准确找到起动系统各部件，并能描述其安装位置。
⑧能判断汽车起动系统熔断器、继电器的性能。
⑨能描述汽车起动系统的常见故障，并能分析故障原因。

3.1　相关知识

3.1.1　起动系统作用

起动系统的功用是通过起动机将蓄电池的电能转换成机械能，在发动机起动时，用于驱动发动机，直到其能够自行持续转动为止（图3-1）。起动系统由蓄电池、点火开关、起动机、相关线路等组成。

3.1.2 起动机类型

汽车用起动机分为常规起动机、减速起动机和永磁起动机三种类型。

（1）常规起动机

常规起动机又称电磁控制强制啮合式起动机，其磁极采用电磁铁，电动机的旋转运动通过减速齿轮的运动直接传递到传动齿轮，传动机构一般只是由简单的驱动齿轮、单向离合器和拨叉等组成，无特殊结构和装置，如图3-2所示。

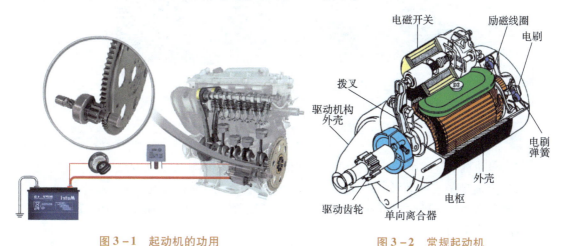

图3-1 起动机的功用　　　　图3-2 常规起动机

（2）减速起动机

减速起动机的电动机采用高速、小型、低转矩电动机，在传动机构中设有减速装置。减速装置有外啮合齿轮和行星齿轮两种减速方式。减速起动机质量和体积比普通起动机小30%~35%。外啮合齿轮式减速起动机结构如图3-3所示，行星齿轮式减速起动机结构如图3-4所示。

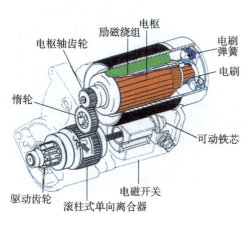
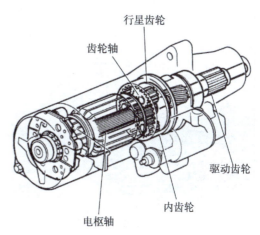

图3-3 外啮合齿轮式减速起动机结构　　　图3-4 行星齿轮式减速起动机结构

（3）永磁起动机

永磁起动机中电动机的磁极用永磁材料制成，取消了磁场线圈，可以使结构简化、体积小、质量轻。

三种不同类型起动机结构对比视频如图 3-5 所示。

图 3-5　三种不同类型起动机结构对比视频

3.1.3　起动机结构认识

常规起动机由直流串励式电动机、传动机构和电磁控制装置三部分组成。

（1）直流串励式电动机

直流串励式电动机主要由电枢与换向器、磁场绕组、电刷与电刷架以及机壳等部分组成，各部分作用如下：

①电枢与换向器：电枢由轴、铁芯和绕组等组成。磁场绕组和电枢绕组一般采用矩形断面的裸铜线绕制，如图 3-6 所示。换向器由铜片和云母片相间叠压而成。换向器装在电枢轴上，它由许多换向片组成。

②磁场绕组：磁场绕组的作用是建立电动机磁场，它由固定在机壳上的磁极铁芯和励磁线圈等组成，如图 3-7 所示。

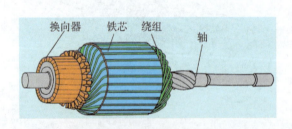

图 3-6　起动机电枢总成

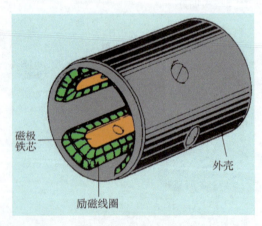

图 3-7　磁场绕组结构

③电刷与电刷架：电刷与电刷架的作用是将电流引入电动机，使电枢产生定向转动力

矩。电刷与换向器配合使用。电刷一般由铜粉和石墨粉压制而成，利于减小电阻及增加耐磨性。电刷装在电刷架中，借助弹簧的压力紧压在换向器上，如图3-8所示。

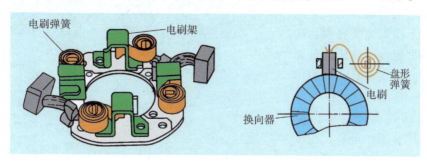

图3-8　电刷与电刷架结构

④机壳：机壳是电动机的磁极和电枢的安装机体，其中一端有四个检查窗口，便于进行电刷和换向器的维护，同时起动机的电磁开关也安装在机壳上，其上有一绝缘接线端，是电动机电流的引入线。

（2）传动机构

传动机构的作用是把直流电动机产生的转矩传递给飞轮齿圈，再通过飞轮齿圈把转矩传递给发动机曲轴，带动曲轴旋转，使发动机起动；起动后，飞轮齿圈与驱动齿轮自动打滑脱离。

传动机构一般由驱动齿轮、单向离合器（主要包含外壳、十字块及花键套筒、滚柱、压帽弹簧等）、拨叉（与拨环配合工作）、啮合弹簧等组成。单向离合器一般采用的是滚柱式单向离合器，其结构如图3-9所示。

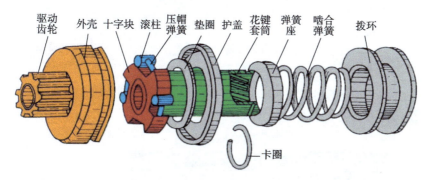

图3-9　起动机传动机构的结构

滚柱式单向离合器的驱动齿轮与外壳制成一体，外壳内装有十字块及花键套筒、滚柱、压帽弹簧等。十字块与花键套筒固定连接，花键套筒外围紧靠十字块的前端装有垫圈和护盖，中间安装有弹簧座及啮合弹簧，后端安装有拨环与卡圈。整个离合器总成套装在电动机轴的花键部位上，在拨叉作用下可做轴向移动和随轴转动。在外壳与十字块之间，形成四个宽窄不等的楔形槽，每个槽内分别装有一套滚柱和压帽弹簧。滚柱的直径略大于楔形槽的窄端，略小于楔形槽的宽端。

发动机起动过程中，起动机电枢旋转，转矩经套筒带动十字块旋转，滚柱滚入楔形槽的窄端，将十字块与外壳卡紧，使十字块与离合器外壳成为一体，这样十字块与外壳之间能传递力矩，将电磁转矩传给驱动齿轮，如图3-10（a）所示。

发动机起动以后，曲轴转速升高，飞轮齿圈带动驱动齿轮旋转。转速超过电枢转速时，会使滚柱滚入楔形槽的宽端打滑，这样发动机的力矩就不会传递至起动机，从而起到保护起动机的作用，如图 3-10（b）所示。

由于滚柱式离合器结构简单、坚固耐用、工作可靠，在传递较大转矩时容易打滑，所以不能用于大功率起动机，而在中、小功率的起动机中得到了广泛使用。

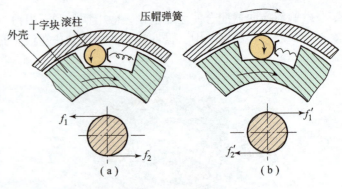

图 3-10　单向离合器工作原理

（3）电磁控制装置

电磁控制装置的作用是控制驱动齿轮与飞轮齿圈的啮合与分离，并控制电动机主电路的接通与切断。

电磁控制装置主要是电磁开关，如图 3-11 示。电磁开关由吸引线圈、保持线圈、回位弹簧、活动铁芯、接触片等组成。其中，端子"C"与点火开关相接，通过点火开关再接电源，端子"30"直接与蓄电池的正极相连。电磁开关的吸引线圈和保持线圈绕在同一个铁芯上，两线圈的公共端接至起动机的端子"50"上，吸引线圈的另一端连接到电动机主接线柱上，而保持线圈的另一端直接搭铁。

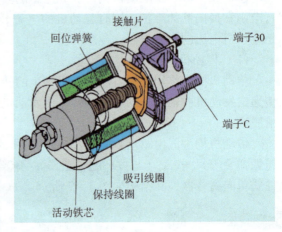

图 3-11　电磁开关结构

常规起动机的结构视频如图 3-12 所示，减速起动机的结构视频如图 3-13 所示，永磁起动机的结构视频如图 3-14 所示。

图 3-12　常规起动机的结构视频

图3-13 减速起动机的结构视频

图3-14 永磁起动机的结构视频

3.1.4 起动机基本工作原理

起动机中的直流电动机将电能转换为机械能,它是根据通电导体在磁场中受电磁力作用的原理工作的。其工作原理如图3-15、图3-16所示。

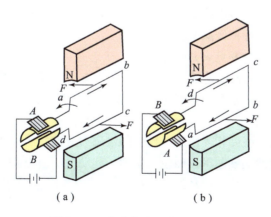

图3-15 直流电动机的工作原理

由于一个线圈所产生的转矩较小,且转速不稳定,因此电动机的电枢上绕有多组线圈,换向器的片数也随着线圈的增加而相应增加。

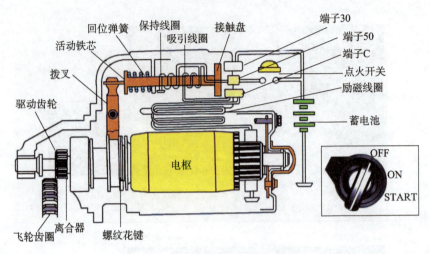

图 3-16 起动机基本工作原理

当起动电路接通后（即接通点火开关起动挡后），电磁开关通电，其电路为：

①保持线圈电流：蓄电池正极→点火开关→端子50→保持线圈→搭铁→蓄电池负极。

②吸引线圈电流：蓄电池正极→点火开关→端子50→吸引线圈→端子C→励磁线圈→正电刷→换向器片→电枢绕组→换向器片→负电刷→搭铁→蓄电池负极。

此时吸引线圈和保持线圈并联，在电路①和②的共同作用下，流经吸引线圈和保持线圈的电流方向相同，产生的电磁力克服回位弹簧弹力，使活动铁芯向右移动，推动接触片向右移动，使端子30和端子C接通。同时活动铁芯左端又通过拨叉带动驱动齿轮向左移动向飞轮齿圈。由于电路②的作用，电动机会产生缓慢旋转，使驱动齿轮与飞轮齿圈啮合。

在驱动齿轮与飞轮齿圈啮合后，接触盘正好将两个主触点端子30和端子C接通，接通起动机的主电路，电动机开始转动。起动机主电路的电流流向为：

③主电路电流：蓄电池正极→端子30→接触盘→端子C→励磁线圈→正电刷→换向器片→电枢绕组→换向器片→负电刷→搭铁→蓄电池负极。

在主电路③工作期间，吸引线圈由于两端均连接蓄电池正极而被短路，因此无电流通过，主触点接通的位置靠保持线圈来保持。

发动机起动成功后，松开点火开关起动挡，在电磁和机械惯性作用下端子30和端子C仍然保持接合状态，此时蓄电池继续给电磁开关供电，形成退磁电路：

④退磁电路电流流向：蓄电池正极→端子30→接触盘→端子C→吸引线圈→保持线圈→搭铁→蓄电池负极。

此时吸引线圈与保持线圈相互串联，产生的电磁力方向相反，相互抵消，电磁开关在回位弹簧的作用下，使活动铁芯迅速回位，切断了起动机的主电路，同时驱动齿轮在拨叉的作用下与飞轮齿圈脱离啮合，起动过程完成。

3.1.5 起动机铭牌识别

中华人民共和国行业标准 QC/T73—1993《汽车电气设备产品型号编制方法》规定，起动机的规格型号如下：

| 1 | 2 | 3 | 4 | 5 |

第一部分表示产品代号，起动机的产品代号 QD、QDJ、QDY 分别表示起动机、减速起动机及永磁起动机。

第二部分表示电压等级代号，1 代表 12V、2 代表 24V、6 代表 6V。

第三部分表示功率等级代号，其含义如表 3-1 所示。

表 3-1 功率等级代号

功率等级代号	1	2	3	4	5	6	7	8	9
功率/kW	0~1	1~2	2~3	3~4	4~5	5~6	6~7	7~8	8~9

第四部分表示设计序号。

第五部分表示变型代号。

例如：QD124 表示额定电压为 12V、功率为 1~2kW、第四次设计的起动机。

3.1.6 电子点火开关的使用方法

配备电子点火开关的起动系统一般也俗称为一键起动或智能起动系统。在操作点火开关时，只需要按动点火开关就可以实现点火开关的各种功能，如图 3-17 所示。

如果需要起动发动机，配备自动变速器的车型需要踩下制动踏板，而手动挡的车型则需要踩下离合器踏板。

电子点火开关为循环式按钮，并且在不同挡位和是否踩下制动踏板（离合器踏板）的情况下，可以实现不同的点火开关挡位，具体情况如表 3-2 所示。

图 3-17 电子点火开关

表 3-2 电子点火开关电源模式切换

电源模式	P 挡或手动挡模式			N 挡		其他挡位	
	按电子点火开关			按电子点火开关		按电子点火开关	
	未踩踏板	踩下踏板	超过一小时	未踩踏板	踩下踏板	未踩踏板	踩下踏板
OFF							
ACC							
IG-ON							
发动机起动							

← 只有当车辆停止时才能实现该操作；踩踏板——对自动挡是踩制动踏板，对手动挡是踩离合器踏板。

3.1.7 丰田卡罗拉汽车起动系统电路

图 3-18 所示为丰田卡罗拉汽车起动系统控制电路图，该电路分为 MT（手动挡）和 CVT（自动挡）两种情况。下面分析其工作过程。

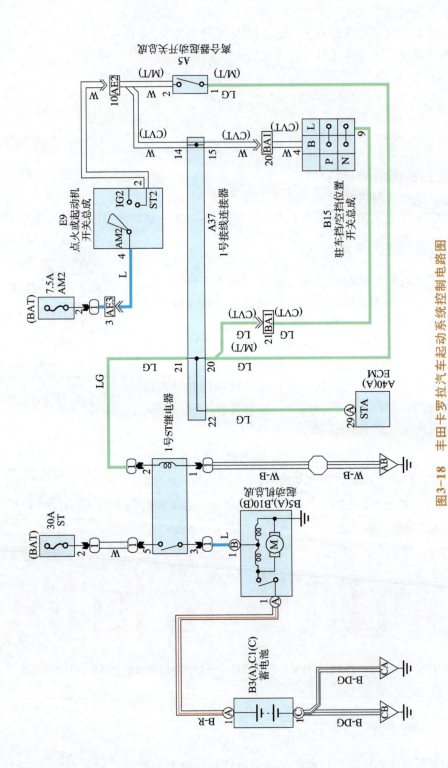

图3-18 丰田卡罗拉汽车起动系统控制电路图

(1) MT 车型电流

①7.5A AM2 熔断丝→点火开关 E9 的 4 号端子→点火开关 E9 的 2 号端子→离合器起动开关 A5 的 2 号端子→离合器起动开关 A5 的 1 号端子→1 号接线连接器 A37 的 20 号端子→1 号接线连接器 A37 的 21 号端子→1 号 ST 继电器 2 号端子→1 号 ST 继电器 1 号端子→搭铁。

②30A ST 熔断丝→1 号 ST 继电器 5 号端子→1 号 ST 继电器 3 号端子→起动机总成 B10 的 1 号端子→起动机总成内部吸引线圈和保持线圈→搭铁。

③蓄电池 B3 的 1 号端子→起动机总成 B5 的 1 号端子→起动机总成内部电磁开关→电机 M→搭铁。

(2) CVT 车型电流

①7.5A AM2 熔断丝→点火开关 E9 的 4 号端子→点火开关 E9 的 2 号端子→1 号接线连接器 A37 的 14 号端子→1 号接线连接器 A37 的 15 号端子→驻车挡/空挡位置开关总成 B15 的 4 号端子→驻车挡/空挡位置开关总成 B15 的 9 号端子→1 号接线连接器 A37 的 20 号端子→1 号接线连接器 A37 的 21 号端子→1 号 ST 继电器 2 号端子→1 号 ST 继电器 1 号端子→搭铁。

②30A ST 熔断丝→1 号 ST 继电器 5 号端子→1 号 ST 继电器 3 号端子→起动机总成 B10 的 1 号端子→起动机总成内部吸引线圈和保持线圈→搭铁挡

③蓄电池 B3 的 1 号端子→起动机总成 B5 的 1 号端子→起动机总成内部电磁开关→电机 M→搭铁。

在图 3-18 中，ECM A40 的 29 号端子接收的是来自点火开关的 STA 信号，该信号用于探测发动机曲轴是否旋转。此信号的主要作用是从发动机 ECU 获得承认，在发动机曲轴转动时加大燃油喷射量，以利于发动机的起动。

3.2 在线测验

3.2 在线测验试题

3.3 任务实施——丰田卡罗拉起动系统的正确使用及检查

3.3.1 任务准备

①丰田卡罗拉汽车 1 辆，车辆开进作业工位并做好车辆防护。

②丰田卡罗拉汽车电路图册 1 本。
③万用表 1 只。
④常规工具 1 套、连接导线。
⑤充电机 1 台。
⑥作业记录单。

3.3.2 正确起动车辆

①自动挡汽车起动时，先将换挡杆置于 P 挡或者 N 挡，然后用力踩下制动踏板。接着将点火开关拧至 "START" 位置，即图 3-19 所示的位置④。

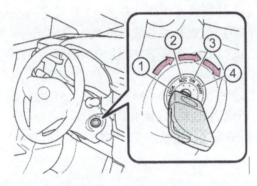

图 3-19　点火开关挡位

②手动挡汽车起动时，先将换挡杆置于 N 挡，然后完全踩下离合器踏板，接着将点火开关拧至 "START" 位置即可起动发动机。

在图 3-19 中，①为 "LOCK" 挡，在该挡位转向盘锁止且能拔下钥匙。如果是自动挡车型，还需要将换挡杆置于 P 挡才能拔下钥匙。
②为 "ACC" 挡，该挡位可以使用部分电器设备，如音响系统和点烟器等。
③为 "ON" 挡，该挡位可以使用所有电器设备。
④为 "START" 挡，该挡位用于起动发动机。

车辆的正确起动方法讨论视频如图 3-20 所示。手动变速器车辆的正确起动视频如图 3-21 所示，自动变速器车辆的正确起动视频如图 3-22 所示，旋钮式无钥匙起动车辆的正确起动视频如图 3-23 所示，一键式无钥匙起动车辆的正确起动视频如图 3-24 所示，宝马 3 系车辆的应急起动视频如图 3-25 所示，本田思铂睿车辆起停系统的使用视频如图 3-26 所示。

图 3-20　车辆的正确起动方法讨论视频

图 3-21　手动变速器车辆的正确起动视频

图 3-22　自动变速器车辆的正确起动视频

图 3-23　旋钮式无钥匙起动车辆的正确起动视频

图 3-24　一键式无钥匙起动车辆的正确起动视频

图 3-25　宝马 3 系车辆的应急起动视频

图 3-26　本田思铂睿车辆起停系统的使用视频

注意：每次起动发动机的时间不要超过 5s，间隔时间不要少于 15s，以防止起动机损坏和蓄电池过放电。

3.3.3　起动系统熔断丝检查

①在发动机舱熔断丝盒上找到 7.5A AM2 熔断丝和 30A ST 两个熔断丝，如图 3-27 所示。

②在点火开关接通至点火挡情况下，7.5A AM2、30A ST 两个熔断丝两端应该均有 12V 以上的电压。

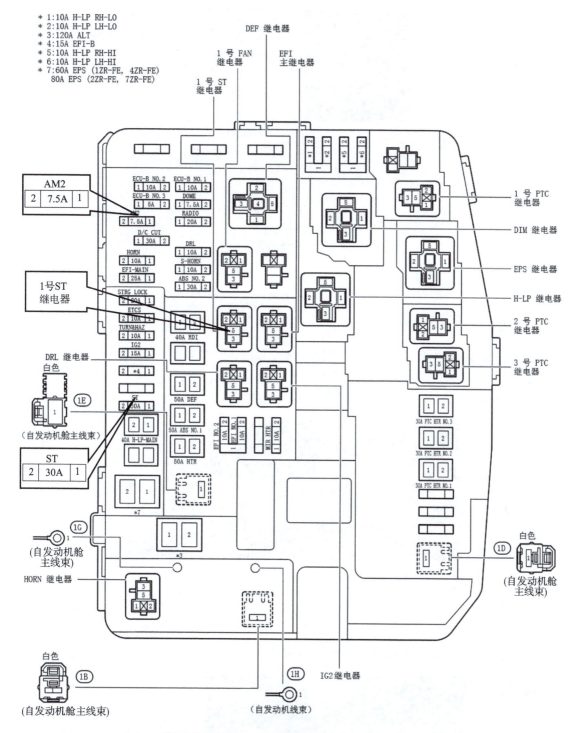

图 3-27 AM2、ST 熔断丝和 1 号 ST 继电器位置

3.3.4 起动继电器检查

丰田卡罗拉汽车起动继电器安装位置如图 3-28（a）所示，外形和针脚定义如图 3-28（b）所示，起动继电器的每个针脚的具体功能如表 3-3 所示。

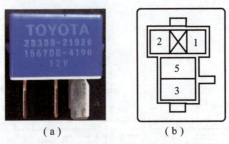

图3-28 起动继电器外形及起动继电器端子

(a) 起动继电器外形；(b) 起动继电器端子

表3-3 起动继电器端子的作用及工作条件

端子号	作用	工作条件
1	搭铁	常搭铁
2	起动信号	点火开关处于"START"挡位
3	连接电磁开关	在继电器开关闭合后给电磁开关供电
5	连接电源	在熔断丝正常的情况下持续有电

①将起动继电器1号、2号端子分别连接至蓄电池正、负极。
②用万用表欧姆挡检查起动继电器3号与5号端子之间应该导通。
丰田卡罗拉起动系统熔断丝及继电器的检查视频如图3-29所示。

图3-29 丰田卡罗拉起动系统熔断丝及继电器的检查视频

3.3.5 起动机解体检查

(1) 起动机电枢及换向器检查

起动机电枢及换向器的检查视频如图3-30所示。

图3-30 起动机电枢及换向器的检查视频

(2) 起动机电刷及磁场绕组检查

起动机电刷及磁场绕组的检查视频如图 3-31 所示。

图 3-31　起动机电刷及磁场绕组的检查视频

(3) 电磁开关检查

电磁开关的检查视频如图 3-32 所示。

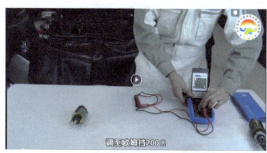

图 3-32　电磁开关的检查视频

(4) 单向离合器及驱动齿轮检查

单向离合器及驱动齿轮的检查视频如图 3-33 所示。

图 3-33　单向离合器及驱动齿轮的检查视频

3.4　起动系统常见故障及原因分析

发动机起动系统的常见故障有起动机不转、起动机运转无力、起动机空转等问题，故障现象及故障原因分析如表 3-4 所示。起动系统常见故障及原因分析视频如图 3-34 所示。起动机不转故障现象视频如图 3-35 所示，起动机运转无力故障现象视频如图 3-36

所示，起动机空转故障现象视频如图 3-37 所示。图 3-38 所示为起动机运转无力声音的音频，图 3-39 所示为起动机空转声音的音频。

表 3-4 汽车起动系统常见故障及原因分析

故障现象	故障原因
起动机不转	1. 蓄电池电量低； 2. 蓄电池接线柱或连接线松动； 3. 起动机继电器故障； 4. 起动机故障； 5. 变速箱挡位开关故障（AT 型）； 6. 点火开关或相关电路故障
起动机运转无力	1. 蓄电池接线柱或连接线松动； 2. 蓄电池电量低； 3. 起动机连接线松动
起动机空转	1. 电磁开关行程故障； 2. 单向离合器打滑； 3. 驱动齿轮或齿圈故障； 4. 起动机拨叉损坏； 5. 起动机电枢轴与电枢铁芯脱节

图 3-34 起动系统常见故障及原因分析视频

图 3-35 起动机不转故障现象视频

图 3-36　起动机运转无力故障现象视频

图 3-37　起动机空转故障现象视频

图 3-38　起动机运转无力声音的音频　　　　图 3-39　起动机空转声音的音频

3.5　拓展提升——上汽大众帕萨特汽车起动系统特点

1）拓展任务

李小明终于完成了邱先生卡罗拉汽车起动系统故障的接待任务。邱先生问得很仔细，小明勉强能够应付。为了多了解一些其他品牌汽车起动系统与丰田卡罗拉汽车不同之处，小明向在上汽大众4S店工作的同学要了一些资料开始学习。

2）上汽大众帕萨特汽车起动系统的组成及安装位置

上汽大众帕萨特汽车起动系统如图 3-40 所示，其起动系统的元件及安装位置如表 3-5 所示。

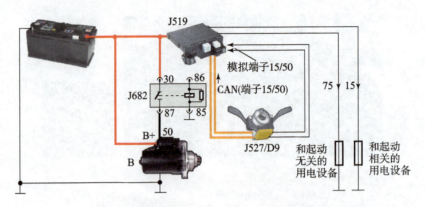

图 3-40　上汽大众帕萨特汽车起动系统

表 3-5　上汽大众帕萨特汽车起动系统的组成及安装位置

序号	组成	名称	安装位置	实物照片
1	J519	BCM 车身控制单元	仪表板左侧下方	
2	J527	转向柱电子装置控制单元	转向柱上部	
3	J682	起动继电器	仪表板左侧下方的继电器板上 5 号位	
4	D9	电子点火开关	转向柱右侧	
5	B	起动机	发动机尾端，靠近飞轮处	

3）上汽大众帕萨特汽车起动系统工作过程

上汽大众帕萨特汽车的起动系统受 J519（车身控制单元）控制，电子点火开关把起动信号送到 J527，J527 通过 CAN 网络把起动信号送到 J519，J519 识别到信号后给起动继电器的 86 号端子提供一个电源信号，这样起动继电器就闭合。继电器闭合后，蓄电池就可以给起动机的电磁开关供电，起动机便可以工作了。

帕萨特汽车未识别到钥匙的应急起动方法视频如图3-41所示,帕萨特汽车起动系统的检查视频如图3-42所示。

图3-41　帕萨特汽车未识别到钥匙的应急起动方法视频

图3-42　帕萨特汽车起动系统的检查视频

3

第 3 篇

汽车车身电气系统认识及维护

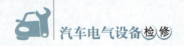

学习任务1　汽车电动车窗系统认识及维护

汽车电动车窗利用电动机驱动玻璃升降器，来实现车窗玻璃的上下移动，方便驾驶员和乘客。现在汽车普遍采用电动车窗系统，这就要求汽车营销与服务技术从业人员具备电动车窗系统组成、基本工作原理等相关基础知识，能够与客户就电动车窗正确操作、基本检查及常见故障原因等进行沟通。

李小明在某丰田汽车4S店做维修接待工作。有一天，客户王先生到店维修他的丰田卡罗拉汽车，王先生反映他的车右前、左后车窗玻璃均无法正常升降。

假如你是小明，请你负责王先生车辆的接待工作，为王先生做电动车窗系统初步检查，并与王先生就电动车窗系统组成、工作原理以及电动车窗常见故障进行沟通。

①能描述汽车电动车窗、电动天窗系统的组成，各组成元件的作用。
②能描述汽车电动车窗、电动天窗的工作过程。
③能描述常见车型电动车窗电路图。
④能描述汽车电动车窗的常见故障并能分析其原因。
⑤能在车辆上准确查找汽车电动车窗系统各部件，并描述其安装位置。
⑥能查阅维修资料，实施电动车窗熔断丝、继电器、电动车窗开关的检查。
⑦能实施电动车窗维修后一键升降功能的初始化功能。
⑧能与客户就电动车窗系统的常见故障进行沟通。

1.1　相关知识

1.1.1　电动车窗作用

电动车窗的作用是利用电动机驱动玻璃升降器，实现车窗玻璃的上下移动，方便驾驶员和乘客。

1.1.2 电动车窗组成

电动车窗主要由车窗玻璃、车窗玻璃升降器、电动机和控制开关等组成，如图1-1所示。

电动车窗的电动机是双向的，有永磁和双绕组式两种。现在汽车的每个车窗上都装有一个电动机，通过开关控制它的电流方向，使车窗玻璃上升或下降。

电动车窗系统的操作开关如图1-2所示。其控制开关一般有两套：一套为总开关，安装在仪表板或驾驶员侧的车门上，由驾驶员控制每个车窗的升降；另一套为分开关，安装在每个车门扶手上或每个车窗中部，可由乘客控制玻璃升降。

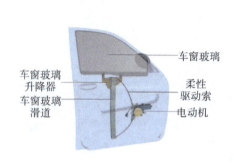

图1-1 电动车窗组成

图1-2 电动车窗系统的操作开关

每个车窗的电动机都要通过总开关搭铁，所以电流不但通过每个车窗上的分开关，还要通过总开关上的相应开关。主控开关上还装有控制分开关的总开关，又称为车窗锁止开关，如果它断开，分开关就不起作用，只有驾驶员可以操纵各车窗。有些车型装有带延迟开关的电动车窗系统，可在点火开关断开后约10min内，或在车门打开以前，仍提供电源，使驾驶员和乘客有时间关闭车窗。

车窗升降器有齿扇式、齿条式和绳轮式等形式。齿扇式升降器如图1-3所示。齿扇上连有螺旋弹簧，当车窗下降时，螺旋弹簧收缩，吸收能量；当车窗上升时，螺旋弹簧伸展，释放能量，以减轻电动机的负荷。因此，无论车窗上升或下降，电动机的负荷基本相同。当电动机转动时，通过蜗轮、蜗杆减速并改变旋转方向，使齿扇转动，带着车窗进行升降。

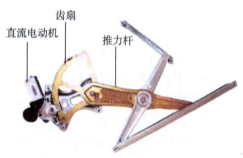

图1-3 电动车窗齿扇式升降器

齿条式升降器的结构如图1-4所示。车窗升降器采用柔性齿条和小齿轮，车窗玻璃固定在齿条的一端，当电动机转动时，通过蜗轮、蜗杆减速机构将动力传给小齿轮，小齿轮带动齿条移动，最终使车窗玻璃上升或下降。

绳轮式升降器如图1-5所示。车窗玻璃升降器由驱动电动机、钢索、玻璃升降导轨、夹持器、减振弹簧等组成，玻璃固定在导轨上的夹持器上，夹持器固定在钢索上，电动机转动时驱动钢索运动，钢索带动夹持器和玻璃一起移动，从而实现车窗玻璃的升降。

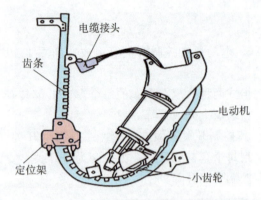

图 1-4 电动车窗齿条式升降器

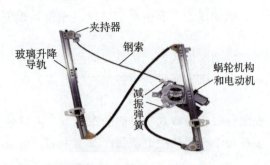

图 1-5 电动车窗绳轮式升降器

1.1.3 电动车窗基本工作原理

电动车窗的基本工作原理是通过升降控制开关给电动机接通正向或反向电流，从而实现车窗的升降，其工作过程如图 1-6 所示。

电动车窗有手动升降和自动升降两种操作模式，手动升降是指按住相应的手动按钮，车窗可以上升或下降，若中途松开按钮，上升或下降的动作即停止；而自动升降是指按下自动按钮，松开手后车窗会一直上升至最高点或下降至最低点，若想在中途使其停止，则向相反方向扳动手动按钮，然后立即放松。

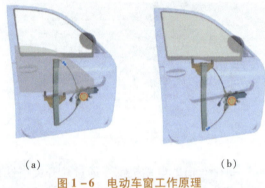

图 1-6 电动车窗工作原理
(a) 下降；(b) 上升

图 1-7 所示为一四车门电动车窗的控制电路，该控制电路可以实现手动控制和自动控制，手动控制和自动控制过程如下。

(1) 手动控制玻璃升降

以驾驶员侧的玻璃升降为例，向前按下手动旋钮后，触点 A 与开关的 UP 相连，触点 B 处于原来状态，电动机按 UP 箭头方向通过电流；车窗玻璃上升直至关闭；当把手拿离旋钮时，利用开关自身的恢复力，开关即回到中立位置。若把手动旋钮推向车辆后方，触点 A 保持原位不动，而触点 B 则与 DOWN（向下）侧相连，电动机按 DOWN 箭头所示的方向通过电流，电动机反转，以实现车窗玻璃向下移动，直至下降到底。

(2) 自动控制玻璃升降

当把自动按钮向前方按下时（图 1-7），触点 A 与 UP 侧相连，电动机按 UP 箭头方向通过电流，车窗玻璃上升；与此同时，检测发现电阻 R 上的电压降低，此电压通过比较器 1 端，它与参考电压 Ref.1 进行比较。Ref.1 的电压值设定为相当于电动机锁止时的电压。因而，在通常情况下，比较器 1 的输出为负电位；比较器 2 的基准电压 Ref.2 设定为小于比较器 1 的输出，为正电位，所以比较器 2 的输出电压为正电压，晶体管接通，电磁线圈通过较大的电流，其路径为：蓄电池"+"→点火开关→UP→触点 A→二极管 VD_1→

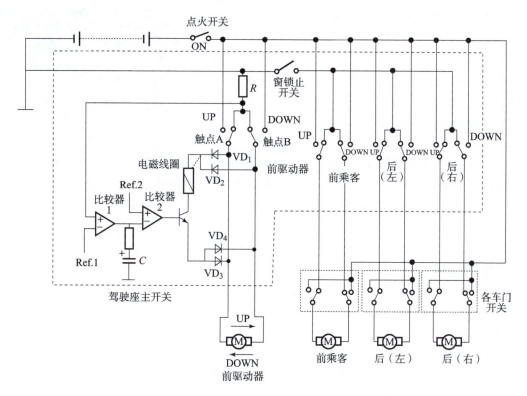

图1-7 电动车窗控制电路及工作原理

电磁线圈→三极管→二极管 VD_4→触点 B→电阻 R→搭铁（蓄电池"-"），此电流产生较大的电磁吸力，吸引驱动器开关的柱塞，于是把止板向上顶压，越过止板凸缘的滑销于原来位置被锁定，这时即使把手拿离自动旋钮，开关仍会保持原来的状态。

当玻璃上升至终点位置时，在电动机上有锁止电流流过，检测发现电阻 R 上的电压降增大，当此电压超过参考电压 Ref.1 时，比较器1输出低电位，此时，电容 C 开始充电，当 C 两端电压上升至超过比较器2的参考电压 Ref.2 时，比较器2则输出低电位，三极管立即截止，电磁线圈中的电流被切断，止板被弹簧通过滑销压下，自动旋钮自动恢复到中立位置，触点 A 搭铁，电动机停转。

在自动上升过程中，若想中途停止，则向反方向扳动手动旋钮，然后立刻放松，这样触点 B 将短暂脱离搭铁，使电动机因电路被切断而自动停转；同时，通过电磁线圈的电流已被切断，止板被弹簧通过滑销压下，自动旋钮自动恢复到中立位置，触点 A、B 均搭铁，电动机停转。

车窗玻璃自动下降的工作情况与上述情况相反，操作时只需将自动旋钮压向车辆后方即可。

1.1.4 电动天窗组成及工作原理

1）电动天窗组成

汽车的电动天窗通常被称为太阳车顶或电动车顶，这是汽车移动式车顶的一种，即在车厢的顶部有可以打开或关闭的部分车顶，以改善车厢内的采光和通风、通气，如图1-8所示。

电动天窗主要由电动机、控制开关、限位开关、控制模块等组成。

（1）电动机

天窗电动机通过传动装置向天窗的开、闭提供动力，能双向转动，即通过改变电流的方向改变电动机的旋转方向，实现天窗的开、闭。

图 1-8　电动天窗

（2）控制开关

控制开关主要包括滑动开关和斜升开关。滑动开关有滑动打开、滑动关闭和断开（中间位置）三个挡位。斜升开关也是有斜升、斜降和断开（中间位置）三个挡位。我们通过操作这些开关，使天窗驱动机构的电动机实现正反转，在不同状态下正常工作。

（3）限位开关

限位开关主要是用来检测天窗所处的位置。限位开关靠凸轮转动来实现断开和闭合。凸轮安装在驱动机构的动力输出端。当电动机将动力输出时，通过驱动齿轮和滑动螺杆减速带动凸轮转动，于是凸轮周边的凸起部位触动开关使其开、闭，实现对天窗的自动控制。

（4）控制模块

控制模块是一个数字控制电路，并设有定时器、蜂鸣器和继电器等，其作用是接收开关输入的信息，通过数字电路进行逻辑运算，确定继电器的动作，控制天窗开、闭。

2）电动天窗工作原理

电动天窗工作原理如图 1-9 所示。

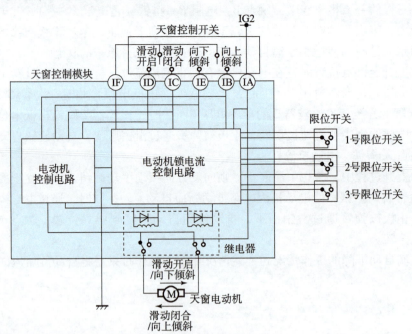

图 1-9　电动天窗工作原理

① 天窗打开：接通点火开关且天窗开关被按至"OPEN"位置时，信号从天窗开关送到天窗控制模块，此时天窗 2 号限位开关接通，继电器工作，电动机转动，打开天窗。

②天窗关闭：接通点火开关，天窗打开且1号限位开关和2号限位开关均接通，天窗开关被按至"CLOSE"位置时，信号从天窗开关送到天窗控制模块，继电器工作，电动机转动，关闭天窗。

③向上倾斜：接通点火开关，天窗关闭，天窗开关被按在向上倾斜位置时，信号从天窗开关送到天窗控制模块，继电器工作，电动机转动，天窗向上倾斜。

④向下倾斜：接通点火开关，1号限位开关和2号限位开关均断开，天窗开关被按在向下倾斜位置时，信号从天窗控制开关送到天窗控制模块，继电器工作，电动机转动，天窗下倾。

⑤倾斜提示系统：天窗处于向上倾斜状态时，将点火开关从ON挡转至ACC挡或OFF挡，则天窗控制模块接通蜂鸣器，蜂鸣器响起以提醒驾驶员天窗处于倾斜状态。

1.1.5 电动车窗其他控制技术

（1）电动车窗防夹功能

电动车窗防夹功能是指在电动车窗正常上升过程中，如果在任意位置有物体被夹住，控制器会立即停止上升动作，并自动返回到下死点，然后立即断电停机，以释放被夹物，保护司乘人员的安全（特别是6岁以下的儿童）。在上、下死点位置，无论升降开关是否松开，控制器均会自动断电，以避免电动机因长时间堵转而烧毁。如果电动车窗出现机械故障被卡住，控制器也会立即断电，有效保护电动机不被烧毁。电动车窗防夹功能不仅增加了汽车的安全性，提高了汽车的档次，同时也大大延长了电动车窗的使用寿命。

电动车窗的防夹原理如图1-10所示。在车窗关闭过程中，由电子控制单元（ECU）通过与电动机联动的霍尔传感器检测电动机的转速。当霍尔传感器检测到电动机转速发生变化时，及时向ECU传递信息，ECU便向控制电动机运转的继电器发出指令，使电动机反转（即车窗下降），以保护司乘人员的安全。

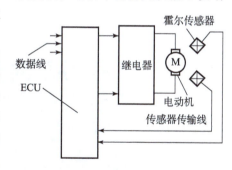

图1-10 电动车窗的防夹原理

宝马3系汽车电动车窗、天窗防夹功能演示视频如图1-11所示。

图1-11 宝马3系汽车电动车窗、天窗防夹功能演示视频

(2) 电动车窗遥控升降功能

有些车型的电动车窗玻璃具备遥控升降功能。如果下车后发现有车窗玻璃忘记升起，或者在炎热的夏季想在上车前先降下车窗玻璃让车内的热空气尽快散出去，我们都可以使用汽车的遥控器来升起或降下所有车窗玻璃。

在用遥控器锁门状态下，长按锁门键，所有车窗以及天窗都会自动关闭。在用遥控器解锁状态下，长按解锁键，所有车窗以及天窗都会自动打开。不同车型的具体操作可能会有差异。

本田思铂睿汽车电动车窗遥控升降视频如图1-12所示，宝马3系汽车电动车窗、天窗遥控升降视频如图1-13所示。

图1-12　本田思铂睿汽车电动车窗遥控升降视频

图1-13　宝马3系汽车电动车窗、
天窗遥控升降视频

1.1.6　丰田卡罗拉汽车电动车窗电路

丰田卡罗拉汽车电动车窗电路如图1-14所示。它采用永磁式直流电动机驱动车窗玻璃升降，当点火开关处于"ON"挡时，电动车窗继电器线圈通电，吸合常开开关，接通蓄电池电源至各车窗控制电动机的线路。位于驾驶员侧的主控开关控制驾驶员侧车窗的动作，同时也能控制其他各车窗的动作。其他车窗控制开关只能控制相应的车窗动作。现以右前门车窗为例说明其原理：

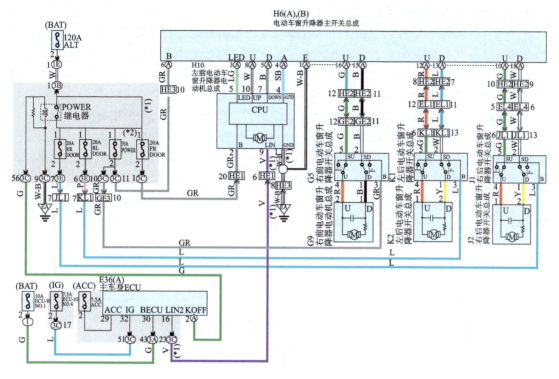

图 1-14　丰田卡罗拉汽车电动车窗电路

（1）主控开关控制右前门车窗升降

当电动车窗升降器主开关总成控制右前门电动车窗的开关选择"U"位置时，其电流方向为：蓄电池→120A 的 ALT 熔断丝→继电器→30A 电源熔断丝→电动车窗升降器主开关总成端子 6→电动车窗升降器主开关总成端子 16→右前门电动车窗升降器开关总成端子 5→右前门电动车窗升降器开关总成端子 4→右前门电动车窗升降器电动机总成端子 2→右前门电动车窗升降器电动机总成端子 1→右前门电动车窗升降器开关总成端子 1→右前门电动车窗升降器开关总成端子 2→电动车窗升降器主开关总成端子 15→电动车窗升降器主开关总成端子 1→E1 搭铁→蓄电池"−"，电动机控制回路接通，电动机正转工作，带动车窗玻璃升降器向上运动。

当电动车窗升降器主开关总成控制右前门电动车窗的开关选择"D"位置时，其电流方向为：蓄电池→120A 的 ALT 熔断丝→继电器→30A 电源熔断丝→电动车窗升降器主开关总成端子 6→电动车窗升降器主开关总成端子 15→右前门电动车窗升降器开关总成端子 2→右前门电动车窗升降器开关总成端子 1→右前门电动车窗升降器电动机总成端子 1→右前门电动车窗升降器电动机总成端子 2→右前门电动车窗升降器开关总成端子 4→右前门电动车窗升降器开关总成端子 5→电动车窗升降器主开关总成端子 16→电动车窗升降器主开关总成端子 1→E1 搭铁→蓄电池"−"，电动机控制电流反向，电动机反转工作，带动车窗玻璃升降器向下运动。

（2）分控开关右前门车窗控制

当右前门电动车窗升降器开关总成选择"上"位置时，其电流方向为：蓄电池→120A 的 ALT 熔断丝→继电器→30A 电源熔断丝→右前门电动车窗升降器开关总成端子 3→

右前门电动车窗升降器开关总成端子4→右前门电动车窗升降器电动机总成端子2→右前门电动车窗升降器电动机总成端子1→右前门电动车窗升降器开关总成端子1→右前门电动车窗升降器开关总成端子2→电动车窗升降器主开关总成端子15→电动车窗升降器主开关总成端子1→E1搭铁→蓄电池"-",电动机控制回路接通,电动机正转工作,带动车窗玻璃升降器向上运动。

当右前门电动车窗升降器开关总成选择"下"位置时,其电流方向为:蓄电池→120A的ALT熔断丝→继电器→右前门电动车窗升降器开关总成端子3→右前门电动车窗升降器开关总成端子1→右前门电动车窗升降器电动机总成端子1→右前门电动车窗升降器电动机总成端子2→右前门电动车窗升降器开关总成端子4→右前门电动车窗升降器开关总成端子5→电动车窗升降器主开关总成端子16→电动车窗升降器主开关总成端子1→E1搭铁→蓄电池"-",电动机控制电流反向,电动机反转工作,带动车窗玻璃升降器向下运动。

1.2 在线测验

1.2 在线测验试题

1.3 任务实施——丰田卡罗拉汽车电动车窗正确使用及检查

1.3.1 任务准备

①丰田卡罗拉汽车1辆,车辆开进作业工位并做好车辆防护。
②丰田卡罗拉汽车电路图册1本。
③万用表1只。
④常规工具1套、连接导线。
⑤充电机1台。
⑥作业记录单。

1.3.2 电动车窗正确使用

卡罗拉汽车电动车窗的主控开关安装在驾驶员侧车门扶手或仪表板上,由驾驶员控制玻璃升降。三个分控开关安装在三个乘客侧车窗中部,可由乘客各自操纵。主控开关上还安装有控制三个分开关的车窗锁止开关,如果断开它,分开关就不起作用了。

电动车窗正确使用讨论视频如图1-15所示,丰田卡罗拉汽车电动车窗正确使用视频如图1-16所示,丰田卡罗拉汽车电动天窗正确使用视频如图1-17所示,丰田卡罗拉汽车电动车窗防夹功能测试视频如图1-18所示。

图1-15　电动车窗正确使用讨论视频

图1-16　丰田卡罗拉汽车电动车窗正确使用视频

图1-17　丰田卡罗拉汽车电动天窗正确使用视频

图1-18　丰田卡罗拉汽车电动车窗防夹功能测试视频

1.3.3　电动车窗初始化

在更换电动车窗电动机或电动车窗调节器总成后，或者车辆长时间断电后，需要进行电动车窗初始化，恢复电动车窗的一键升降功能。

电动车窗初始化设定的步骤如下：

①连接蓄电池负极端子。

②将点火开关转到"ON（IG）"位置，电动车窗主开关上的指示灯将闪烁。

③操作电动车窗主开关完全关闭车窗，在车窗玻璃上升到顶停止后，在"AUTO UP"位置按住电动车窗主开关1s或更长时间。

④检查电动车窗主开关上的指示灯是否保持闪烁。如果指示灯保持闪烁，则说明初始化成功；如果指示灯没有保持闪烁，则说明初始化没有成功，需要至少降低车窗玻璃50mm，然后再次重复初始化过程。

本田思铂睿汽车电动车窗初始化视频如图1-19所示，本田思铂睿汽车电动天窗初始化视频如图1-20所示，宝马3系汽车电动车窗、天窗初始化视频如图1-21所示。

图1-19　本田思铂睿汽车电动车窗初始化视频

图1-20　本田思铂睿汽车电动天窗初始化视频

图1-21　宝马3系汽车电动车窗、天窗初始化视频

1.3.4 电动车窗熔断丝及继电器检查

（1）熔断丝检查

在点火开关接通至点火挡情况下，检查驾驶员侧仪表板接线盒，仪表板熔断丝盒上的20A RR DOOR 熔断丝、20A RL DOOR 熔断丝、20A FR DOOR 熔断丝及30A POWER 熔断丝，熔断丝两端应该均有12V以上的电压。

丰田卡罗拉汽车电动车窗熔断丝检查视频如图1-22所示。

图1-22　丰田卡罗拉汽车电动车窗熔断丝检查视频

（2）继电器检查

①从仪表板接线盒上拆下电动车窗继电器，如图1-23所示。

②检查导通性，标准如表1-1所示。

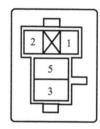

图1-23　电动车窗继电器端子

表1-1　电动车窗继电器端子检查标准

情况	端子	规定情况
常态	1-2	导通，电阻为固定值
端子1和2接蓄电池正、负极	3-5	导通

1.3.5 电动车窗开关检查

（1）电动车窗主控开关检查

①从驾驶员侧装饰板上拆下电动车窗主控开关。主控开关连接器的端子如图1-24所示。

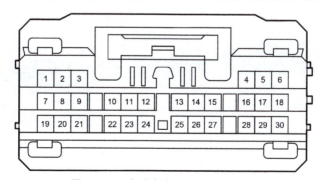

图1-24　电动车窗主控开关的端子

②用万用表欧姆挡按表1-2所示方法，检查主控开关在车窗处于上升、下降和关闭状态时各个端子间的导通情况。

表1-2 主开关端子的检查方法

检查条件		前				后							
		驾驶员侧			乘客侧			左			右		
开关位置	连接端子	1	5	6	8	1	6	15	16	1	6	12	13	1	6	10	18
车窗未锁	UP	6-8 1-5				1-15 6-16				1-13 6-12				1-18 6-10			
	OFF	1-8 1-5				1-15 1-16				1-12 1-13				1-10 1-18			
	DOWN	1-8 5-6				1-16 6-15				1-12 6-13				1-10 6-18			
车窗锁定	UP	6-8 1-5				6-16				6-12				6-10			
	OFF	1-8 1-5				15-16				12-13				10-18			
	DOWN	1-8 5-6				6-15				6-13				6-18			

若测的结果和表1-2不相符，则说明车窗主控开关损坏，需要更换开关。丰田卡罗拉汽车电动车窗总开关检查视频如图1-25所示。

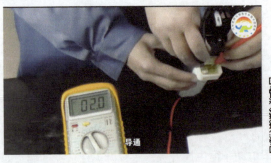

图1-25 丰田卡罗拉汽车电动车窗总开关检查视频

（2）电动车窗分开关检查

电动车窗分开关的端子如图1-26所示。其工作情况应符合表1-3所示情况。丰田卡罗拉汽车电动车窗分开关检查视频如图1-27所示。

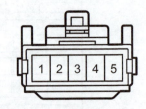

图1-26 电动车窗分开关的端子

表 1-3 电动车窗分开关端子的检查方法

开关位置	端子	规定情况
UP	1-2	导通
	3-4	
OFF	1-2	导通
	4-5	
DOWN	1-3	导通
	4-5	

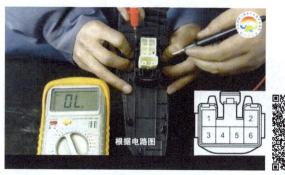

图 1-27 丰田卡罗拉汽车电动车窗分开关检查视频

1.4 电动车窗常见故障及原因分析

电动车窗常见故障有所有车窗均不能升降或偶尔不能升降、某个车窗不能升降、某个车窗只能一个方向动作等,其原因分析如表 1-4 所示。

表 1-4 电动车窗常见故障及原因分析

故障现象	故障原因
所有车窗均不能升降或偶尔不能升降	(1) 熔断丝烧断; (2) 搭铁不良
某个车窗不能升降	(1) 传动机构卡住; (2) 分开关故障; (3) 分开关至电动机断路; (4) 车窗电动机损坏
某个车窗只能一个方向动作	(1) 分开关故障; (2) 分开关至主开关间线路故障

电动车窗常见故障及原因分析视频如图 1-28 所示,全部车窗不升降故障现象视频如图 1-29 所示,某个车窗不升降故障现象视频如图 1-30 所示。

图 1-28　电动车窗常见故障及原因分析视频

图 1-29　全部车窗不升降故障现象视频

图 1-30　某个车窗不升降故障现象视频

1.5　拓展提升——上汽大众帕萨特汽车电动车窗系统特点

1）拓展任务

李小明认真细致地完成了王先生丰田卡罗拉汽车电动车窗的接待任务，王先生很满意，李小明也变得更加自信，他还想了解其他品牌汽车电动车窗系统到底与丰田卡罗拉汽车有何不同，于是他向在上汽大众4S店工作的同学要了一些资料开始认真学习。

2）上汽大众帕萨特汽车电动车窗系统组成及安装位置

上汽大众帕萨特汽车电动车窗系统电路原理如图 1-31 所示，各元件的编号、名称及安装位置如表 1-5 所示。

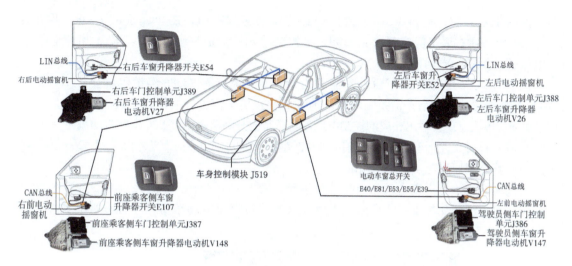

图 1-31 上汽大众帕萨特汽车电动车窗系统电路原理

表 1-5 上汽大众帕萨特汽车电动车窗各元件的编号、名称及安装位置

序号	编号	名称	安装位置	实物照片
1	J386	驾驶员侧车门控制单元	驾驶员侧车门内	
2	J387	前座乘客侧车门控制单元	前座乘客侧车门内	
3	J388	左后车门控制单元	左后车门内	
4	J389	右后车门控制单元	右后车门内	
5	E39	后部车窗升降器联锁开关	驾驶员侧车门上	
6	E40	左前车窗升降器开关	驾驶员侧车门上	
7	E53	左后车窗升降器开关	驾驶员侧车门上	
8	E55	右后车窗升降器开关	驾驶员侧车门上	
9	E81	右前车窗升降器开关	驾驶员侧车门上	
10	E107	前座乘客侧车窗升降器开关	前座乘客侧车门上	
11	E52	左后车窗升降器开关	左后车门上	
12	E54	右后车窗升降器开关	右后车门上	
13	V147	驾驶员侧车窗升降器电动机	驾驶员侧车门内	
14	V148	前座乘客侧车窗升降器电动机	前座乘客侧车门内	
15	V26	左后车窗升降器电动机	左后车门内	
16	V27	右后车窗升降器电动机	右后车门内	

3）上汽大众帕萨特汽车电动车窗系统工作过程

上汽大众帕萨特汽车电动车窗系统的工作过程如下：

驾驶员在前部驾驶舱处对左后、右后及右前门窗是通过数据总线进行控制的，由驾驶员侧车门控制单元 J386 根据驾驶员按下的开关信号，经编码后通过 LIN 总线传送到左后车门控制单元 J388，通过 CAN 总线传送到前座乘客侧车门控制单元 J387，J387 再通过 LIN 总线传送到右后车门控制单元 J389，各控制单元经识别解码以后，就会输出相应的控制电压驱动相应的电动机工作。

比如当驾驶员按下左后车窗升降器开关 E53 上升键以后，J386 经编码就会从 T20d8 与 T20d9 端脚输出代表左后车窗控制电压的地址码和左后车窗上升的代码，该代码被左后车门控制单元接收后，就会输出相应的控制电压使左后车窗升降器电动机 V26 运转带动车窗上升。

右前、右后、左后车门处还设有单独控制本车窗的分开关 E107、E54、E52，以供乘客使用，其控制原理与上述方式相同。

上汽大众帕萨特汽车电动车窗初始化视频如图 1-32 所示，上汽大众帕萨特汽车电动天窗应急关闭视频如图 1-33 所示，上汽大众帕萨特汽车电动车窗基本检查视频如图 1-34 所示。

图 1-32　上汽大众帕萨特汽车电动车窗初始化视频

图 1-33　上汽大众帕萨特汽车电动天窗应急关闭视频

图 1-34　上汽大众帕萨特汽车电动车窗基本检查视频

学习任务 2　汽车中央门锁及防盗系统认识及维护

任务引入

中央门锁实现了驾驶员对门锁的集中控制，在锁上或打开驾驶员车门时，其他所有车门锁（包括行李舱盖门锁）都被上锁或者开锁。除了中央门锁控制外，乘客还可以利用各车门的机械锁来开关车门。随着人们对汽车安全性和方便性要求的不断提高，人们更习惯使用的是遥控器，按下遥控器锁上车门，同时车辆也进入了防盗状态，目前很多轿车配备了更加方便的无钥匙进入系统，这就要求汽车营销与服务技术从业人员具备中央门锁系统、防盗系统、无钥匙进入系统的组成及基本工作原理等相关的基础知识，能够与客户就中央门锁系统、防盗系统的常见故障及原因进行沟通。

任务描述

李小明在某丰田汽车 4S 店做维修接待工作两年了。有一天，客户邱先生开着一辆卡罗拉汽车来到 4S 店，邱先生反映该车无法通过驾驶员侧车门上的中控按钮对车门进行上锁，但是遥控门锁功能正常。

假如你是小明，请你负责该车辆的接待工作，为邱先生介绍汽车中央门锁系统的组成、功能及正确使用方法，并完成汽车中央门锁系统初步检查，与客户进行关于中央门锁系统故障的初步沟通。

学习目标

①能描述中央门锁、遥控门锁开门和锁门的方法。
②能描述车辆设定防盗、解除防盗的方法。
③能描述汽车中央门锁系统、遥控门锁系统、防盗系统的组成及各元件的作用。
④能描述汽车中央门锁系统、遥控门锁系统、防盗系统的工作过程。
⑤能分析丰田卡罗拉汽车中央门锁系统、防盗系统电路图。
⑥能描述汽车中央门锁系统、遥控门锁系统、防盗系统的常见故障并能分析原因。
⑦能在车辆上准确找到汽车中央门锁系统、遥控门锁系统、防盗系统各部件，并能描述其安装位置。
⑧能指导客户正确使用中央门锁系统、遥控门锁系统、防盗系统、无钥匙进入系统各功能。
⑨能查阅维修资料，实施中央门锁系统、遥控门锁系统、防盗系统熔断丝、开关、继电器的检查。
⑩能与客户就中央门锁系统、遥控门锁系统、防盗系统的常见故障进行沟通。

2.1 相关知识

2.1.1 汽车中央门锁系统

1）汽车中央门锁系统作用

由电动机或电磁铁操纵的车门锁称为电动门锁。随着对汽车安全性和方便性的要求不断提高，大多数轿车都配备了中央门锁系统。

中央门锁的全称为中央控制门锁，又称为中控门锁。它实现了门锁的驾驶员集中控制。装有中央门锁系统的汽车，在锁上或打开驾驶员车门时，其他所有车门锁（包括行李舱盖门锁）都被上锁或者开锁。除了中央门锁控制外，乘客还可以利用各车门的机械锁来开关车门。

2）汽车中央门锁系统组成

汽车中央门锁系统一般由信号输入装置、控制单元和执行器等三部分组成，如图2-1所示。

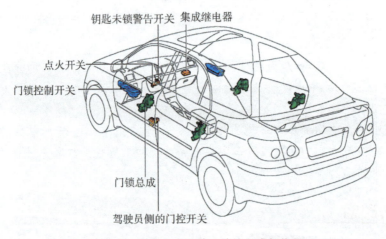

图2-1 汽车中央门锁系统的组成与作用

（1）信号输入装置

①门锁控制开关。

门锁控制开关一般安装在驾驶员侧车门内侧门板上，如图2-2所示。

②钥匙控制开关。

钥匙控制开关也叫钥匙操纵开关，钥匙控制开关装在每个前门的门板上，当从车外用钥匙开门或关门时，钥匙控制开关便发出开门或锁门的信号给门锁控制单元或门锁控制继电器。钥匙操纵开关的位置如图2-3所示。

图2-2 门锁控制开关

③行李舱盖门锁开关。

一般该开关位于仪表中控面板上面或驾驶员座椅左侧车厢底板上，按下或者拉动此开关便能打开行李舱盖门，如图2-4、图2-5所示。行李舱的钥匙门靠近其开启器，推压钥匙门，断开行李舱内主开关，此时再拉开启器开关也不能打开行李舱盖门。将钥匙插进钥匙门内顺时针旋转打开钥匙门，主开关接通，这样便可用行李舱盖门开启器打开行李舱盖门。

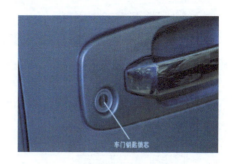

图2-3 钥匙控制开关

图2-4 仪表中控面板上行李舱按钮

图2-5 行李舱拉起式开关

（2）控制单元

门锁控制单元的作用是接收信号输入装置送来的信号，并对这些信号进行处理，然后向执行器发出控制指令，控制执行器实现锁门或者开锁。

（3）执行器

①门锁执行器。

门锁执行器一般有电动机（图2-6）和电磁铁两种形式。电动机操作的车门锁体积小、耗电少，工作时噪声小；而电磁铁操作的车门锁结构简单，动作敏捷，但体积大、质量大，工作时有撞击声。

②行李舱盖门开启器。

行李舱盖门开启器（图2-7）装在行李舱盖门上，一般用电磁线圈代替电动机，由轭铁、插棒式铁芯、电磁线圈和支架组成。

图2-6 门锁执行器

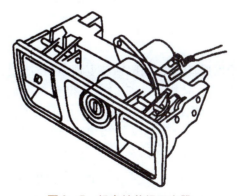

图2-7 行李舱盖门开启器

3) 中央门锁基本工作原理

门锁控制器的形式比较多,常见的有继电器式、集成电路(IC)-继电器式、计算机(ECU)控制式等。

下面以继电器式中央门锁控制系统为例来分析一下中央门锁的基本工作原理,图 2-8 所示为丰田威驰中央门锁系统的控制电路。

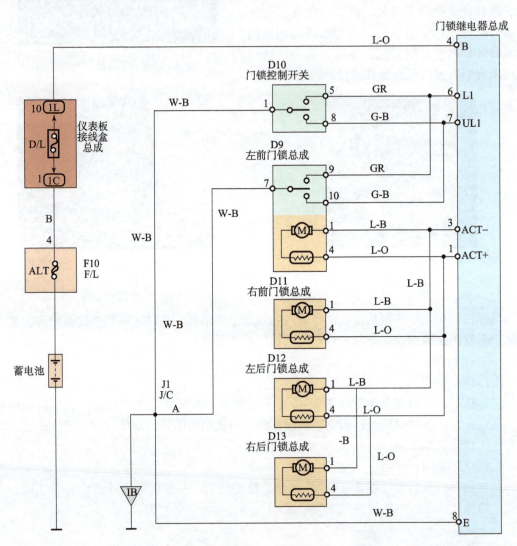

图 2-8 丰田威驰中央门锁系统的控制电路

当用钥匙转动左前门锁芯上锁车门时,左前门锁总成 D9 的端子 7 和端子 9 接通,门锁继电器的 6 号端子(即 L1)上得到一个低点位信号,此信号触发门锁继电器总成的 3 号端子(即 ACT-)和 1 号端子(即 ACT+)之间产生一个 12V 左右的电压差,并联在门锁继电器总成 3 号和 1 号端子之间的 4 个门锁执行器同时工作,上锁 4 个车门。当用钥匙转动左前门锁芯解锁车门时,左前门锁总成 D9 的端子 7 和端子 10 接通,门锁继电器的 7 号端子(即 UL1)上得到一个低点位信号,此信号触发门锁继电器总成的 3 号端子(即 ACT-)和 1 号端子(即 ACT+)之间产生一个与刚才相反的 12V 左右电压差,并联在门锁继电器总成 3 号和 1 号端子之间的 4 个门锁执行器同时工作，解锁 4 个车门。用门锁控制开关上锁和解锁 4 个车门时，工作原理与此类似，此处不再赘述。

2.1.2 汽车遥控门锁系统

1）汽车遥控门锁系统作用

作为改进驾驶员满意度的一种手段，遥控门锁系统自应用以来，日益受到人们的欢迎。

具体而言，这种系统可允许使用遥控发射器完成车门的锁止、解锁以及行李舱盖门的开启操作。它允许驾驶员和乘客更方便地进入车辆，尤其是在坏天气里或携带较重行李的情况下。

2）汽车遥控门锁系统组成

汽车遥控门锁系统组成如图 2-9 所示，它是在中央门锁系统的基础上加了遥控接收装置和遥控发射装置，遥控发射器的配置（即按钮的数量和功能）因车型而不同，如图 2-10 所示。遥控接收装置所收到的信号被发送到电动门锁控制装置的回路中，然后电动门锁控制装置将相应地操纵电动门锁机构。

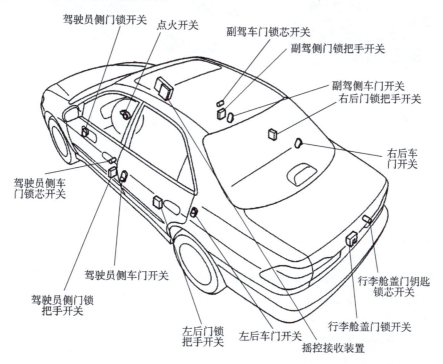

图 2-9 汽车遥控门锁系统组成

图 2-10 汽车遥控器的外形

3）汽车遥控门锁系统基本工作原理

汽车遥控门锁系统的基本工作原理是通过遥控门锁的发射器发出微弱电波，此电波由汽车天线接收后送至中央门锁系统中的 ECU 进行识别对比，若识别对比后的代码一致，ECU 就把信号送至执行器来完成相应的动作。

按下遥控开关的解锁按钮时，转向灯闪烁两次，所有车门均能打开，表示车门已处于解锁状态；按下遥控开关的上锁按钮时，转向灯闪烁一次，所有车门均不能打开，表示车门已处于锁定状态。如果在车内打开个别车门时，可分别拉开各车门的锁扣。汽车遥控门锁的组成及使用如图 2-11 所示。

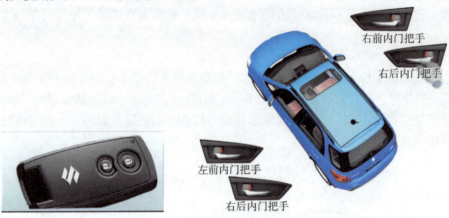

图 2-11 汽车遥控门锁的组成及使用

2.1.3 汽车防盗系统

1）汽车防盗系统功能

汽车防盗系统的主要功能有：

（1）报警功能

当使用不正确的方法打开车门、行李舱盖门、发动机舱盖门时，传感器或开关就检测到相关信息，并通过防盗 ECU 控制报警装置进行报警。

（2）防止发动机起动功能

当使用非法钥匙起动车辆时，防盗系统会切断起动机控制系统、燃油供给控制系统或点火控制系统，使发动机无法正常运转，从而达到汽车防盗的目的。

（3）寻车功能

在停车场内帮助车主寻找车辆。

（4）行车自动落锁功能

点火后车门自动落锁，熄火后车门自动开锁。

（5）车门未关安全提示功能

行车前车门未关妥，警示灯会连续闪烁数秒，汽车熄火遥控锁门后，若车门未关妥，车灯会不停闪烁，喇叭鸣叫，警示车门没有关好。

（6）遥控中央门锁

当遥控器发射正确信号时，中央门锁自动开启或关闭。

2）汽车防盗器类型

防盗器按防盗的方式不同可分为机械式、电子式和网络式。

（1）机械式防盗器

机械式防盗器是用机械的方法对油路、换挡杆、转向盘、离合器进行控制。机械式防盗装置结构比较简单，占用空间，不隐蔽，每次使用都要用钥匙开锁，比较麻烦，安全性差，现已经被逐步淘汰。

（2）电子式防盗器

当前采用的最广泛的是电子式防盗器，电子式防盗器主要靠锁住发动机控制计算机或起动电路来达到防盗的目的，同时具有声音和灯光报警功能。

当电子防盗器起动后，如果非法移动车辆，打开车门、发动机舱盖门、行李舱盖门时防盗器会立刻报警，如果用非法的钥匙起动车辆，防盗 ECU 会切断起动电路、点火电路或供油电路来阻止发动机起动。

（3）网络式防盗器

网络式防盗器大多采用卫星定位跟踪系统，也称为 GPS 系统，除了靠锁定点火、起动和油路之外，同时还可通过 GPS 定位系统将报警信息和报警车辆所在的位置传送到报警中心。利用这个系统还可以实现交通事故、抢劫等自动报警功能。

3）汽车防盗器组成

目前广泛使用的汽车电子式防盗器主要分为防止非法进入车辆系统和阻止发动机起动防盗系统两种类型。

（1）防止非法进入车辆系统

防止非法进入车辆系统的组成如图 2-12 所示，主要由 ECU（包括防盗 ECU 和车身 ECU）、各种开关（包括门控开关、发动机舱盖门控制开关、行李舱盖门锁开关、点火开关、钥匙未锁警告开关、门锁位置开关、行李舱盖门钥匙开锁开关等）、报警装置（包括安全喇叭、车辆喇叭、前照灯和尾灯、防盗指示灯等）以及相关电器部件等组成。

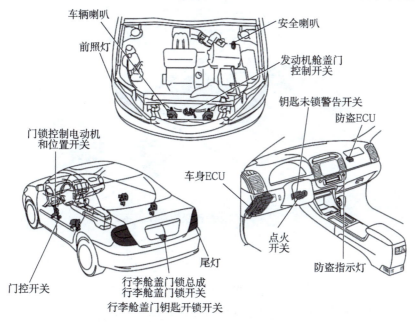

图 2-12　防止非法进入车辆系统的组成

①ECU。

ECU 包括防盗 ECU 和车身 ECU，当 ECU 接收到各开关的信号和检测到汽车被盗情况时，报警装置发出报警信号。

②各种开关。

它包括门控开关、发动机舱盖门控制开关、行李舱盖门锁开关、点火开关、钥匙未锁警告开关、门锁位置开关、行李舱盖门钥匙开锁开关等。其中门控开关、发动机舱盖门控制开关和行李舱盖门锁开关用于检测各车门、发动机舱盖门、行李舱盖门的开/闭状态。钥匙未锁警告开关用来检测钥匙是否插进了点火锁芯中。门锁位置开关和行李舱盖门钥匙开锁开关用来检测各门的锁止/开锁状态。

③报警装置。

它包括安全喇叭、车辆喇叭、前照灯和尾灯、防盗指示灯等。其中防盗指示灯用来指示系统是否处于警戒状态。当系统处于有警戒状态时，指示灯闪烁，通知汽车周围的人，此车装有防盗报警系统。

当起动防盗报警系统后，只有通过遥控器发出的开锁信号被 ECU 接收到或把车钥匙插入锁孔开关，才能使防盗 ECU 解除警戒状态，此时可正常开门。否则，防盗 ECU 会根据各种开关信号及 ECU 反馈信号判定为非法开启，于是接通喇叭线路和各种报警装置进行报警。

（2）阻止发动机起动防盗系统

①组成。

第三代阻止发动机起动防盗系统组成如图 2-13 所示，主要有带脉冲转发器的钥匙、识读线圈、防盗控制器和防盗指示灯组成。

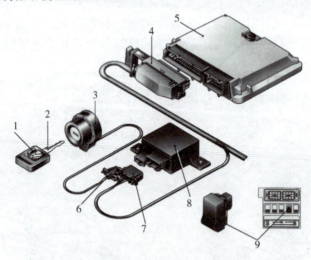

图 2-13　第三代阻止发动机起动防盗系统组成

1—脉冲转发器；2—汽车钥匙；3—识读线圈；4，6，7—连接器；5—发动机控制单元；8—防盗 ECU；9—防盗指示灯

（A）带脉冲转发器的钥匙。

每把钥匙都有棒状转发器，内含运算芯片和一个细小电磁线圈。该系统工作期间，其线圈与点火锁芯中的识读线圈以感应方式进行通信，以便在转发器运算芯片与防盗报警控制单元（ECU）之间传输各种信息。

(B) 识读线圈。

识读线圈也叫收发线圈,安装在点火锁芯上,通过导线与防盗 ECU 相连,作为防盗 ECU 的负载,担负着防盗 ECU 与脉冲转发器之间信号及能量的传输任务。

(C) 防盗 ECU(或防盗控制单元)。

防盗 ECU(或防盗控制单元)是一个包括微处理器的电子控制器,在点火开关接通时,防盗 ECU 用于系统密码运算、比较,并控制整个系统的通信,包括与脉冲转发器、发动机 ECU 的通信,同时还可以与诊断仪进行通信。

②基本工作原理。

汽车防盗报警系统安装匹配后,防盗 ECU 便存储了该车发动机 ECU 的识别密码以及三把钥匙中脉冲转发器的识别密码,同时每个脉冲转发器也存储了相应的防盗 ECU 的有关信息。将钥匙插入点火锁芯并接通点火开关时,防盗 ECU 首先通过锁芯上的识读线圈将一随机数据传输给钥匙中的脉冲转发器,经特定运算后,脉冲转发器将结果反馈给防盗 ECU,防盗 ECU 将其与自身存储的识别密码相比较,若密码吻合,系统即认定该钥匙为合法钥匙。防盗 ECU 还要对发动机 ECU 进行识别。只有钥匙(脉冲转发器)、发动机 ECU 的密码都吻合,防盗 ECU 才容许发动机 ECU 工作。

防盗 ECU 通过一根串行通信线将经过编码的工作指令传到发动机 ECU,发动机 ECU 根据防盗 ECU 的数据来决定是否起动汽车。同时,诊断仪可通过串行通信接口(K 线)对系统进行故障诊断、编码等操作。在识别密码的过程(2s)中,防盗指示灯会保持点亮状态。如果有任何错误发生,发动机 ECU 将停止工作,同时指示灯会以一定频率闪亮。

2.1.4 汽车无钥匙进入系统

1)汽车无钥匙进入系统作用

无钥匙进入系统是射频识别系统在汽车门禁领域的一次成功应用,可以在不操作遥控钥匙的情况下解锁、锁止和起动汽车。当对有无钥匙进入系统的车辆进行车门解锁或锁定时,只要智能钥匙在感应区范围内(在门把手或低频天线周围 0.7~1.0m,图 2-14),不需要掏出钥匙,也不用遥控等任何操作,系统就能自动解锁,可以直接拉开车门进入车内,也可以直接打开行李舱盖门。反之,当我们离开车之后,也不需要掏出钥匙,系统就能自动落锁。转向信号灯闪烁同时蜂鸣器响起,提示已解锁或锁定。

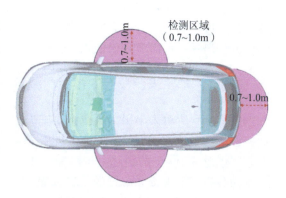

图 2-14 无钥匙进入系统的检测范围

但是,当附近有产生强电波的设备以及遥控钥匙收纳在截断电波的金属盒内时,即使处于无钥匙进入系统的工作范围,该系统也不会工作。

2)汽车无钥匙进入系统组成

汽车无钥匙进入系统组成如图 2-15 所示,主要由无钥匙进入电子控制单元、低频天线、发动机起动/停止按钮、电子转向锁、门把手触摸传感器和锁定开关等组成。

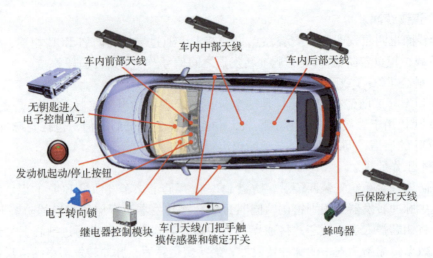

图 2-15 汽车无钥匙进入系统组成

无钥匙进入电子控制单元是无钥匙进入系统的大脑，负责与电子钥匙的通信及与设备的互动。车门天线/门把手触摸传感器和锁定开关是汽车无钥匙进入系统中实现身份识别功能和发送请求信号的一组传感器，由开门过程识别人手的电容传感器、实现关门动作的锁定开关和车门上的低频天线组成。天线是主机与电子钥匙的通信媒介，接收和发送射频信号，车辆装配有 5～6 根低频天线，一般是左右门上各一根，车内两根，行李舱一根，后保险杠一根。

电子钥匙由用户随身携带，用来验证用户的身份。当人手靠近汽车门把手后，门把手触摸传感器向无钥匙进入电子控制单元发出一个感应脉冲。然后，无钥匙进入电子控制单元驱动低频天线向外发送请求信号，电子钥匙接收到此信号并对无钥匙进入电子控制单元响应识别身份的射频信号。身份识别完成后，由无钥匙进入电子控制单元控制车门自动打开。关门过程和开门过程类似，只是由锁定开关替代了门把手触摸传感器完成关门动作。同样，关门动作也需要身份识别。

2.1.5 丰田卡罗拉汽车中央门锁系统控制电路

图 2-16 所示为丰田卡罗拉汽车中央门锁系统控制电路。从图 2-16 中可以看出，我们能够从两个地方实现门锁控制，即电动车窗升降器主开关总成 H6 上的门锁控制开关和左前门锁总成 H9 上的钥匙上锁解锁开关。4 个车门的门锁执行器都为并联控制结构。我们下面分析一下上锁和解锁的工作过程。

1）用门锁控制开关上锁或解锁

（1）上锁

将驾驶员侧门锁控制开关"LOCK"侧按下，电动车窗升降器主开关总成 H6 的 2 号端子与 1 号端子接通，这时通过主车身 ECU 的 E36 的 9 号端子该开关送给主车身 ECU 一个搭铁信号。主车身 ECU 识别到该端子的搭铁信号后，便给主车身 ECU 的 9 号端子（ACT+）一个搭铁信号，D/LOCK 继电器工作。车门门锁执行器工作。接下来以右前车门电动机为例来分析电动机工作的电流流向：20A D/L NO.2 熔断丝→D/LOCK 继电器→3C 插接器的 14 号端子→带电动机的右前车门门锁总成 G8 的 4 号端子→电动机→带

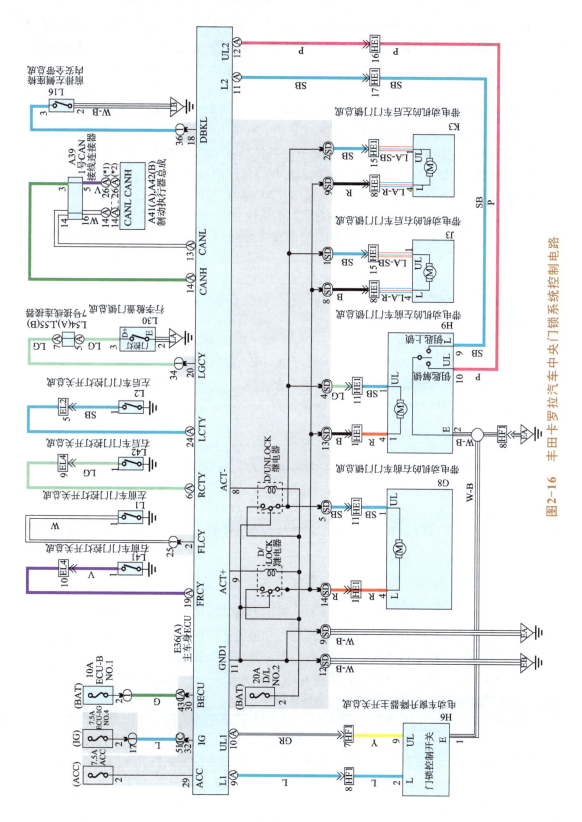

图2-16 丰田卡罗拉汽车中央门锁系统控制电路

电动机的右前车门门锁总成 G8 的 1 号端子→3C 插接器的 5 号端子→D/UNLOCK 继电器→3D 插接器的 12 号端子（或者 3C 插接器的 9 号端子→EA 搭铁点搭铁）→EB 搭铁点搭铁。由于四个电动机为并联控制，故其他三个电动机的工作原理一样，不再分析。

（2）解锁

将驾驶员侧门锁控制开关"UNLOCK"侧按下，电动车窗升降器主开关总成 H6 的 9 号端子与 1 号端子接通，这时通过主车身 ECU 的 E36 的 10 号端子该开关送给主车身 ECU 一个搭铁信号。主车身 ECU 识别到该端子的搭铁信号后，便给主车身 ECU 8 号端子（ACT-）一个搭铁信号，D/UNLOCK 继电器工作。车门门锁执行器工作。接下来以右前车门电动机为例来分析电动机工作的电流流向：20A D/L NO.2 熔断丝→D/UNLOCK 继电器→3C 插接器的 5 号端子→带电动机的右前车门门锁总成 G8 的 1 号端子→电动机→带电动机的右前车门门锁总成 G8 的 4 号端子→3C 插接器的 14 号端子→D/LOCK 继电器→3D 插接器的 12 号端子（或者 3C 插接器的 9 号端子→EA 搭铁点搭铁）→EB 搭铁点搭铁。由于四个电动机为并联控制，故其他三个电动机的工作原理一样，不再分析。

2）用钥匙上锁或解锁

（1）上锁

当把钥匙插入驾驶员侧门锁的锁芯内向上锁方向转动时，钥匙控制开关与锁门侧"L"接通，这样主车身 ECU E36 的 11 号端子就与 EA 搭铁点接通；当主车身 ECU 识别到该端子的搭铁信号时，便给主车身 ECU 9 号端子（ACT+）一个搭铁信号，D/LOCK 继电器工作，接着车门门锁执行器工作。门锁执行器工作的电流流向与用门锁控制开关上锁相同。

（2）解锁

当把钥匙插入驾驶员侧门锁的锁芯内向解锁方向转动时，钥匙控制开关与锁门侧"UL"接通，这样主车身 ECU E36 的 12 号端子就与 EA 搭铁点接通；当主车身 ECU 识别到该端子的搭铁信号时，便给主车身 ECU 8 号端子（ACT-）一个搭铁信号，D/UNLOCK 继电器工作，接着车门门锁执行器工作。门锁执行器工作的电流流向与用门锁控制开关上锁相同。

2.1.6 丰田卡罗拉汽车防盗系统电路

图 2-17 所示为丰田卡罗拉汽车防盗系统控制电路。防盗系统主要由四个车门的门控灯开关总成、带电动机的行李舱盖门锁总成、发动机舱盖门控开关、认证 ECU、智能控制门锁接收器总成、警报喇叭继电器、喇叭继电器、警报喇叭总成等组成。

当按下遥控器上锁键（LOCK），防盗 ECU 接到遥控器的闭锁防盗信号后，利用以下端子检测是否具备进入防盗状态所需的条件：用 B5 号端子检测发动机舱盖门的情况，用 20 号端子检测行李舱盖门的情况，用 A 18、A7 和 5 号端子检测四个车门当前的状态。当检测到各端子符合进入防盗状态的条件时，防盗 ECU 发出锁门指令，使车门上锁。

在防盗状态下，如果使用无钥匙进入系统或遥控器之外的方式打开车门、行李舱盖门或发动机舱盖门，防盗 ECU 就会使危险警报灯闪亮、防盗喇叭鸣叫，防盗 ECU 此时会检查点火钥匙是否插入点火开关，如果没有插入钥匙，便会发出强制上锁信号，以阻止车辆被盗。

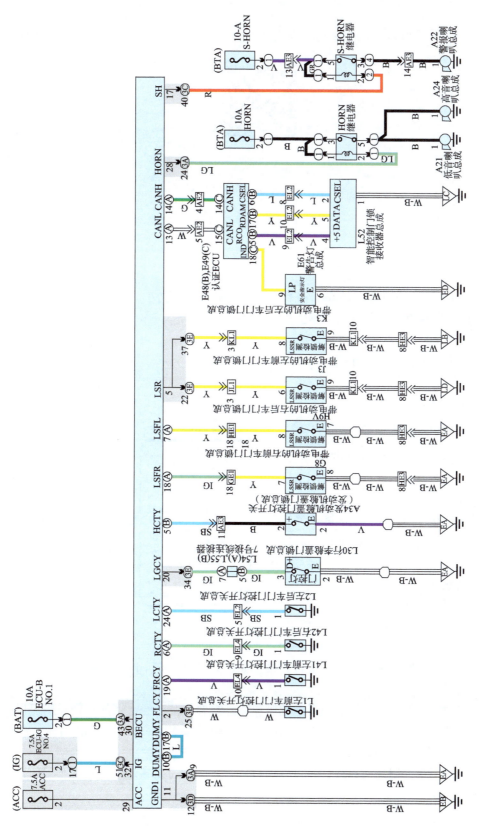

图2-17 丰田卡罗拉汽车防盗系控制电路

2.2 在线测验

2.2 在线测验试题

2.3 任务实施——丰田卡罗拉汽车中央门锁、遥控门锁、防盗系统正确使用及检查

2.3.1 任务准备

①丰田卡罗拉汽车 1 辆，车辆开进作业工位并做好车辆防护。
②丰田卡罗拉汽车电路图册 1 本。
③万用表 1 只。
④常规工具 1 套、连接导线。
⑤充电机 1 台。
⑥作业记录单。

2.3.2 中央门锁正确使用

1）用门锁控制开关上锁和解锁

（1）上锁

当驾驶员进入车内以后，将所有车门关闭，然后按下车内门锁控制开关上锁侧（图 2-18），就可以对所有车门进行上锁。

（2）解锁

如果需对已经上锁的车门进行解锁，则按下车内门锁控制开关解锁侧就可以了。

注：部分车型车内门锁控制开关按一下解锁侧时只能对驾驶员侧车门进行解锁；如果需要对所有车门进行解锁，则必须连按两下才可实现。

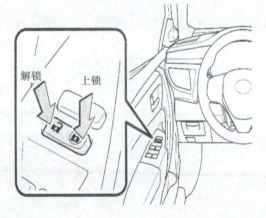

图 2-18 车内门锁控制开关

如果车内门锁控制开关损坏或者除驾驶员以外需要打开已经上锁的车门，则可以通过拨动车门内的车门上锁和解锁按钮。车门上锁和解锁的按钮状态如图 2-19 所示。

2）用钥匙开关上锁和解锁

除了车内门锁控制开关以外，还可以通过驾驶员侧车门锁芯开关来实现车门门锁的开关，如图 2-20 所示。

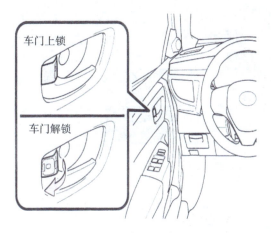

图 2-19　车内门锁按钮

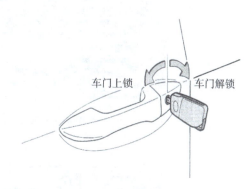

图 2-20　钥匙上锁或解锁车门

（1）上锁

逆时针拧动钥匙可以实现车门的上锁。

（2）解锁

顺时针拧动钥匙可以实现车门的解锁。

注：部分车型上锁和解锁时钥匙的旋转方向可能会与卡罗拉汽车的刚好相反。

中央门锁正确使用讨论视频如图 2-21 所示，丰田卡罗拉汽车中央门锁正确使用视频如图 2-22 所示，本田思铂睿汽车中央门锁正确使用视频如图 2-23 所示，本田艾力绅电动吸合门正确使用视频如图 2-24 所示。

图 2-21　中央门锁正确使用讨论视频

图 2-22　丰田卡罗拉汽车中央门锁正确使用视频

图 2-23　本田思铂睿汽车中央门锁正确使用视频

图 2-24　本田艾力绅电动吸合门正确使用视频

2.3.3　遥控门锁正确使用

根据车辆配置的不同,有的丰田卡罗拉汽车具备无钥匙进入以及一键起动功能,有的不具备这些功能,因此遥控钥匙也会出现相应的不同,如图 2-25 和图 2-26 所示。

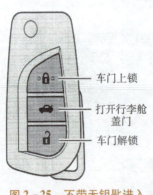
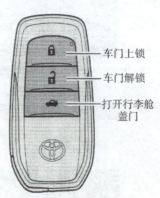

图 2-25　不带无钥匙进入功能遥控钥匙　　图 2-26　带无钥匙进入功能遥控钥匙

遥控钥匙上的按键一般由车门上锁键、车门解锁键和打开行李舱盖门键组成,部分车型还会有寻车键。

①用遥控器上锁车门:对车辆进行上锁时,要确保车门全部关闭,否则车辆无法进行上锁和进入防盗状态。在正常情况下,按下车门上锁键,危险警报灯会闪烁,提醒车辆已经上锁并进入防盗状态。

②用遥控钥匙解锁车门：按下车门解锁键，危险警报灯也会闪烁，提醒车辆已经解锁。

③打开行李舱盖门：按下打开行李舱盖门键时，有的车辆危险警报灯会闪烁，而有的车辆不会闪烁。

④遥控钥匙失灵时开启车门：当出现车辆遥控钥匙没有电、车辆没有电或者遥控钥匙失灵时，需要用机械钥匙来开启车门。

普通遥控钥匙的机械钥匙如图2-27所示；带无钥匙进入功能的机械钥匙隐藏在遥控钥匙内，机械钥匙的取出方法如图2-28所示。

图2-27 可折叠机械钥匙

图2-28 无钥匙进入功能遥控钥匙的机械钥匙

丰田卡罗拉汽车遥控门锁—智能进入系统使用视频如图2-29所示，本田思铂睿汽车遥控门锁正确使用视频如图2-30所示，宝马3系汽车遥控门锁—无钥匙进入系统正确使用视频如图2-31所示。

图2-29 丰田卡罗拉汽车遥控门锁—智能进入系统使用视频

图2-30 本田思铂睿汽车遥控门锁正确使用视频

图 2-31 宝马 3 系汽车遥控门锁—无钥匙
进入系统正确使用视频

2.3.4 防盗系统正确使用

丰田卡罗拉防盗系统的正确使用主要包括防盗系统的启用与解除,以及意外触发警报时解除防盗警报两种情况。

1)启用和解除防盗系统

(1)启用防盗系统

①为防止意外触发警报和物品被盗,应确保车内无人和其他动物,车窗和天窗均已关闭,车内没有贵重物品和其他私人物件。

②关闭车门、行李舱盖门和发动机舱盖门,使用无钥匙进入功能或遥控钥匙锁止所有车门。

③观看防盗指示灯工作状态检查视频(图 2-32),从持续点亮转变为闪烁,表明防盗系统进入工作状态。

图 2-32 丰田卡罗拉汽车防盗指示灯
工作状态检查视频

(2)解除防盗系统

①将合法的钥匙插入点火开关后,防盗指示灯停止闪烁,表明防盗系统已取消。

②带无钥匙进入和起动系统的车辆,将发动机开关切换至附件挡位(ACCESSORY)或点火挡位后,指示灯停止闪烁,表明防盗系统已取消。

丰田卡罗拉汽车防盗系统正确使用视频如图 2-33 所示。

2)意外触发警报时解除防盗警报

以下情况均会意外触发警报,防盗系统会利用灯光和声音给予警报。

图2-33 丰田卡罗拉汽车防盗系统正确使用视频

①防盗系统启用后使用钥匙解锁车门或行李舱盖门。
②防盗系统启用后有人非法打开车门、行李舱盖门、发动机舱盖门，或有人使用车内按钮解锁车辆，有关视频如图2-34所示。

图2-34 丰田卡罗拉汽车防盗系统触发视频

③车辆锁止后，给蓄电池充电或更换电池等。
使用无钥匙进入功能、无线遥控钥匙解锁或起动发动机数秒后都可解除防盗警报。
汽车防盗系统正确使用讨论视频如图2-35所示，本田思铂睿汽车防盗系统非法入侵演示视频如图2-36所示，宝马3系汽车无钥匙系统安全性演示视频如图2-37所示。

图2-35 汽车防盗系统正确使用讨论视频

图 2-36　本田思铂睿汽车防盗系统非法入侵演示视频

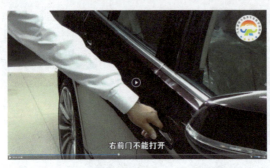

图 2-37　宝马 3 系汽车无钥匙系统安全性演示视频

2.3.5　遥控钥匙电池更换

当车辆遥控钥匙电池电量耗尽时，就需要对遥控钥匙的电池进行更换了。更换时要准备好一把小型平头螺丝刀和一颗新的遥控钥匙电池。

1）普通遥控钥匙电池更换

普通遥控钥匙电池的更换方法如图 2-38 所示。

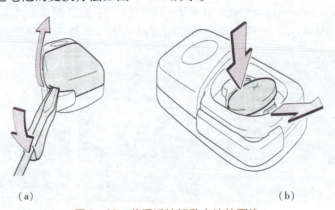

(a)　　　　　　　　　　　　　　　(b)

图 2-38　普通遥控钥匙电池的更换

(a) 取出遥控钥匙电池的盖板；(b) 取出遥控钥匙电池

2）无钥匙进入功能遥控钥匙电池更换

无钥匙进入功能的遥控钥匙电池的更换方法如图 2-39 所示。

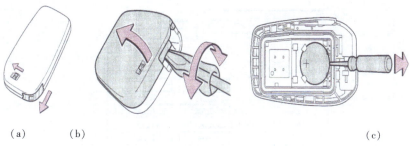

图2-39　无钥匙进入功能遥控钥匙电池的更换
(a) 取出机械钥匙；(b) 取下电池盖板；(c) 取出遥控器电池

丰田卡罗拉汽车遥控钥匙电池更换视频如图2-40所示，本田思铂睿汽车遥控钥匙电池更换视频如图2-41所示。

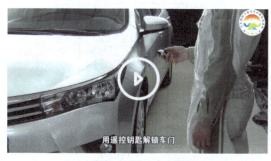

图2-40　丰田卡罗拉汽车遥控钥匙电池更换视频

图2-41　本田思铂睿汽车遥控钥匙电池更换视频

2.3.6　中央门锁、遥控门锁熔断丝的检查

①如图2-42所示，找到20A的D/L NO.2熔断丝。
②检查D/L NO.2熔断丝上的电压。
在点火开关不接通情况下，D/L NO.2熔断丝两端应该有12V以上的电压。如果出现只有一端有电压，而另外一端没有电压的情况，则应该进一步检查熔断丝是否完好。丰田卡罗拉汽车中央门锁、遥控门锁检查视频如图2-43所示。

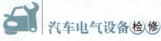

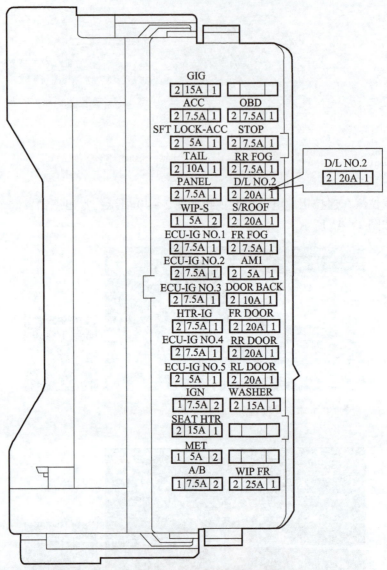

图 2-42 D/L NO.2 号熔断丝的位置

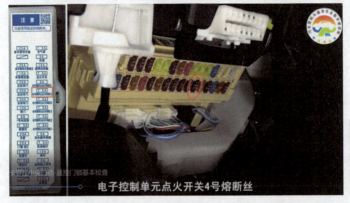

图 2-43 丰田卡罗拉汽车中央门锁、遥控门锁检查视频

2.3.7 中央门锁开关检查

1) 门锁控制开关检查

①从车门扶手上拆下门锁控制开关。

②对照图2-44、表2-1完成门锁控制开关的检查。丰田卡罗拉汽车门锁控制开关检查视频如图2-45所示。

(a)

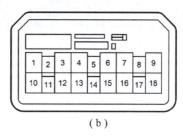
(b)

图2-44 丰田卡罗拉汽车门锁控制开关端子编号

表2-1 驾驶员侧门锁控制开关端子的检查

开关状态	测试方法	测试端子	规定条件
LOCK 侧按下	测量电阻	门锁控制开关 H6 的 1 号端子和 2 号端子	导通
常态	测量电阻	门锁控制开关 H6 的 1 号端子和 2 号端子	不导通
UNLOCK 侧按下	测量电阻	门锁控制开关 H6 的 1 号端子和 9 号端子	导通
常态	测量电阻	门锁控制开关 H6 的 1 号端子和 9 号端子	不导通

图2-45 丰田卡罗拉汽车门锁控制开关检查视频

2) 门锁钥匙开关检查

①关闭点火开关，拆下左前车门内饰板。

②逆时针拧动钥匙，上锁车门，检查9号锁止端子与7号搭铁端子的导通情况，应该导通良好。

③顺时针拧动钥匙，解锁车门，检查10号解锁端子与7号搭铁端子的导通情况，应该导通良好。

丰田卡罗拉汽车门锁钥匙开关检查视频如图2-46所示。

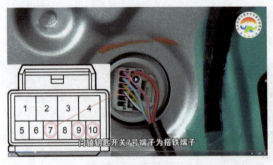

图 2-46　丰田卡罗拉汽车门锁钥匙开关检查视频

2.3.8　发动机舱盖门监控开关检查

丰田卡罗拉发动机舱盖门开关与发动机舱盖门锁安装在一起，发动机舱盖门打开时接通，发动机舱盖门关闭时断开。

①利用万用表欧姆挡测量开关的 1 号端子和 2 号端子之间的状态。

②对照表 2-2，如果检测发现其没有在规定状态，则应更换发动机舱盖门开关。

表 2-2　卡罗拉发动机舱盖门开关状态的检查

检测端子	开关状态	规定状态
1 号端子 2 号端子	锁止位置	小于 1Ω
	解锁位置	10kΩ 或更大

2.4　中央门锁、遥控门锁及防盗系统常见故障及原因分析

汽车中央门锁、遥控门锁及防盗系统的常见故障有：所有车门不能上锁或解锁、使用钥匙无法上锁或解锁、使用门锁控制开关无法上锁或解锁、遥控钥匙失灵（或部分功能失灵）、单个门锁不工作、防盗指示灯点亮且发动机无法起动等，故障现象及故障原因分析如表 2-3 所示。

表 2-3　汽车中央门锁、遥控门锁及防盗系统常见故障及原因分析

故障现象	故障原因
所有车门不能上锁或解锁	（1）熔断丝故障； （2）中央门锁继电器故障； （3）线束故障等涉及整个系统工作的部位故障
使用钥匙无法上锁或解锁	（1）门锁钥匙锁止和开锁开关故障； （2）中央门锁继电器故障； （3）线束、插接器等故障
使用门锁控制开关无法上锁或解锁	（1）门锁控制开关故障； （2）中央门锁继电器故障； （3）线束、插接器等故障

续表

故障现象	故障原因
遥控钥匙失灵（或部分功能失灵）	（1）遥控钥匙电池亏电； （2）遥控钥匙没有匹配或损坏； （3）遥控接收器或相关线路故障； （4）车身控制模块故障； （5）相关线路、插接器故障
单个门锁不工作	（1）门锁执行器故障； （2）门锁执行器相关线束、插接器等故障
防盗指示灯点亮且发动机无法起动	（1）点火钥匙没有匹配或损坏； （2）发动机控制模块或相关线路损坏； （3）发动机控制模块没有匹配； （4）防盗控制模块没有匹配或损坏； （5）防盗控制模块或相关线路损坏

汽车中央门锁、遥控门锁常见故障及原因分析视频如图 2-47 所示，汽车防盗系统常见故障及原因分析视频如图 2-48 所示，所有门锁不工作故障视频如图 2-49 所示，某个门锁不工作故障视频如图 2-50 所示，中央门锁工作的音频如图 2-51 所示，汽车防盗系统不工作故障视频如图 2-52 所示。

图 2-47　汽车中央门锁、遥控门锁
常见故障及原因分析视频

图 2-48　汽车防盗系统常见故障及原因分析视频

图 2-49　所有门锁不工作故障视频

图 2-50　某个门锁不工作故障视频

图 2-51　中央门锁工作的音频

图 2-52　汽车防盗系统不工作故障视频

2.5　拓展提升——上汽大众帕萨特汽车中央门锁、防盗系统的特点

1）拓展任务

李小明完成了邱先生门锁控制开关不能上锁故障的接待工作，邱先生对本次接待及维修工作比较满意。为了在今后的工作中能够更加得心应手，小明还想扩大自己的知识面，

他想了解一下其他品牌汽车的中央门锁系统的特点,于是他向在上汽大众4S店工作的同学要了一些资料开始学习。

2)上汽大众帕萨特汽车中央门锁系统特点

(1)中央门锁系统组成

上汽大众帕萨特汽车中央门锁系统的组成如图2-53所示,各组成元件的编号、名称如表2-4所示。

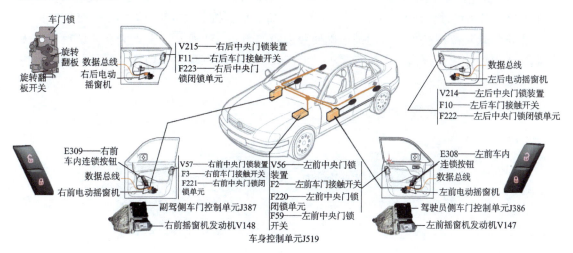

图2-53 上汽大众帕萨特汽车中央门锁系统的组成

表2-4 上汽大众帕萨特汽车中央门锁系统各组成元件的编号、名称

序号	编号	名称
1	J519	车身控制单元
2	J386	驾驶员侧车门控制单元
3	J387	副驾侧车门控制单元
4	F59	左前中央门锁开关
5	E308	左前车内连锁按钮
6	E309	右前车内连锁按钮
7	V56	左前中央门锁装置
8	V57	右前中央门锁装置
9	V214	左后中央门锁装置
10	V215	右后中央门锁装置
11	F220	左前中央门锁闭锁单元
12	F221	右前中央门锁闭锁单元
13	F222	左后中央门锁闭锁单元
14	F223	右后中央门锁闭锁单元
15	E234	行李舱盖门把手解锁按钮
16	V53	行李舱盖门中央门锁电动机

(2)中央门锁系统工作过程

上汽大众帕萨特汽车的中央门锁系统受车身控制单元(J519)和车门控制单元(J386、J387)控制,当操作驾驶员侧中央门锁开关F59时,F59把信号送到J386,而

J386 通过 CAN 线把信号送到 J387 和 J519。J386 控制驾驶员侧车门中央门锁装置 V56 执行相应的动作；J387 控制副驾侧车门中央门锁装置 V57 执行相应的动作；J519 直接控制后面两个车门中央门锁装置 V214 和 V215 执行相应的动作，从而实现中央门锁控制。而遥控中央控制门锁则是防盗控制单元把解锁信号通过 CAN 线送到 J519，J519 把信号送到 J386、J387 和后面两个车门的中央门锁装置，从而实现遥控中央门锁。

上汽大众帕萨特汽车的遥控钥匙按钮除了能够对车门进行解锁和上锁外，还可以实现车窗的升降。长按解锁按钮可以实现所有车窗的下降，而长按上锁按钮可以实现车窗关闭。

上汽大众帕萨特汽车中央门锁正确使用视频如图 2-54 所示，上汽大众帕萨特汽车无钥匙进入系统使用视频如图 2-55 所示，上汽大众帕萨特汽车中央门锁、遥控门锁基本检查视频如图 2-56 所示。

图 2-54　上汽大众帕萨特汽车中央门锁正确使用视频

图 2-55　上汽大众帕萨特汽车无钥匙进入系统使用视频

图 2-56　上汽大众帕萨特汽车中央门锁、
　　　　　遥控门锁基本检查视频

3）上汽大众帕萨特汽车防盗系统特点

（1）防盗系统组成

上汽大众帕萨特汽车防盗系统由防盗系统控制单元 J285、发动机控制单元 J623 和车钥匙等组成。防盗系统控制单元 J285 安装在组合仪表总成中，发动机控制单元 J623 是防盗系统的组成部分，必须在线才能完成匹配。钥匙上带有一个经过机械编码处理的钥匙齿，它只能用于驾驶员车门、行李舱盖门锁芯处。

钥匙发射器与电子部件连成一体，而且在钥匙电池无电压的情况下也能工作。在这种高级钥匙内增设了一个电子部件，用以实现与进入和启动系统之间的无线双向通信，该系统最多可配八把钥匙。对于每辆汽车来说，制造厂给第四代 WFS 防盗系统的车钥匙都以电子和机械的方式预先设置密码，使该钥匙只能用在被指定的车辆上。

上汽大众帕萨特汽车防盗系统组成如图 2-57 和表 2-5 所示。

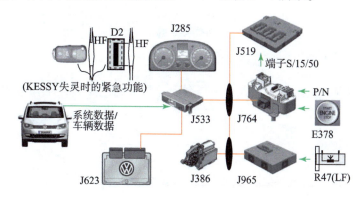

图 2-57　上汽大众帕萨特汽车防盗系统组成

表 2-5　上汽大众帕萨特汽车防盗系统组成

序号	编号	名称
1	J285	组合仪表单元
2	J519	车载电源控制单元
3	J533	数据总线诊断接口
4	J764	电子转向柱锁止装置控制单元
5	J623	发动机控制单元
6	钥匙	带遥控器的钥匙总成
7	J965	进入和起动系统接口
8	D2	防盗锁止系统识读线圈
9	J386	驾驶员侧车门控制单元
10	E378	电子点火开关
11	R47	中央门锁和防盗警报系统天线
12	LF	低频信号
13	HF	高频信号

(2)防盗系统工作过程

上汽大众帕萨特汽车防盗系统的工作是依靠遥控器和车辆之间一系列通信过程来实现的,其中,遥控器向车辆发射的是 HF(信号频率为 433MHz 或 315MHz),车辆向遥控器发射的是 LF(信号频率为 125kHz),如图 2-58 所示。

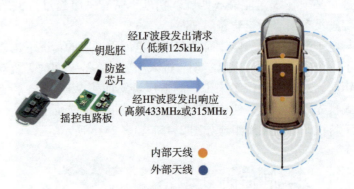

图 2-58 上汽大众帕萨特汽车防盗系统信号传递

以解锁过程为例,从车辆侦测到解锁指令而寻找车钥匙开始,工作过程分为五步,如图 2-59 所示。

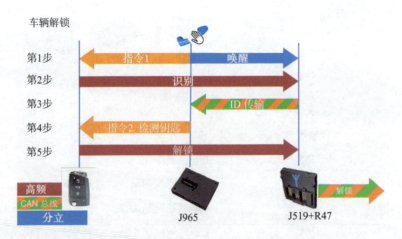

图 2-59 上汽大众帕萨特汽车防盗系统工作过程

第 1 步,唤醒:J965 需要激活车辆相应侧的外部天线以及车辆内部的天线(即进入和启动系统天线)。同时,J965 通过分立导线激活 J519,接收钥匙发出的响应信号。

第 2 步,识别:钥匙中的接收器单元接收进入和启动系统天线传输的信息,并跟钥匙的波形图案进行对比。若匹配,车钥匙传输识别信息。

第 3 步,ID 传输:天线 R47 接收这一识别信息,然后 J519 激活舒适系统 CAN 总线,并通知 J965 车钥匙发出的响应信息已被接收。

第 4 步,检测钥匙:系统检测钥匙是否在有效操作范围内。若钥匙在有效范围内,J965 激活进入和启动系统的相应天线,要求车钥匙发送解锁指令。

第 5 步,解锁:J519 对车钥匙发出的响应信号进行分析。若满足所有解锁条件,J519 开始进行相应的信号处理。具体处理过程由车门控制单元来执行。

锁止的功能序列与解锁过程是相同的。锁止后，系统扫描车辆内部寻找钥匙。若最近使用过的那把钥匙在车里，车子可被解锁。用户有45 s从车内取出钥匙，然后车辆会被锁止。

学习任务3　汽车电动座椅系统认识及维护

任务引入

为了给驾驶员及乘客提供便于操作、舒适、安全、不易疲劳的驾乘位置，满足不同体型驾驶员及乘客对座椅的需求，现在大多数车辆都配备了座椅可调节装置，电动座椅因为操作方便、结构简单而被广泛使用，有些车型的电动座椅还可以对不同驾驶员的乘坐位置进行存储。这就要求汽车营销与服务技术从业人员具备电动座椅系统组成、基本工作原理等相关的基础知识，能够与客户就电动座椅系统操作、常见故障及原因进行沟通。

任务描述

王小明在某本田汽车4S店做维修接待工作三年了。有一天，客户邱先生开着他的本田思铂睿汽车来到4S店，邱先生反映该车电动座椅各个位置的电动调节失效，要求对该车的电动座椅系统进行检查并恢复使用功能。

假如你是小明，请你负责该车辆接待工作，为邱先生介绍汽车电动座椅系统的组成、功能及正确使用方法，并完成汽车电动座椅系统的初步检查；与邱先生完成关于电动座椅系统故障的初步沟通。

学习目标

①能描述普通电动座椅、带记忆功能电动座椅、座椅加热、座椅通风系统的组成，以及各元件的作用。

②能描述普通电动座椅、带记忆功能电动座椅、座椅加热系统的工作过程，以及座椅位置记忆功能、座椅恒温加热功能等。

③能分析常见车型电动座椅、座椅加热系统的电路图。

④能描述普通电动座椅、带记忆功能电动座椅、座椅加热系统的常见故障并能分析其原因。

⑤能在车辆上准确找到普通电动座椅、带记忆功能电动座椅、座椅加热、座椅通风系统各部件，并能描述其安装位置。

⑥能指导客户正确使用普通电动座椅、带记忆功能电动座椅、座椅加热系统各

功能。

⑦能查阅维修资料，实施电动座椅系统熔断丝、继电器的检查。

⑧能与客户就普通电动座椅、带记忆功能电动座椅、座椅加热系统的常见故障进行沟通。

3.1 相关知识

3.1.1 电动座椅作用

为了给驾驶员及乘客提供便于操作、舒适、安全、不易疲劳的驾乘位置，满足不同体型驾驶员及乘客对座椅的需求，现在大多数车辆都配备了座椅可调节装置。

按照调节方式的不同，电动座椅可以分为手动调节式和电动调节式，电动调节座椅又可以分为普通电动调节座椅和带记忆功能电动调节座椅。电动座椅因为操作方便、结构简单而被广泛使用。

3.1.2 电动座椅组成

普通电动座椅一般由若干个双向直流电动机、座椅开关、传动机构和控制装置（ECU）等组成。其结构和电动机安装位置如图3-1所示。

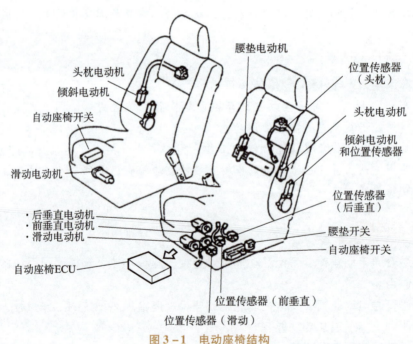

图3-1 电动座椅结构

（1）电动机

电动座椅中使用的电动机一般为永磁式双向直流电动机，通过控制开关来改变流经电动机内部的电流方向，从而实现转动方向的改变。

（2）座椅开关

它主要是用来调整座椅的各种位置。按下此开关后，电控单元就会控制相应电动机运转,按照相应要求调整座椅的位置。

(3) 传动装置

电动座椅的传动装置主要包括变速器、联轴节、软轴及齿轮传动机构等。变速器的作用是降速增矩。联轴节分别与软轴相连,软轴再和变速器的输入轴相连,动力经过变速器的降速增矩以后,从变速器的输出轴输出,变速器的输出轴与蜗杆轴或齿轮轴相连,最终蜗轮蜗杆或齿轮齿条带动座椅支架产生位移。

(4) 控制装置(ECU)

ECU 主要用来控制靠手动调节开关的座椅调节装置,也能根据从转向柱倾斜与 ECU、位置传感器等送来的信号存储座椅位置。它根据驾驶员的不同体型和喜好的驾驶姿势使自动调节系统在该 ECU 中存储两种不同的座椅位置(存储位置 1 和 2),按下 1 或者 2 开关,ECU 即可将座椅调整到驾驶员所期望的位置。

3.1.3 电动座椅基本工作原理

如图 3-2 所示,该电动座椅包括滑动电动机、前垂直电动机、倾斜电动机、后垂直电动机和腰垫电动机,可以实现座椅的前后移动、前部高度调节、靠背倾斜程度调节、后部高度调节及腰垫前后调节。下面以座椅靠背的倾斜调节为例来介绍电路的控制过程。

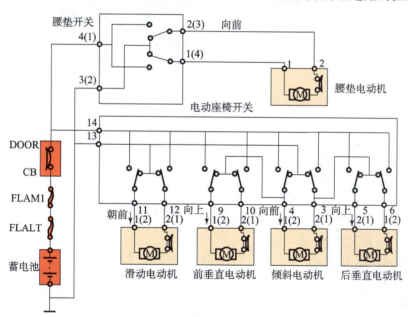

图 3-2 电动座椅的控制电路

当电动座椅的开关处于倾斜位置时,如果要调整靠背向前倾斜,则闭合倾斜电动机的前进方向开关,即将端子 4 置于左位,其电路为:蓄电池正极→FLALT→FLAM1→DOOR CB→端子 14→(倾斜开关"前")→端子 4→1(2)端子→倾斜电动机→2(1)端子→端子 3→端子 13→搭铁。此时座椅靠背前移。

端子 3 位于右位时,倾斜电动机反转,座椅靠背后移。此时的电路为:蓄电池正极→FLALT→FLAM1→DOOR CB→端子 14→(倾斜开关"后")→端子 3→2(1)端子→倾斜电动机→1(2)端子→端子 4→端子 13→搭铁。

3.1.4 电动座椅其他技术

1)座椅加热功能

图 3-3 所示为本田思域轿车座椅加热器、加热器开关和继电器的安装位置。此座椅加热器的加热速度可以调节。驾驶员和副驾座椅的加热器和加热控制开关相同。其中 HI 表示高位加热,LO 表示低位加热。该座椅加热系统可以单独对驾驶员侧或副驾侧的座椅进行加热,也可以同时对两个座椅进行加热。图 3-4 所示为本田思域轿车驾驶员座椅加热系统电路。下面以驾驶员侧的座椅加热器为例来分析其工作过程。

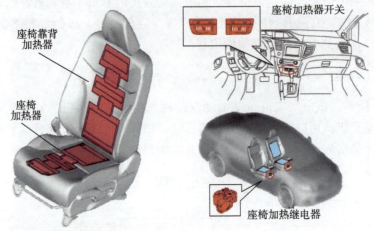

图 3-3 本田思域轿车座椅加热器、加热器开关和继电器的安装位置

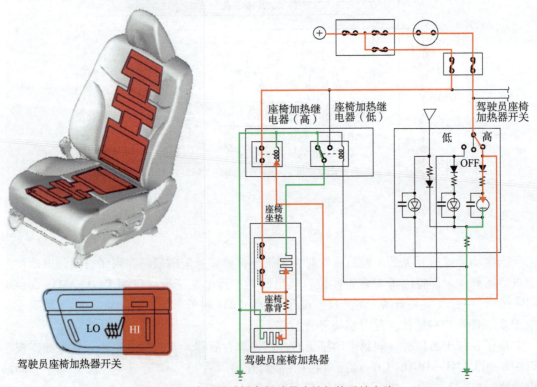

图 3-4 本田思域轿车驾驶员座椅加热系统电路

①当加热器开关断开时,加热系统不工作。

②当加热器开关处于"HI"位置时,电流首先经过点火开关和驾驶员座椅加热器开关给座椅加热器的继电器线圈通电,线圈产生磁场而使继电器开关闭合。此时加热器的电路为:

蓄电池"+"→熔断丝→继电器(高)开关→加热器开关端子,然后电流分为两个支路:一路经座椅坐垫加热器→继电器(低)端子→搭铁;另一路经座椅靠背加热器→搭铁。此时座椅坐垫加热器与靠背加热器组成并联关系。还有一条电路为座椅加热器指示灯电路,当加热器开关处于"HI"时,指示灯电路接通。图3-4所示为座椅加热器处于"HI"加热状态的电路连接情况。

③当加热器开关处于"LO"位置时,座椅坐垫加热器与靠背加热器组成串联关系,因此整个电路的电流变小,所发出的热量也随之变小。电路的电流流向与高热状态类似,故不作详细分析。

2)座椅记忆功能

具有记忆功能座椅的基本结构及驱动方式与普通的电动座椅相似,只是在普通电动座椅的基础上增加了一套具有记忆功能的电子控制系统,如图3-5所示。

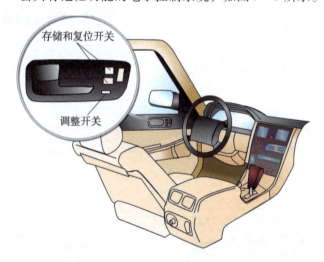

图3-5 电动座椅记忆功能设置

具有记忆功能座椅包括座椅调整开关、存储和复位开关、座椅位置传感器、控制ECU、调整电动机等。

具有记忆功能的电动座椅的工作过程分为记忆和恢复两个阶段:

①记忆阶段:驾驶员进行座椅位置调整时,将位置调整开关的调整信号送给座椅ECU,座椅ECU驱动相应调整电动机工作完成座椅调整,同时与电动机联动的座椅位置传感器会记忆相应电动机目前的位置,此时驾驶员按下存储开关1(或者2),座椅位置传感器会把相应电动机此时的位置信号反馈给座椅ECU进行记忆,座椅ECU会将目前的座椅位置存储为位置1(或者2)。

②恢复阶段:当座椅的位置被改变,驾驶员需要恢复之前的位置设定时,驾驶员按下位置1(或者2),座椅ECU会根据之前存储的位置信号驱动相应电动机动作,并不断把位置传感器目前反馈的位置信号与之前存储在ECU中的位置信号进行对比,直至电动机

将座椅调整至 ECU 之前存储的位置,才使电动机停止动作,恢复完成。

自动座椅位置传感器主要有两种形式:一种是滑动电位计式;另一种是霍尔效应式。

滑动电位计式位置传感器如图 3-6 所示,其主要由座椅电动机驱动齿轮和螺杆、电阻丝以及能在螺杆上滑动的滑块组成。电动机在驱动座椅的同时,也驱动齿轮带动螺杆,从而驱动滑块在电阻丝上滑动,这相当于一个可变电阻,通过电阻阻值的变化将座椅位置信号转变成电压信号输给 ECU。

霍尔效应式位置传感器如图 3-7 所示,主要由永久磁铁、霍尔集成电路组成。根据霍尔原理,霍尔元件中磁通量变化时会产生霍尔电压。永久磁铁安装在由电动机驱动的轴上,由于转轴上磁铁的转动引起霍尔元件中磁通量的变化,所以霍尔元件会产生霍尔电压,经霍尔集成电路对其进行放大并处理后将旋钮的脉冲信号输给 ECU。

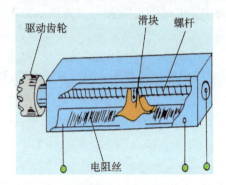

图 3-6 滑动电位计式位置传感器示意

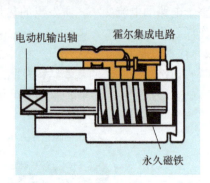

图 3-7 霍尔效应式位置传感器示意

3)座椅通风功能

座椅通风系统可以源源不断地将冷气从座椅坐垫与靠背上的小孔流出,防止臀部与后背积汗,提供舒适的乘坐环境。

座椅通风分为送风式和吸风式。送风式如图 3-8 所示,吸风式如图 3-9 所示。

图 3-8 汽车座椅通风——送风式

图 3-9 汽车座椅通风——吸风式

座椅通风的原理就是用风扇向座椅内注入空气,空气从椅面上的小孔中流出,实现通风功能。座椅通风有效改善了人体与椅面接触部分的空气流通环境,即使长时间乘坐或驾车,身体与座椅的接触面也会干爽舒适。

4)座椅按摩功能

座椅按摩功能一般在高档车辆上才配备,是通过设置在座椅侧面的按摩按钮来实现的,如图 3-10 所示。

座椅按摩功能是在座椅内加入气动装置来实现的,如图3-11所示。气压由发动机舱的气泵提供,座椅靠背内分别有四个或多个气压腔,可实现对腰椎部的保护。同时,这些气压腔由一个装在靠背内的计算机控制的电子振荡器控制,电子振荡器根据事先编写的程序改变气压腔内的压力,使座椅椅面随之运动。

图3-10 汽车座椅按摩按钮

图3-11 具有按摩功能座椅的气动装置

3.1.5 丰田卡罗拉汽车电动座椅电路

图3-12所示为丰田卡罗拉汽车电动座椅控制电路,由四个控制开关、四个执行电动机以及熔断丝等元器件组成。其控制开关分别是:座椅靠背倾角调节开关、滑动开关、升降开关和前排电动座椅腰部开关。其执行电动机分别是:前排电动座椅靠背倾角位置电动机、前排电动座椅滑动位置电动机、前排电动座椅升降位置电动机和前排电动座椅腰部支撑电动机。我们下面以前排电动座椅靠背倾角位置电动机的工作电路为例来进行分析。

(1) 前排电动座椅靠背向前倾斜时电动机工作电流流向

30A P-SEAT 熔断丝→前排电动座椅开关 T3 的 8 号端子→座椅靠背倾角调节开关"后"开关→前排电动座椅开关 T3 的 9 号端子→中间插接器 WT1 的 2 号端子→前排电动座椅靠背倾角位置电动机 W1 的 1 号端子→电动机 W1→前排电动座椅靠背倾角位置电动机 W1 的 4 号端子→前排电动座椅开关 T3 的 10 号端子→座椅靠背倾角调节开关"前"开关→前排电动座椅开关 T3 的 11 号端子→LB 搭铁点搭铁。

(2) 前排电动座椅靠背向后倾斜时电动机工作电流流向

30A P-SEAT 熔断丝→前排电动座椅开关 T3 的 8 号端子→座椅靠背倾角调节开关"前"开关→前排电动座椅开关 T3 的 10 号端子→前排电动座椅靠背倾角位置电动机 W1 的 4 号端子→电动机 W1→前排电动座椅靠背倾角位置电动机 W1 的 1 号端子→中间插接器 WT1 的 2 号端子→前排电动座椅开关 T3 的 9 号端子→座椅靠背倾角调节开关"后"开关→前排电动座椅开关 T3 的 11 号端子→LB 搭铁点搭铁。

电动座椅其他位置调节电动机的工作电流流向分析方法与靠背倾角位置电动机的工作电流分析方法相同,故不作重复分析。

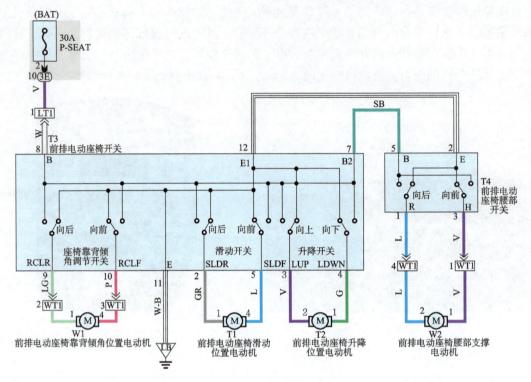

图3-12 丰田卡罗拉汽车电动座椅控制电路

3.2 在线测验

3.2 在线测验试题

3.3 任务实施——本田思铂睿汽车电动座椅正确使用及检查

3.3.1 任务准备

①本田思铂睿汽车1辆，车辆开进作业工位并做好车辆防护。
②本田思铂睿汽车电路图册1本。
③万用表1只。
④常规工具1套、连接导线。
⑤充电机1台。
⑥作业记录单。

3.3.2 电动座椅正确使用

汽车电动座椅使用注意事项视频如图 3-13 所示。

图 3-13　汽车电动座椅使用注意事项视频

1) 电动座椅角度调节

图 3-14 所示为本田思铂睿汽车电动座椅正确使用视频，电动座椅可以实现座椅位置前后滑动、座椅位置升降、靠背倾角调节以及靠背腰部支撑等调节。宝马 3 系汽车电动座椅正确使用视频如图 3-15 所示。

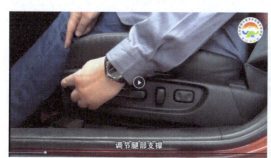

图 3-14　本田思铂睿汽车电动座椅正确使用视频

图 3-15　宝马 3 系汽车电动座椅正确使用视频

2) 座椅加热功能使用

图 3-16 所示为本田思铂睿汽车电动座椅加热功能正确使用视频。在使用座椅加热功能时，先打开点火开关，然后按下对应侧的座椅加热开关的"HI"（高温）或"LO"（低

温）端，即可实现座椅加热了。当按下座椅加热开关时，对应端的指示灯就会马上点亮，表明座椅加热器正在开始加热。在使用座椅加热器时应该注意座椅上不要覆盖任何物品，否则会使座椅温度过高以至出现灼伤等情况。一般建议客户尽量少使用座椅加热器或者不要长时间使用座椅加热器。

图3-16　本田思铂睿汽车电动座椅加热功能正确使用视频

3）座椅通风功能使用

图3-17所示为本田思铂睿汽车电动座椅通风功能正确使用视频。按下通风开关，座椅通风功能开启。本田思铂睿座椅通风功能为吸风式。

图3-17　本田思铂睿汽车电动座椅通风功能正确使用视频

3.3.3　电动座椅记忆功能设置

图3-18所示为本田思铂睿汽车电动座椅位置记忆按钮。座椅位置记忆功能只能在车辆停止时才能使用。

①将点火开关切换至"ON（Ⅱ）"的位置。

②座椅位置存储记忆。按下控制板上的设定按钮（SET），将听到一声蜂鸣音，同时记忆按钮1和2会同时闪烁，立刻按住某一记忆按钮（1或2）直至听到两声蜂鸣音，记忆按钮内的指示灯将会亮起，座椅位置记忆完成，驾驶员座位的当前位置即被储存。

注意：每个记忆按钮只能储存一个驾驶位置，每储存一个新的位置，就会将以前储存

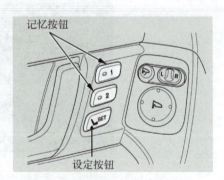

图3-18　本田思铂睿汽车电动座椅位置记忆按钮

在该按钮上的设定取消。

③座椅位置恢复记忆。当需要选择恢复记忆位置时，确认排挡杆处于 P 挡位，然后按下对应记忆按钮 1 或者 2 即可恢复记忆。在移动过程中，所选择的记忆按钮内的指示灯将会闪烁。完成调节后，会听到两声蜂鸣音，而指示灯将保持点亮。

本田思铂睿汽车电动座椅位置记忆功能操作视频如图 3-19 所示，宝马 3 系汽车电动座椅记忆功能操作视频如图 3-20 所示。

图 3-19　本田思铂睿汽车电动座椅位置记忆功能操作视频

图 3-20　宝马 3 系汽车电动座椅记忆功能操作视频

3.3.4　电动座椅熔断丝检查

①查找仪表板熔断丝盒上的 20A 的 B36 号熔断丝和 20A 的 B15 号熔断丝。

②在点火开关处于任何挡位的情况下，20A 的 B36 号和 20A 的 B15 号熔断丝两端应该均有 12V 以上的电压，熔断丝的检查视频如图 3-21 所示。

图 3-21　本田思铂睿汽车电动座椅熔断丝检查视频

3.3.5 电动座椅开关检查

以驾驶员侧电动座椅前后滑动开关为例,开关外形及端子编号如图3-22所示。对照表3-1,完成驾驶员侧电动座椅前后滑动开关端子的检查。如果检查结果与表中不符,则需要更换电动座椅调节开关。

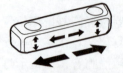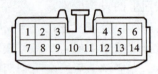

图3-22 驾驶员侧电动座椅调节开关外形及连接器端子编号

表3-1 驾驶员侧电动座椅前后滑动开关端子的检查

开关状态	测试方法	测试端子	规定条件
常态	测量电阻	驾驶员侧电动座椅开关T3的2号端子和5号端子	导通
	测量电阻	驾驶员侧电动座椅开关T3的2号端子和11号端子	导通
	测量电阻	驾驶员侧电动座椅开关T3的5号端子和11号端子	导通
向前滑动	测量电阻	驾驶员侧电动座椅开关T3的5号端子和8号端子	导通
向后滑动	测量电阻	驾驶员侧电动座椅开关T3的2号端子和8号端子	导通

3.4 电动座椅常见故障及原因分析

汽车电动座椅系统的常见故障主要有座椅电动调节功能失效、座椅加热功能失效、座椅位置记忆功能失效等。电动座椅常见故障及原因分析视频如图3-23所示,电动座椅完全不工作故障视频如图3-24所示,电动座椅某个方向不工作故障视频如图3-25所示。故障现象及故障原因如表3-2所示。

图3-23 电动座椅常见故障及原因分析视频

图3-24 电动座椅完全不工作故障视频

图 3-25 电动座椅某个方向不工作故障视频

表 3-2 汽车电动座椅系统常见故障现象及故障原因

故障现象	故障原因
座椅电动调节功能失效	1. 系统熔断丝故障; 2. 座椅调节开关故障; 3. 座椅调节电动机故障; 4. 线束故障等
座椅加热功能失效	1. 系统熔断丝故障; 2. 加热器继电器故障; 3. 座椅加热开关故障; 4. 座椅加热器故障; 5. 线束故障等
座椅位置记忆功能失效	1. 系统熔断丝故障; 2. 座椅位置储存开关故障; 3. 座椅位置传感器故障; 4. 电动座椅 ECU 故障; 5. 线束故障等

3.5 拓展提升——上海大众帕萨特汽车带记忆功能电动座椅系统特点

1) 拓展任务

李小明完成了邱先生本田思铂睿汽车电动座椅失效故障的维修接待工作。休息了一会儿,他还想多了解一些其他品牌汽车存储式电动座椅,以便在今后的工作中能够更加自如地应付客户的问题,于是他向在上汽大众4S店工作的同学要了一些资料开始学习。

2) 上汽大众帕萨特汽车带记忆功能电动座椅系统组成及安装位置

上汽大众帕萨特汽车带记忆功能的电动座椅电路原理如图 3-26 所示,各元件的编号、名称及安装位置如表 3-3 所示。

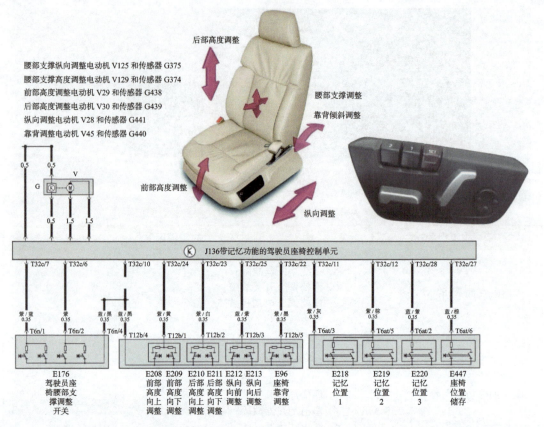

图 3-26 上汽大众帕萨特汽车带记忆功能的电动座椅电路原理

表 3-3 上汽大众帕萨特汽车带记忆功能的电动座椅系统各元件的编号、名称及安装位置

序号	编号	名称	安装位置	实物照片
1	J136	带记忆功能的驾驶员座椅控制单元	驾驶员座椅底部	
2	E176	驾驶员座椅腰部支撑调整开关	驾驶员座椅左侧饰板前部	
3	E208、E209、E210、E211、E212、E213	驾驶员座椅高度及前后调整按钮	驾驶员座椅左侧饰板上	
4	E96	座椅靠背调整开关	驾驶员座椅左侧饰板上	

续表

序号	编号	名称	安装位置	实物照片
5	E218、E219、E220、E447	记忆位置按钮及储存按钮	驾驶员座椅左侧饰板上	
6	V28、V29、V30、V45、V125、V129	驾驶员座椅调整电动机	驾驶员座椅底部	
7	G441、G438、G439、G440、G375、G374	驾驶员座椅位置传感器	驾驶员座椅底部，与各个电动机安装在一起	

3）上汽大众帕萨特汽车带记忆功能电动座椅系统工作过程

上汽大众帕萨特汽车带记忆功能电动座椅系统受 J136（带记忆功能的驾驶员座椅控制单元）控制。开关信号输入部分主要由 E176、E208、E209、E210、E211、E212、E96 等组成；传感器信号输入部分主要由 G441、G438、G439、G440、G375、G374 等组成；执行器部分主要由 V28、V29、V30、V45、V125、V129 等组成。

在调整座椅位置时，各个座椅位置开关把信号输入 J136 模块，然后 J136 控制相应的执行器电动机工作。当要设置座椅位置记忆功能时，按下位置储存按钮 E447，座椅位置传感器把记录的信号输送到 J136 控制模块，并在按下记忆位置按钮 E218、E219、E220 所对应的任意一个数字按钮时，座椅位置便在 J136 模块中记录下来。当需要调整记忆位置时，只需要按一下记忆位置按钮，J136 模块便能控制各个位置调整电动机工作，并且调整到储存记忆的位置。

上汽大众帕萨特汽车电动座椅正确使用视频如图 3-27 所示，帕萨特汽车电动座椅熔断丝检查视频如图 3-28 所示。

图 3-27 上汽大众帕萨特汽车电动座椅正确使用视频

图 3-28 上汽大众帕萨特汽车电动座椅熔断丝检查视频

学习任务 4　汽车电动后视镜系统认识及维护

 任务引入

电动后视镜系统可以方便驾驶员调整后视镜的位置，驾驶员只需在驾驶位置上操纵电动后视镜开关，就可获得理想的后视镜位置。现在大多汽车均配备电动后视镜系统，这就要求汽车营销与服务技术从业人员具备电动后视镜系统组成、基本工作原理等相关的基础知识，能够与客户就电动后视镜正确操作、常见检查、常见故障及原因进行沟通。

 任务描述

李小明在某丰田汽车 4S 店做维修接待工作。有一天，车主王先生开着他的卡罗拉汽车来店里维修，王先生反映该车出现左侧电动后视镜不能动的情况。

假如你是小明，请你接待王先生，完成王先生左侧后视镜的检查，并为王先生介绍汽车电动后视镜系统的组成及工作原理，与王先生完成关于左侧电动后视镜故障的初步沟通。

 学习目标

①能描述汽车电动后视镜系统的组成及各元件的作用。
②能描述汽车电动后视镜系统的基本工作原理。
③能利用电动后视镜的选择开关和调整开关进行电动后视镜调整操作。
④能对照丰田卡罗拉汽车电动后视镜系统电路图找出电动后视镜系统中各元件的安装位置，并描述丰田卡罗拉汽车电动后视镜系统的工作过程。
⑤能查阅维修资料，对丰田卡罗拉汽车电动后视镜系统的熔断丝、开关、电动机实施检查。
⑥能与客户就电动后视镜系统的常见故障进行沟通。
⑦能借助维修资料，学习其他车型电动后视镜系统相关知识和技能。

4.1 相关知识

4.1.1 电动后视镜作用

车外两侧的后视镜有助于驾驶员观察车辆后方和两侧的情况，对驾驶员安全行车和驻车都非常重要。电动后视镜系统是指车外两侧的后视镜可以通过电动方式实现调整，大大方便了驾驶员。其主要体现在：

①驾驶员正在行车时，通过后视镜调整按钮对左、右两侧电动后视镜的角度进行调整，获得良好的后方视野。

②驾驶员在倒车时，通过电动后视镜下翻调整功能，观察车辆与路沿的距离，避免出现剐蹭。

4.1.2 电动后视镜系统组成

汽车电动后视镜系统一般由镜片、驱动电动机、控制电路及操纵开关等组成，如图4-1所示。

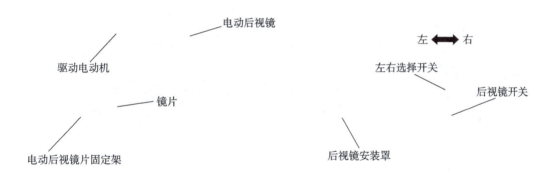

图4-1 电动后视镜系统组成

每个后视镜镜片背后都有两个可逆电动机，可操纵镜片上、下及左、右转动。通常上、下方向，左、右方向的转动各由一个永磁电动机控制。通过改变电动机的电流方向，即可完成后视镜镜片的上、下及左、右调整。有的电动后视镜还带有伸缩功能，由伸缩开关控制电动机工作，使整个后视镜回转伸出或缩回。电动后视镜的调整如图4-2所示。

图4-2 电动后视镜的调整

4.1.3 电动后视镜系统基本工作原理

电动后视镜系统的控制电路原理如图 4-3 所示，电动后视镜开关由选择开关和调整开关组成，选择开关用来选择调整左侧或右侧后视镜，调整开关有上、下、左、右四个挡位。每个电动后视镜镜片背后装有两个永磁电动机，其中一个电动机能使后视镜镜片上、下偏转；另一个能使后视镜镜片左、右偏转，同时两侧后视镜还具有加热除雾功能。

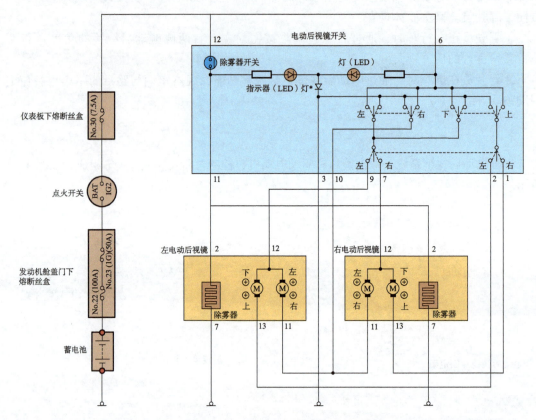

图 4-3 电动后视镜系统的控制电路原理

这里以"左侧后视镜向左调整""右侧后视镜向下调整"为例来说明电动后视镜的调整过程。

左侧后视镜向左调整：此时选择开关左侧接通，调整开关向左接通。其电流流向为：蓄电池+→发动机舱盖门下熔断丝盒→点火开关→仪表板下熔断丝盒→后视镜控制开关端子6→后视镜控制开关端子9→左电动后视镜电动机端子12→左电动后视镜电动机端子11→后视镜控制开关端子10→后视镜控制开关端子3→搭铁。

右侧后视镜向下调整：此时选择开关右侧接通，调整开关向下接通。其电流流向为：蓄电池+→发动机舱盖门下熔断丝盒→点火开关→仪表板下熔断丝盒→后视镜控制开关端子6→后视镜控制开关端子7→右电动后视镜电动机端子12→右电动后视镜电动机端子13→后视镜控制开关端子1→后视镜控制开关端子3→搭铁。

4.1.4 后视镜其他技术

1）电动后视镜加热功能

电动后视镜加热功能是指当汽车在雨、雪、雾等天气里行驶时,后视镜可以通过镶嵌于镜片后的电热丝加热,确保镜片表面清晰。其工作原理非常简单,而且成本也不是很高,就是在两侧后视镜的镜片内安装一个电热片(电热膜),在雨、雪天气时,驾驶员可打开后视镜电加热功能(后视镜加热开关如图4-4所示),电热片会在几分钟内迅速加热至一个固定的温度,一般在35~60℃,从而收到除雾除霜的效果。

图4-4 电动后视镜加热开关

2）电动后视镜的折叠功能

电动后视镜的折叠功能是指汽车两侧的后视镜在车辆通过狭窄路段或停车时可以收缩起来。按下折叠开关,后视镜就可以折叠收缩,通过狭窄路段时可提高车辆的通过性,停车时可缩小停车泊位空间,也能有效保护镜面,避免后视镜与物体剐蹭。大多数车辆的后视镜折叠按钮位于驾驶员座位控制玻璃升降按钮区域附近,如图4-5所示。

图4-5 电动后视镜的折叠开关

3）电动后视镜防眩目功能

电动后视镜防眩目功能是指后方车辆前照灯的强光照射车内反射镜而使驾驶员感到"晃眼"时,两侧后视镜及车内后视镜的镜面会自动变暗,为驾驶员提供一个安全的驾驶环境,有关视频如图4-6所示。

图4-6 本田思铂睿汽车后视镜防眩目功能演示视频

自动防眩目后视镜的工作原理是：车内后视镜上装有两个光敏二极管，一个安装在后视镜正面，一个安装在背面，它们分别接收汽车前面及后面射来的光线。当后车的前照灯光线射在车内后视镜上时，从两个光敏二极管的信号比较可以判断后面的光线强于前面的光线，于是电子控制器就会施加电压给两侧后视镜及车内后视镜镜面的电离层，将它们的颜色变深，后面射来的强光就会被镜面吸收掉很大一部分，余下反射到驾驶员眼内的光线就变得柔和很多，驾驶员就不会感到"晃眼"了。

4.1.5 丰田卡罗拉汽车系统电动后视镜系统电路

图4-7所示为丰田卡罗拉汽车电动后视镜系统电路（带折叠功能），ACC熔断丝控制两侧后视镜的供电，后视镜控制开关为组合式开关，由后视镜选择开关和后视镜调整开关组成，下面以"左侧后视镜向右调整""右侧后视镜向上调整""后视镜折叠"为例来说明其工作过程。

左侧后视镜向右调整：使后视镜选择开关的"左侧"触点闭合，使调整开关的"向右"触点闭合。此时电流方向为：蓄电池正极→ACC熔断丝→E25车外后视镜开关总成端子21→E25车外后视镜开关总成端子7→左侧车外后视镜总成端子11→电动机→左侧车外后视镜总成端子10→E25车外后视镜开关总成端子17→E25车外后视镜开关总成端子10→4号接线连接器→搭铁。

右侧后视镜向上调整：使后视镜选择开关的"右侧"触点闭合，使调整开关的"向上"触点闭合，其电流方向为：蓄电池正极→ACC熔断丝→E25车外后视镜开关总成端子21→E25车外后视镜开关总成端子24→右侧车外后视镜总成端子6→电动机→右侧车外后视镜总成端子11→E25车外后视镜开关总成端子4→E25车外后视镜开关总成端子10→4号接线连接器→搭铁。

后视镜折叠：使折叠开关的"折叠"挡位闭合，其电流方向为：蓄电池正极→ACC熔断丝→E25车外后视镜开关总成端子21→E25车外后视镜开关总成端子15/16→左侧车外后视镜总成端子2/右侧车外后视镜总成端子2→左侧折叠电动机/右侧折叠电动机→左侧车外后视镜总成端子1/右侧车外后视镜总成端子1→E25车外后视镜开关总成端子5/6→E25车外后视镜开关总成端子10→4号接线连接器→搭铁。

图4-8所示为丰田卡罗拉汽车电动后视镜系统电路（不带折叠功能），其工作原理与带折叠功能的相似，这里不再赘述。

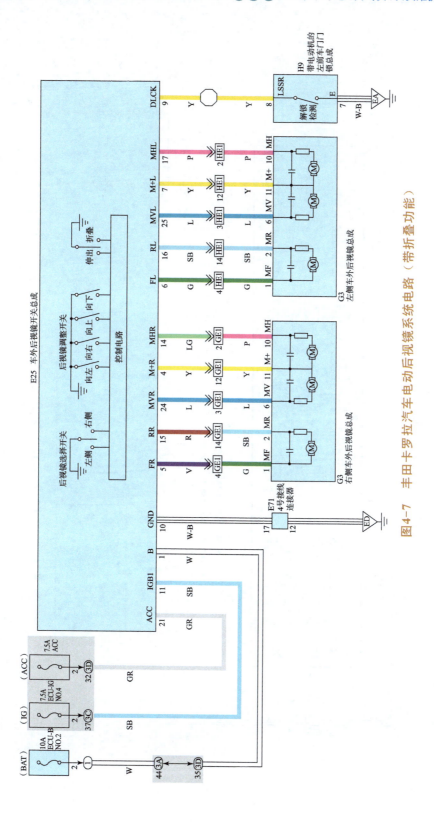

图4-7 丰田卡罗拉汽车电动后视镜系统电路（带折叠功能）

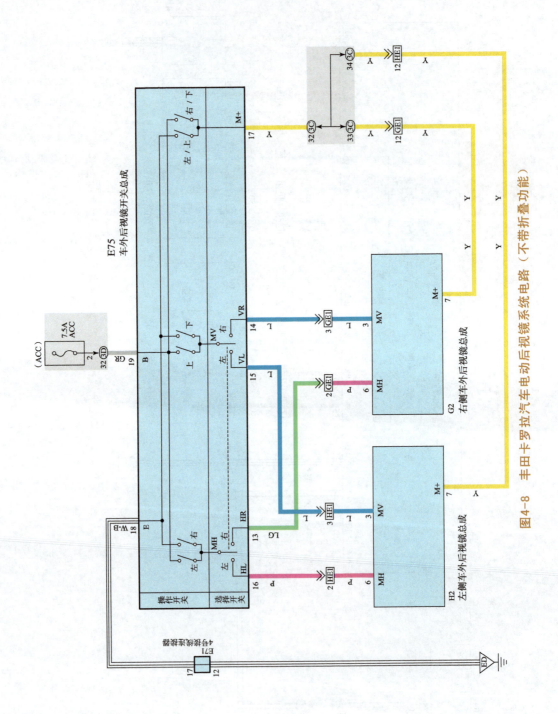

图4-8 丰田卡罗拉汽车电动后视镜系统电路（不带折叠功能）

4.2 在线测验

4.2 在线测验试题

4.3 任务实施——丰田卡罗拉汽车电动后视镜正确使用及检查

4.3.1 任务准备

①丰田卡罗拉汽车 1 辆,车辆开进作业工位并做好车辆防护。
②丰田卡罗拉汽车电路图册 1 本。
③万用表 1 只。
④常规工具 1 套、连接导线。
⑤充电机 1 台。
⑥作业记录单。

4.3.2 电动后视镜正确使用

车外后视镜的选择开关是 L、R,调整开关是上、下、左、右四个按钮,先操作选择开关、后操作调整开关可使车外两个后视镜相应地做上、下、左、右运动。

电动后视镜使用中的问题讨论视频如图 4-9 所示,丰田卡罗拉汽车电动后视镜正确使用视频如图 4-10 所示,本田思铂睿汽车电动后视镜正确使用视频如图 4-11 所示,宝马 3 系汽车电动后视镜正确使用视频如图 4-12 所示。

图 4-9 电动后视镜使用中的问题讨论视频

图 4-10　丰田卡罗拉汽车电动后视镜正确使用视频

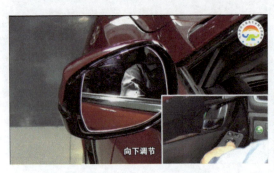

图 4-11　本田思铂睿汽车电动后视镜正确使用视频

图 4-12　宝马 3 系汽车电动后视镜正确使用视频

4.3.3　电动后视镜熔断丝检查

在点火开关接通至点火挡情况下，检查 ACC、BAT 和 IG 三个熔断丝，熔断丝两端均应该有 12V 以上的电压。丰田卡罗拉汽车电动后视镜熔断丝检查视频如图 4-13 所示。本田思铂睿汽车电动后视镜熔断丝检查视频如图 4-14 所示。

图4-13　丰田卡罗拉汽车电动后视镜熔断丝检查视频

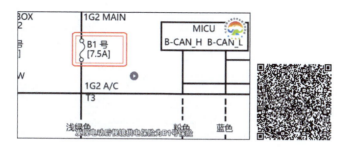

图4-14　本田思铂睿汽车电动后视镜熔断丝检查视频

4.3.4　电动后视镜开关检查

丰田卡罗拉汽车电动后视镜开关（不带折叠功能）的端子如图4-15所示。

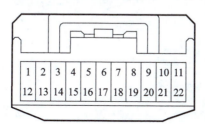

图4-15　丰田卡罗拉汽车电动后视镜开关（不带折叠功能）的端子

电动后视镜左侧和右侧的检查标准分别如表4-1、表4-2所示。

表4-1　左侧后视镜开关（不带折叠功能）的导通性标准

端子	开关位置	规定情况
—	关	不导通
19-16 17-18	左	导通
19-17 16-18	右	导通

续表

端子	开关位置	规定情况
19－15 17－18	上	导通
19－17 15－18	下	导通

表4－2　右侧后视镜开关（不带折叠功能）的导通性标准

端子	开关位置	规定情况
—	关	不导通
19－13 17－18	左	导通
19－17 13－18	右	导通
19－14 17－18	上	导通
19－17 14－18	下	导通

如果结果不符合规定，则更换开关总成。丰田卡罗拉汽车电动后视镜开关检查视频如图4－16所示，本田思铂睿汽车电动后视镜开关检查视频如图4－17所示。

图4－16　丰田卡罗拉汽车电动后视镜开关检查视频

图4－17　本田思铂睿汽车电动后视镜开关检查视频

4.3.5 电动后视镜电动机检查

电动后视镜电动机的检查首先是检查电动机的电阻是否符合26Ω左右的标准值；其次是把蓄电池的正、负极分别接至后视镜电动机连接器端子，电动能够正常运转。电动后视镜电动机（不带折叠功能）的端子如图4-18所示。

按照表4-3所示把蓄电池正、负极分别接在各端子之间，检查电动机的工作情况。电动后视镜电动机检查视频如图4-19、图4-20所示。

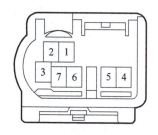

图4-18 电动后视镜电动机（不带折叠功能）的端子

表4-3 电动后视镜电动机（不带折叠功能）的检查标准

端子 位置	3	6	7
LEFT		+	−
RIGHT		−	+
UP	+		−
DOWN	−		+

图4-19 丰田卡罗拉汽车电动后视镜左、右电动机检查视频

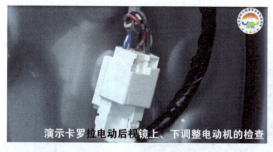

图4-20 丰田卡罗拉汽车电动后视镜上、下电动机检查视频

4.4 电动后视镜常见故障及原因分析

汽车电动后视镜常见故障有两侧电动后视镜均不能动、一侧电动后视镜不能动、一侧

电动后视镜上下/左右方向不能动,其原因分析如表 4-4 所示。

表 4-4　电动后视镜的常见故障现象及故障原因

故障现象	故障原因
两侧电动后视镜均不能动	(1) 熔断丝熔断; (2) 搭铁不良; (3) 后视镜开关损坏; (4) 后视镜电动机损坏; (5) 电路断路
一侧电动后视镜不能动	(1) 后视镜开关损坏; (2) 电动机损坏; (3) 搭铁不良; (4) 电路断路
一侧电动后视镜上下/左右方向不能动	(1) 上下/左右调整电动机损坏; (2) 搭铁不良

电动后视镜常见故障及原因分析视频如图 4-21 所示,电动后视镜完全不工作故障视频如图 4-22 所示,一侧电动后视镜不工作故障视频如图 4-23 所示。

图 4-21　电动后视镜常见故障及原因分析视频

图 4-22　电动后视镜完全不工作故障视频

图 4-23　一侧电动后视镜不工作故障视频

4.5　拓展提升——上汽大众帕萨特汽车电动后视镜系统特点

1）拓展任务

李小明认真细致地完成了李先生车辆的接待任务。休息时他忽然想知道其他品牌汽车电动后视镜系统到底与丰田卡罗拉汽车有何不同。于是，他向在上汽大众4S店工作的同学要了一些资料开始认真学习。

2）上汽大众帕萨特汽车电动后视镜系统组成及安装位置

上汽大众帕萨特汽车电动后视镜系统的电路原理如图4-24所示，各元件的编号、名称及安装位置如表4-5所示。

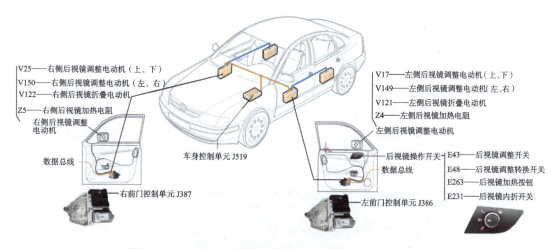

图 4-24　上汽大众帕萨特汽车电动后视镜系统的电路原理

表 4-5　上汽大众帕萨特汽车电动后视镜系统元件编号、名称及安装位置

序号	编号	名称	安装位置
1	E43	后视镜调整开关	驾驶员侧车门上
2	E48	后视镜调整转换开关	驾驶员侧车门上

续表

序号	编号	名称	安装位置
3	E231	后视镜内折开关	驾驶员侧车门上
4	E263	后视镜加热按钮	驾驶员侧车门上
5	V17	左侧后视镜调整电动机（上、下）	左侧外后视镜内
6	V149	左侧后视镜调整电动机（左、右）	左侧外后视镜内
7	V121	左侧后视镜折叠电动机	左侧外后视镜内
8	Z4	左侧后视镜加热电阻	左侧外后视镜内
9	V25	右侧后视镜调整电动机（上、下）	右侧外后视镜内
10	V150	右侧后视镜调整电动机（左、右）	右侧外后视镜内
11	V122	右侧后视镜折叠电动机	右侧外后视镜内
12	Z5	右侧后视镜加热电阻	右侧外后视镜内

3）上汽大众帕萨特汽车电动后视镜系统工作过程

在上汽大众帕萨特汽车的电动后视镜系统控制电路中，通过 E48 开关来选择左侧或右侧后视镜，通过 E43 开关调整后视镜的水平或垂直方向的位置。

左侧或右侧后视镜的调整是由 J386、J387 控制单元输出的控制电压驱动后视镜内部相应的电动机进行正转或反转来实现的。而 J386 与 J387 控制单元之间的联系是通过两根 CAN 数据传输线来实现的。

在点火开关接通的状态下接通后视镜加热器开关，后视镜加热电阻 Z4 就会通电工作，除去后视镜玻璃上的霜雾。

上汽大众帕萨特汽车电动后视镜正确使用视频如图 4-25 所示，上汽大众帕萨特汽车电动后视镜操作开关检查视频如图 4-26 所示，上汽大众帕萨特汽车电动后视镜左、右电动机检查视频如图 4-27 所示，上汽大众帕萨特汽车电动后视镜上、下调整电动机检查视频如图 4-28 所示。

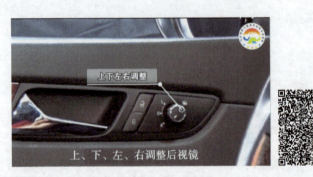

图 4-25　上汽大众帕萨特汽车电动后视镜正确使用视频

图 4-26　上汽大众帕萨特汽车电动后视镜操作开关检查视频

图 4-27　上汽大众帕萨特汽车电动后视镜左、右电动机检查视频

图 4-28　上汽大众帕萨特汽车电动后视镜
上、下调整电动机检查视频

学习任务 5　汽车刮水器及清洗器认识及维护

汽车刮水器及清洗器主要用于确保驾驶员在雨天、雪天和雾天有良好的视线，因此刮水器及清洗器对行车安全至关重要。随着汽车技术的发展，汽车刮水技术也得到了发展，

目前少量高档汽车已经配备了智能刮水器。这就要求汽车营销与服务技术从业人员具备汽车刮水器及清洗器组成、基本操作和维护相关的基础知识和基本技能，能够与客户就汽车刮水器及清洗器的常见故障进行沟通。

李小明在某丰田汽车4S店做维修接待工作两年了。有一天，客户陈先生开着一辆丰田卡罗拉汽车来到4S店，陈先生反映他车的刮水器只能在低速挡刮水，在高速挡无法刮水，且喷水挡也无法工作。

假如你是小明，请你负责该车辆的接待工作，为陈先生介绍汽车刮水器及清洗器的组成、功能及正确使用方法，并完成汽车刮水器及清洗器的初步检查，与陈先生就刮水器及清洗器的故障进行初步沟通。

①能描述汽车刮水器、清洗器、前照灯清洗装置的组成。
②能描述汽车刮水器、清洗器、雨量自动感应功能、前照灯清洗功能的工作过程。
③能描述常见车型刮水器及清洗器电路图。
④能描述汽车刮水器、清洗器的常见故障并能分析其原因。
⑤能在丰田卡罗拉汽车上准确找到汽车刮水器、清洗器各部件，并能准确描述其安装位置。
⑥能指导客户正确使用刮水器、清洗器，以及前照灯清洗、雨量自动感应等功能。
⑦能查阅维修资料，实施丰田卡罗拉汽车刮水器、清洗器熔断丝、开关、电动机的检查。
⑧能与客户就刮水器、清洗器的常见故障进行沟通。

5.1 相关知识

5.1.1 汽车刮水器认识

1）刮水器作用

汽车刮水器的作用是用来清除风窗玻璃上的雨水、雪或者尘土，以确保驾驶员有良好的视线。汽车刮水器开关各挡位如图5-1所示。

2）刮水器类型

因驱动装置不同，刮水器的发展经历了手动、真空、气动以及电动等过程，目前的汽车刮水系统均为电动系统。

不同车型的刮水及清洗系统在设计、布置上有较大的差别，但大多数清洗系统结合在一起形成一个系统，有些两厢轿车、商务车和运动型多用途车上还有一个独立运行的后刮水和清洗系统。

尽管在设计和布置上存在差别，但所有车型的前风窗刮水系统和后风窗刮水系统的工作原理类似。

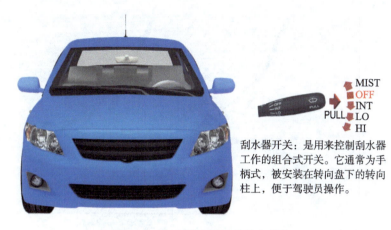

刮水器开关：是用来控制刮水器工作的组合式开关。它通常为手柄式，被安装在转向盘下的转向柱上，便于驾驶员操作。

图 5-1　汽车刮水器开关的各挡位

3）刮水器组成

（1）拉杆传动式

拉杆传动式刮水器主要由直流电动机、蜗轮、蜗杆、拉杆、摆杆和刷架等组成。一般电动机和蜗杆结合成一体组成刮水器电动机总成。拉杆和摆杆等杆件可以把蜗轮的旋转运动转变为摆杆的往复摆动，使摆杆上的刮水片实现刮水动作，如图 5-2 所示。

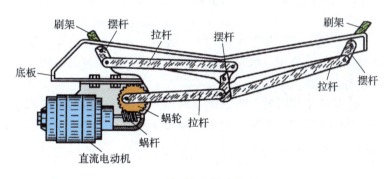

图 5-2　刮水器的组成

（2）柔性齿条式

图 5-3 所示为新型柔性齿条式刮水器，与拉杆传动式刮水器相比，具有体积小、噪声低等优点，而且可将刮水器电动机总成安装在空间较大的地方，便于维修。

电动机驱动的蜗轮轴上有一个曲柄销，它驱动连杆机构，而连杆和一个装在硬管里的柔性齿条连接，因此，在连杆运转时，齿条会做往复运动，齿条的往复运动带动齿轮箱中的小齿轮往复运动，从而驱动刮水片往复摆动。

4）刮水器电动机结构及工作原理

刮水器一般采用变速电动机，刮水器的变速是利用直流电动机的变速原理来实现的。一般刮水器电动机有绕线式和永磁式两种，绕线式刮水器电动机的磁极绕有励磁绕组，通电流时产生磁场，而永磁式刮水器电动机的磁极用永久磁铁制成，目前应用较多的是永磁式。

（1）永磁式刮水器电动机

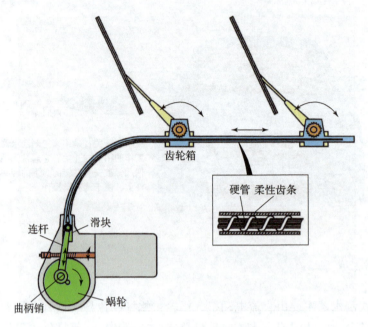

图 5-3 柔性齿条式刮水器

永磁式刮水器电动机由于体积小、质量轻、结构简单、故障率低等优点而得到广泛的应用。

永磁式刮水器电动机的结构如图 5-4（a）所示，主要由外壳及磁铁总成、电枢、电刷安装板及复位开关、输出齿轮及蜗轮、输出臂等组成，通电时电枢转动，经蜗轮和输出齿轮及输出轴，把动力传给输出臂。

永磁式刮水器电动机使用带有一个低速电刷和一个高速电刷的永磁式电动机，电刷把蓄电池与电动机内部的线圈连接起来，两个电刷提供两种不同的电动机转速，与接地电刷相对的是低速电刷，高速电刷与低速电刷之间呈 60°转角，如图 5-4（b）所示。

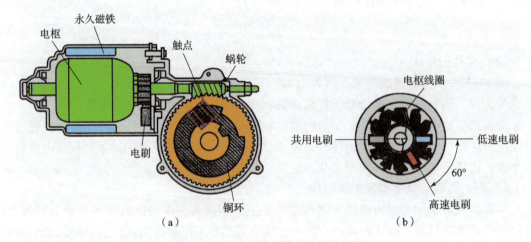

图 5-4 永磁式刮水器电动机的结构

（2）刮水器电动机复位过程

刮水器电动机一般有低速刮水和高速刮水两个挡位，且在任意时刻刮水结束后刮水片应能自动回到挡风玻璃最下端,这称为刮水器电动机的自动复位功能。

如图 5-5 所示,当接通电源开关,并把刮水器开关拉出到"Ⅰ"挡(低速)位置时,电流从蓄电池正极→电源开关→熔断丝→电刷 B_3→电枢绕组→电刷 B_1→刮水器开关接线柱②→接触片→刮水器开关接线柱③→搭铁→蓄电池负极,构成回路,电动机以低速运转。

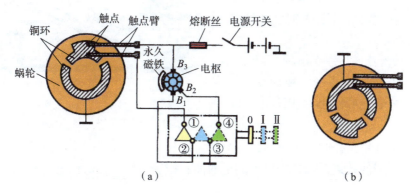

图 5-5 刮水器的铜环式自动复位装置

把刮水器开关拉出到"Ⅱ"挡(高速)位置时,电流从蓄电池正极→电源开关→熔断丝→电刷 B_3→电枢绕组→电刷 B_2→刮水器接线柱④→接触片→刮水器接线柱③→搭铁→蓄电池负极,构成回路,电动机以高速运转。

当把刮水器开关退回到"0"挡时,如果刮水片没有停到规定的位置,由于触点与铜环相接触[图 5-5 (b)],所以电流继续流入电枢,其电路为蓄电池正极→电源开关→熔断丝→电刷 B_3→电枢绕组→电刷 B_1→接线柱②→接触片→接线柱①→触点臂→铜环→搭铁→蓄电池的负极。由此可以看出,电动机仍以低速运转直至蜗轮旋转到如图 5-5 (a)所示的特定位置,电路中断。由于电枢的运动惯性,电动机不能立即停止转动,此时电动机以发电机方式运行。因为此时电枢绕组通过触点臂与铜环接通而短路,所以电枢绕组将产生强大的制动力矩,电动机迅速停止运转,使刮水片复位到风窗玻璃的下部。

(3)刮水器电动机间歇刮水原理

汽车在小雨和雾天行驶时,为了能根据不同的雨量和天气状况使风窗玻璃上的水分和灰尘不能形成发黏的表面,现代汽车的刮水器都具有间歇刮水功能,即刮水器能按照一定的周期自动停止和刮拭,每一次刮水后停止 2~12s,这样可以使驾驶员获得更好的视线。

刮水器的间歇控制一般是利用自动复位装置和电子振荡电路或集成电路实现的,其间歇时间的长短取决于由电阻 R 和电容 C 组成的电子振荡电路充电时间常数的大小,通常将电阻 R 做成可调电阻,由驾驶员通过刮水器开关来进行调整。

5.1.2 风窗清洗器认识

1)风窗清洗器作用

风窗清洗器与刮水器配合使用,可以使汽车风窗刮水器更好地完成刮水工作并获得更好的刮水效果。

2)风窗清洗器组成

风窗清洗器的组成如图 5-6 所示，主要由储液罐、洗涤泵、软管、喷嘴等组成，大多数汽车使用容积式或者离心式洗涤泵，洗涤泵位于储液灌中，通过安装在刮水组合开关上的瞬时接触开关得电。洗涤泵一般由永磁直流电动机和离心叶片泵组装成一体，在离心叶片泵的进口处设置有滤清器。

3）风窗清洗器使用注意事项

①洗涤泵喷嘴喷水直径一般为 0.8 ~ 1.0mm，如有堵塞，可使用专用工具进行喷嘴疏通。

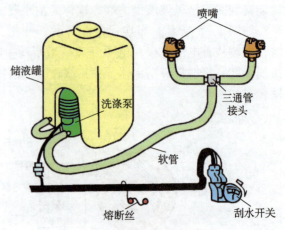

图 5-6 风窗清洗器的组成

②洗涤泵的连续工作时间不应超过一分钟，以防电动机长时间工作而被损坏。

③为了增强清洗效果，刮掉挡风玻璃上的油、蜡等污物；在清洗液中应加入少量的去垢剂和防锈剂。

④冬季气温较低时，应使用凝点低的清洗液。冬季为了防止清洗液的冻结，应根据本地区冬季的最低气温选择对应的专用玻璃清洗液。

⑤风窗玻璃处于干燥的状态时，请勿使用刮水器，否则可能损坏风窗玻璃。

5.1.3　前照灯清洗装置认识

1）前照灯清洗装置作用

前照灯清洗装置的作用是保障前照灯的足够照明并给予驾驶员清晰的视线。

汽车在夜晚或光线较暗的地方行驶时，雨水和尘埃会将前照灯的照明度减少 90%，这使驾驶员的视线受到严重影响，对行驶安全来说，存在较大的隐患。前照灯清洗装置为解决这一问题提供了简单而有效的方法。现在许多国家的法律都作出规定，要求在汽车上必须安装前照灯清洗装置。

前照灯清洗装置主要用在使用氙气灯的车辆上，这是因为氙气灯亮度非常高，会导致对方车辆驾驶员看不清，因此一般氙气灯都配有透镜，把灯光调整到一个合理的角度，不至于影响对方驾驶员，从而保证行车安全。但如果灯罩上有泥水、垃圾等，就会影响前照灯光线的散射，因此需要进行清洗。

2）前照灯清洗装置结构

前照灯清洗装置就是在前照灯的下方有一个出水口，随时可以清洗前照灯灯罩上的灰尘及污渍。

前照灯清洗装置一般安装在汽车保险杠上，也可使用可伸缩的延伸喷嘴支架，使其隐藏在保险杠内，如图 5-7 所示；也可以安装在前照灯下面，或前照灯附近下方。

3）前照灯清洗装置使用

对配备这项装置的车型来说，一般操作方法是与刮水器联动，在前照灯点亮的情况下，拉动刮水器操作杆保持 1~2s 后，前照灯清洗装置就开始工作，通过喷水清洗灯罩上的污垢。

近年来，一些车型的操作方法更为简洁，通过按动安装在仪表台下方的前照灯清洗装置的开关（图5-8）就可以直接对前照灯进行清洗，比与刮水器联动的操作方式要更加简洁。图5-9所示为宝马3系汽车前照灯清洗装置使用视频。

图5-7 前照灯清洗装置的安装位置

图5-8 前照灯清洗装置的开关

图5-9 宝马3系汽车前照灯清洗装置使用视频

5.1.4 雨量感知型刮水器认识

刮水器虽然能够实现间歇控制，但不能随雨量的变化及时调整刮水器的刮水频率。雨量感知型刮水器则能根据雨量的大小自动调节刮水器刮水频率，使驾驶员始终保持有良好的视线。

雨量感知型刮水器主要由雨量传感器、间歇刮水放大器和刮水器电动机组成，雨量感知型刮水器的组成如图5-10所示。

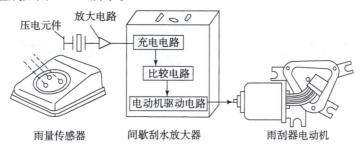

图5-10 雨量感知型刮水器组成

雨量传感器将雨量的大小转变为与之相对应的电信号。当雨量大时，压电元件产生的电信号强，充电电路电压达到基准电压值所需时间短，刮水器的工作间歇时间短；反之，雨量小时，压电元件产生的电压小，充电电路电压达到基准电压所需时间长，刮水器的工作间歇时间就长。当雨量很小，雨量传感器没有电压信号输出时，只有固定电流电路对充电电路进行充电，20 s 后充电电路的输出电压达到基准电压，刮水器动作一次。这样，雨量感知型刮水器就把刮水器的间歇时间控制在 0～20s，以适应不同雨量的需要。

雨量传感器的结构如图 5-11 所示。本田思铂睿汽车自动刮水器的操作视频如图 5-12 所示。

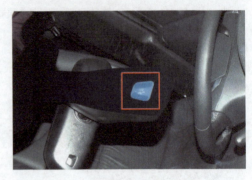

图 5-11　雨量传感器的结构

图 5-12　本田思铂睿汽车自动刮水器操作视频

5.1.5　丰田卡罗拉汽车刮水器及清洗器控制电路

图 5-13 所示为丰田卡罗拉汽车刮水器及清洗器控制电路，其控制开关有五个挡位，分别是点动挡（MIST）、停止复位挡（OFF）、间歇刮水挡（INT）、低速挡（LO）、高速挡（HI）；清洗开关有关闭和接通两个挡位；在间歇刮水挡时，间歇时间有四个挡位可调，各挡位工作电流分析如下。

（1）低速（点动）挡电流

25A WIP 熔断丝→刮水器开关"+B"端子→内部开关端子+B1→内部开关端子+1→刮水器开关"+1"端子→刮水器电动机"+1"端子→接地 E，形成回路，此时电动机低速运行。点动挡（MIST）时的工作电流与低速挡时的完全相同。

（2）高速挡电流

25A WIP 熔断丝→刮水器开关"+B"端子→内部开关端子+B1→内部开关端子+2→刮水器开关"+2"端子→刮水器电动机"+2"端子→接地 E，形成回路，此时电动机高速运行。

（3）间歇挡电流

当刮水器开关在间歇刮水（INT）位置时，晶体管电路 Tr1 先短暂导通，此时电流为：25A WIP 熔断丝→刮水器开关"+B"端子→继电器线圈→Tr1→端子 4→接地。线圈中产生磁场，使得继电器常闭触点 A 打开，常开触点 B 关闭。

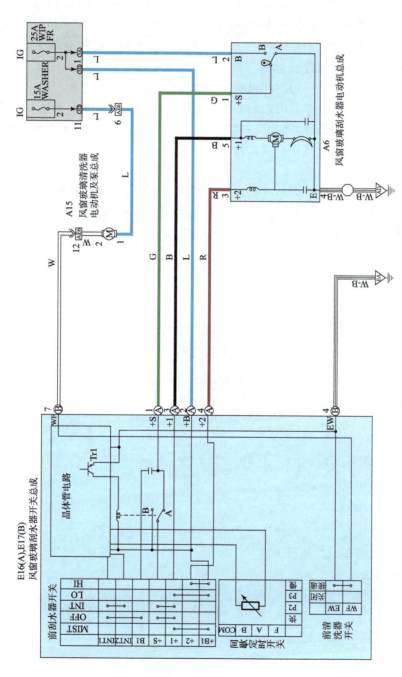

图5-13 丰田卡罗拉汽车刮水器及清洗器控制电路

这时电动机低速运转，间歇挡电流为：25A WIP 熔断丝→刮水器开关"+B"端子→继电器触点 B→内部开关端子+S→内部开关端子+1→刮水器开关"+1"端子→刮水器电动机"+1"端子→接地 E。

然后 Tr1 截止，继电器的触点 B 断开，触点 A 闭合；电动机转动时，凸轮开关的触点 A 断开，B 闭合，所以电流继续流至电动机的低速电刷，电动机低速运转，此时的电流为：25A WIP 熔断丝→刮水器电动机"B"端子→凸轮开关触点 B→刮水器电动机"+S"端子→刮水器开关"+S"端子→继电器触点 A→内部开关+S→内部开关+1→刮水器开关"+1"端子→刮水器电动机"+1"端子→接地 E。当刮水器转至停止位置时，凸轮开关 B 断开，A 接通，电动机停止运转。

刮水器电动机停止运转一段时间以后，晶体管电路 Tr1 再次短暂导通，刮水器重复间歇动作，其中的间歇时间调整器可以调整间歇时间的长短。间歇时间调整器安装在刮水器及清洗器开关上，是一个滑动变阻器，其连接在晶体管电路外围，通过调整 R、C 充放电电路的充电时间来达到调整间歇时间的目的。

（4）清洗挡电流

将清洗器开关接通，清洗器电动机运转，晶体管电路 Tr1 在预定的时间内接通，使刮水器低速运转 1~2 次。洗涤泵的电路为：15A WASHER→清洗器电动机"1"端子→清洗器电动机"2"端子→刮水器及清洗器开关"WF"端子→清洗器开关"WF"端子→清洗器开关"EW"端子→接地。

5.2　在线测验

5.2　在线测验试题

5.3　任务实施——丰田卡罗拉汽车刮水器及清洗器使用及检查

5.3.1　任务准备

①丰田卡罗拉汽车 1 辆，车辆开进作业工位并做好车辆防护。
②丰田卡罗拉汽车电路图册 1 本。
③万用表 1 只。
④常规工具 1 套、连接导线。
⑤充电机 1 台。
⑥作业记录单。

5.3.2　刮水器及清洗器正确使用

①点火开关位于"ON"位置。
②刮水器及清洗器各挡位的使用如图 5-14 所示。

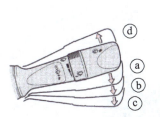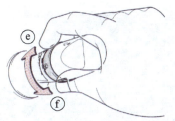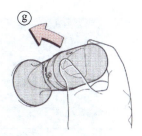

图 5-14　丰田卡罗拉汽车刮水器及清洗器的使用方法

ⓐ间歇挡；ⓑ低速挡；ⓒ高速挡；ⓓ点动挡；ⓔ增大间歇挡间歇时间；ⓕ减小间歇挡间歇时间；ⓖ清洗挡

图 5-15 所示为刮水器及清洗器的正确使用视频，图 5-16 所示为丰田卡罗拉汽车刮水器及清洗器正确使用视频，图 5-17 所示为雪铁龙 C5 汽车刮水器及清洗器正确使用视频，图 5-18 所示为宝马 3 系汽车刮水片更换视频。

图 5-15　刮水器及清洗器正确使用视频

图 5-16　丰田卡罗拉汽车刮水器及清洗器正确使用视频

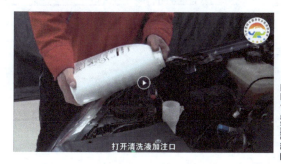

图 5-17　雪铁龙 C5 汽车刮水器及清洗器正确使用视频

图 5-18　宝马 3 系汽车刮水片更换视频

5.3.3　刮水器及清洗器熔断丝检查

①在仪表板熔断丝盒上找到 WASHER、WIP 两个熔断丝，如图 5-19 所示。

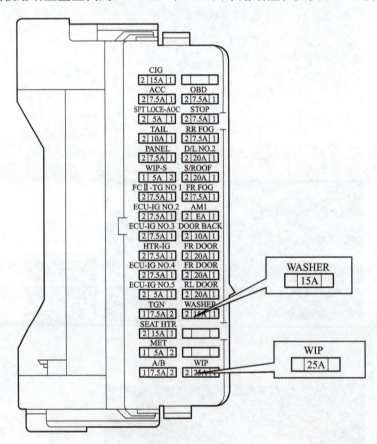

图 5-19　丰田卡罗拉汽车 WIP 和 WASH 熔断丝位置

②在点火开关接通至点火挡情况下，WASHER、WIP 两个熔断丝两端应该均有 12V 以上的电压，相关视频如图 5-20 所示。

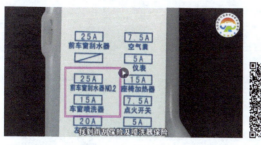

图 5-20　丰田卡罗拉汽车刮水器及
清洗器熔断丝检查视频

5.3.4　刮水器及清洗器开关检查

①拆下刮水器及清洗器开关。

②根据丰田卡罗拉汽车刮水器及清洗器端子图及各挡位端子检查对照表完成检查。

图 5-21 所示为丰田卡罗拉汽车刮水器及清洗器开关外形及连接器端子，表 5-1 所示为丰田卡罗拉汽车刮水器及清洗器开关各挡位端子检查对照表。图 5-22 所示为丰田卡罗拉汽车刮水器及清洗器开关检查视频，图 5-23 所示为本田思铂睿汽车刮水器及清洗器开关检查视频。

图 5-21　丰田卡罗拉汽车刮水器及清洗器开关外形及连接器端子

表 5-1　丰田卡罗拉汽车刮水器及清洗器开关各挡位端子检查对照表

开关位置		测试仪连接	规定条件
刮水器开关	MIST（点动）	A2（+B）-A3（+1）	导　通
	OFF（断开）	A3（+1）-A1（+S）	导　通
	INT（间歇）	A1（+S）-A3（+1）	间断导通
	LO（低速）	A2（+B）-A3（+1）	导　通
	HI（高速）	A2（+B）-A4（+2）	导　通
清洗器开关	OFF（断开）	-	不导通
	ON（接通）	B7（WF）-B4（EW）	导　通

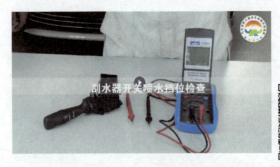

图 5-22　丰田卡罗拉汽车刮水器及清洗器开关检查视频

图 5-23　本田思铂睿汽车刮水器及清洗器开关检查视频

5.3.5　刮水器电动机检查

丰田卡罗拉汽车刮水器电动机的连接器共有五个端子，刮水器电动机的外形、安装位置及端子排列如图 5-24 所示。各端子的编号、名称及作用如表 5-2 所示。

图 5-24　丰田卡罗拉汽车刮水器电动机外形安装位置及端子排列

表 5-2　丰田卡罗拉汽车刮水器电动机各端子编号、名称及作用

编号	名称	作用
1	+S	复位开关
2	B	电源
3	+2	高速
4	E	搭铁
5	+1	低速

(1) 刮水器电动机低速挡检查

用蓄电池正极接刮水器电动机低速挡 5 号端子，蓄电池负极接 4 号端子，刮水器电动机在低速挡应能正常运转。图 5-25 所示为丰田卡罗拉汽车刮水器电动机低速挡检查视频。

图 5-25　丰田卡罗拉汽车刮水器电动机低速挡检查视频

(2) 刮水器电动机高速挡检查

用蓄电池正极接刮水器电动机高速挡 3 号端子，蓄电池负极接 4 号端子，刮水器电动机在高速挡应能正常运转。图 5-26 所示为丰田卡罗拉汽车刮水器电动机高速挡检查视频。

图 5-26　丰田卡罗拉汽车刮水器电动机高速挡检查视频

5.3.6　清洗器电动机检查

丰田卡罗拉汽车清洗器电动机的外形、安装位置及端子排列如图 5-27 所示。

图 5-27　丰田卡罗拉汽车清洗器电动机外形、安装位置及端子排列

用蓄电池正极与清洗器电动机端子 2 相连，蓄电池负极与清洗器电动机端子 1 相连，清洗器电动机应该运转且喷嘴开始喷水。图 5-28 所示为丰田卡罗拉汽车清洗器电动机检查视频。

图 5-28　丰田卡罗拉汽车清洗器电动机检查视频

5.4　刮水器及清洗器常见故障及原因分析

刮水器及清洗器的常见故障有刮水器和清洗器完全不工作、刮水器和清洗器在某个挡位不工作、清洗器不工作等，其原因分析如表 5-3 所示。

表 5-3　汽车刮水器及清洗器的常见故障现象及故障原因

故障现象	故障原因
刮水器和清洗器完全不工作	（1）刮水器及清洗器熔断丝熔断； （2）刮水器及清洗器开关故障； （3）线束故障等涉及整个系统工作的部位
刮水器和清洗器在某个挡位不工作	可以分为低速挡 LO 不工作、高速挡 HI 不工作、间歇挡 INT 不工作、清洗器在 ON 位置时刮水器不工作等，故障的可能原因如下： （1）刮水器开关（含继电器）故障； （2）刮水器电动机故障； （3）线束故障等方面
清洗器不工作	（1）清洗器喷嘴堵塞； （2）风窗玻璃清洗器储液罐内无清洗液； （3）清洗器熔断丝熔断； （4）清洗器开关故障； （5）清洗器电动机故障； （6）线束故障等方面

图 5-29 所示为刮水器及清洗器常见故障及原因分析视频。图 5-30 所示为刮水器及清洗器完全不工作故障现象视频，图 5-31 所示为刮水器及清洗器在某些挡位不工作故障现象视频，如图 5-32 所示为清洗器不工作故障现象视频。

图 5-29　汽车刮水器及清洗器
　　　　常见故障及原因分析视频

图 5-30　刮水器及清洗器完全不工作故障现象视频

图 5-31　刮水器及清洗器在某些挡位
　　　　不工作故障现象视频

图 5-32　清洗器不工作故障现象视频

5.5 拓展提升——上汽大众帕萨特汽车刮水器及清洗器特点

1）拓展任务

李小明完成了陈先生汽车刮水器及清洗器故障的接待工作。休息了一会儿，他想了解一下上汽大众帕萨特汽车刮水器及清洗器与卡罗拉汽车的有何不同。于是，他向在上汽大众4S店工作的同学要了一些资料开始学习。

2）上汽大众帕萨特汽车刮水器及清洗器组成、安装位置

上汽大众帕萨特汽车刮水器及清洗器的电路原理如图5-33所示，各元件的编号、名称及安装位置如表5-4所示。

表5-4 上汽大众帕萨特汽车刮水器及清洗器各元件编号、名称及安装位置

序号	编号	名称	安装位置
1	J519	车身控制单元	仪表板左侧下方
2	J527	转向柱电子装置控制单元	转向柱上部
3	J368	刮水器电动机继电器1	发动机舱内左侧电控箱熔断丝继电器板上R2号位
4	J369	刮水器电动机继电器2	发动机舱内左侧电控箱熔断丝继电器板上R1号位
5	E	风窗玻璃刮水器开关	转向柱上部右侧拨杆上
6	E22	间歇式刮水器运行开关	转向柱上部右侧拨杆上
7	E44	风窗玻璃洗涤泵开关（清洗刮水器自动装置和前照灯清洗装置）	转向柱上部右侧拨杆上
8	E38	风窗玻璃刮水器间歇运行调整器	转向柱上部右侧拨杆上
9	V5	风窗玻璃洗涤泵	前保险杠内右侧，车窗玻璃清洗液储液罐上
10	J400	刮水器电动机控制单元	在排水槽内左侧
11	V	风窗玻璃刮水器电动机	在排水槽内左侧

3）上汽大众帕萨特汽车刮水器及清洗器工作过程

上汽大众帕萨特汽车的刮水器及清洗器受J519（车身控制单元）控制，开关输入部分主要由E（风窗玻璃刮水器开关）和E38（风窗玻璃刮水器间歇运行调整器）组成，其中E又由E22（间歇式刮水器运行开关）和E44（风窗玻璃洗涤泵开关）组成，E和E38的信号输入J527（转向柱电子装置控制单元），通过J527上的两条CAN线将输入信号送给J519，J519对输入信号进行分析。如果是喷水信号，则J519控制V5（风窗玻璃洗涤泵）工作；如果是刮水信号，则J519通过控制J368（刮水器电动机继电器1）和J369（刮水器电动机继电器2）来控制J400（刮水器电动机控制单元），由J400控制V（风窗玻璃刮水器电动机）动作。

上汽大众帕萨特汽车刮水器正确使用及检修模式视频如图5-34所示，上汽大众帕萨特汽车刮水器及清洗器熔断丝、继电器检查视频如图5-35所示。

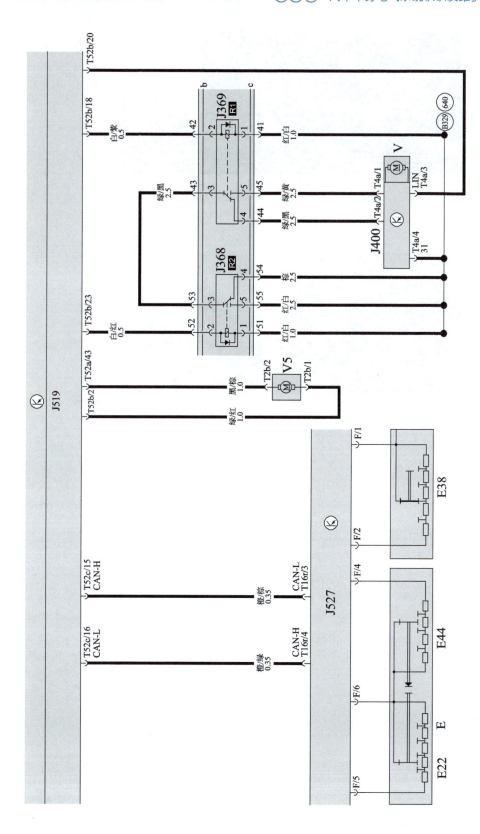

图5-33 上海大众帕萨特汽车刮水器及清洗器的电路原理

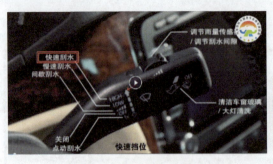

图 5-34　上汽大众帕萨特汽车的刮水器正确
　　　　　使用及检修模式视频

图 5-35　上汽大众帕萨特汽车刮水器及清洗器
　　　　　熔断丝、继电器检查视频

# 第 4 篇

汽车照明、信号及仪表系统认识及维护

学习任务1　汽车照明系统认识及维护

任务引入

汽车灯光具有照明、指示、警示等功能，汽车照明的各种灯光在汽车安全行驶中有着不可替代的重要作用。随着汽车技术的发展，汽车照明系统的技术也在不断进步，这就要求汽车营销与服务技术从业人员了解不同类型的前照灯、雾灯等，具备汽车照明系统组成、工作原理及相关电路基础知识，能够与客户就汽车照明系统常见故障及原因进行沟通。

任务描述

李小明在某丰田汽车4S店做维修接待工作近两年了。有一天，客户卜先生开着一辆卡罗拉汽车来到4S店。卜先生反映他的卡罗拉汽车左前照灯不亮，右前照灯能工作正常。

假如你是小明，请你负责该车的接待工作，为卜先生介绍汽车照明系统的组成、正确使用方法，并完成汽车照明系统的初步检查，与卜先生就灯光不亮故障进行初步沟通。

学习目标

①能描述汽车照明系统的组成及各元件的作用。
②能简单描述自动前照灯、自适应前照灯、随动转向、延时关闭、转弯辅助照明的工作过程。
③能描述汽车前照灯，前、后雾灯电路图的工作过程。
④能描述前照灯，前、后雾灯常见故障并能进行分析。
⑤能在丰田卡罗拉汽车上准确找到前照灯，前、后雾灯的相关部件，并能准确描述其安装位置。
⑥能指导客户正确使用近光灯，远光灯，前、后雾灯等功能。
⑦能查阅维修资料，实施丰田卡罗拉汽车前照灯，前、后雾灯系统熔断丝、开关、灯泡的检查。
⑧能与客户就前照灯，前、后雾灯系统的常见故障进行沟通。

1.1　相关知识

1.1.1　照明系统作用

汽车上的照明系统在汽车安全行驶中有着不可替代的重要作用，各种车灯必须完好有效,如有损坏,车辆不得行驶,必须在修复后行驶。总体来讲,汽车车灯具有照明、指示、警示等功能。

1.1.2 不同前照灯对比

汽车前照灯一般有白炽灯、卤素灯、氙气灯、LED 灯等几种类型。随着汽车技术的不断发展,过去那种白炽灯已被淘汰。现在汽车的前照灯以卤素灯、氙气灯为主,中高档车辆也开始采用 LED 灯。

1) 卤素灯

卤素灯就是在灯泡内充入少量的惰性气碘,从灯丝蒸发出来的钨原子与碘原子相遇反应,生成碘化钨化合物。碘化钨化合物一接触白热化的灯丝(温度超过 1 450℃),就会分解还原为钨和碘,钨又重新归队回到灯丝中去,碘则重新进入气体中。如此循环不已,灯丝几乎不会烧断,灯泡也不会发黑,所以它要比传统的白炽灯寿命长、亮度大。

卤素灯的结构如图 1-1 所示。卤素灯的尺寸小,灯壳由耐高温、机械强度较高的石英玻璃制成,所以充入气体的压力较高,在相同的功率下,卤素灯的亮度为白炽灯的 1.5 倍,寿命比白炽灯长 2~3 倍。

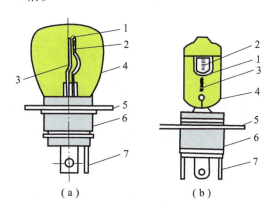

1—配光镜;2—近光灯丝;3—远光灯丝;4—灯壳;5—定焦盘;6—灯头;7—插片。

图 1-1 白炽灯与卤素灯的结构对比

(a) 白炽灯;(b) 卤素灯

2) 氙气灯

氙气灯的结构如图 1-2 所示。氙气灯是一种含有氙气的新型前照灯,又称高强度放电灯或气体放电灯,英文简称 HID(High Intensity Discharge Lamp)。氙气灯亮度大,发出的亮色调与太阳光比较接近,消耗功率低,可靠性高,不受车上电压波动影响。

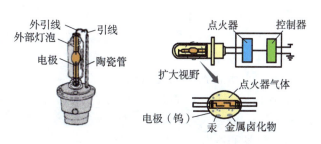

图 1-2 氙气灯的结构

氙气灯由小型石英灯泡、变压器和电子控制单元组成。接通电源后,通过变压器,在几微秒内升压到两万伏以上的高压脉冲电加在石英灯泡内的金属电极之间,激励灯泡内的物质(氙气、少量的水银蒸气、金属卤化物)在电弧中电离产生光亮。

氙气灯的电子控制器是一个独立的系统，包括变压器和电子控制单元，具有产生点火电压和工作电压两种功能。变压器将低电压变为高电压输出，电子控制单元的主要功能是限制氙气灯灯泡的工作电流，向灯泡提供两万伏以上的点火电压和维持工作的低电压（80V 左右），如图 1-3 所示。

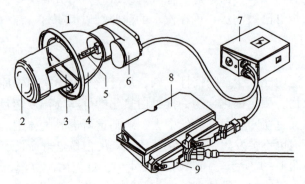

1—多椭圆面反射器近光灯；2—透镜；3—遮光板；4—反射器；
5—气体放电灯泡；6—灯架；7—变压器；8—电子控制单元；9—导线束插头。

图 1-3　氙气灯的工作原理

氙气灯与卤素灯的主要区别在于，前者通过气体电离发光，后者通过加热钨丝发光。虽然氙气灯的发光电弧与卤素灯的钨丝长度直径一样，但发光效率和亮度提高了两倍。由于不用灯丝，没有了传统灯易脆断的缺陷，寿命也提高了 4 倍。据测试，一只 35W 的氙气灯光源可产生 55W 卤素灯两倍的光通量，使用寿命与汽车差不多。因此，安装氙气灯不但可以减少电能消耗，还相应提高了车辆的性能，这对于轿车而言具有很重要的意义。

3）LED 前照灯

LED 是一种电致发光器件，将固体半导体芯片作为发光材料，通过载流子发生复合引起光子发射而直接发光。LED 前照灯就是利用 LED 作为光源制造出的照明器具，如图 1-4 所示。与传统的灯相比，LED 前照灯的特点主要有以下几个方面。

①LED 前照灯与普通卤素和氙气灯光源不同的是，LED 前照灯是冷光源，这个特性可以使车灯材料产生变革，由于 LED 光源产生的辐射热量很低，因此灯腔中温度变化很小。这样，不仅降低了材料成本，而且避免了金属材料常用的防锈防腐等不环保的工艺。

图 1-4　LED 前照灯

②在灯具的造型方面 LED 光源的体积非常小，使车灯的布置更加方便。
③在设计方面，由于 LED 前照灯寿命超过了汽车本身的寿命，减少了维护的需要。
④LED 前照灯与传统的卤素灯相比可节约 45% 的能源。

不同类型前照灯对比视频如图 1-5 所示。

第 4 篇　汽车照明、信号及仪表系统认识及维护

图 1-5　不同类型前照灯对比视频

1.1.3　照明系统组成

为了保证汽车行驶的安全性，减少交通事故和机械事故的发生，汽车上都装有多种照明设备和灯光信号装置，俗称灯系。它已成为汽车上不可缺少的一部分。汽车照明系统的组成如图 1-6 所示，各照明灯的安装位置如图 1-7、图 1-8 所示。

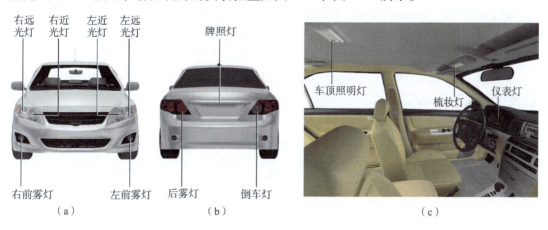

图 1-6　照明系统的组成
(a)(b) 外部照明；(c) 内部照明

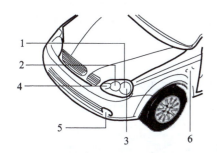
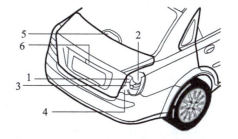

图 1-7　前部照明灯的位置　　　　　图 1-8　后部照明灯的位置

1—前照灯近光灯；2—前照灯远光灯；3—小灯（示宽灯）；4—转向信号灯；5—雾灯；6—侧转向信号灯
1—转向信号灯；2—制动灯/尾灯；3—倒车灯；4—雾灯；5—高位制动灯；6—牌照灯

（1）小灯（示宽灯）

小灯用于汽车夜间行驶或停车时，标示车辆的存在和轮廓；装在汽车前后两侧，一般有独立式、一灯两用式和组合式。前小灯的灯光为白色或琥珀色，后小灯为红色。功率一

般为10W左右。大型车上还有示高灯。

（2）前照灯

前照灯俗称大灯，装在汽车头部的两侧，用于夜间或光线昏暗路面上汽车行驶时的照明，有两灯制和四灯制之分。

（3）雾灯

雾灯安装在车头和车尾，位置比前照灯稍低；装于车头的雾灯称为前雾灯，装于车尾的雾灯称为后雾灯。其光色为黄色或橙色（黄色光波较长，透雾性能好），用于在有雾、下雪、暴雨或尘埃等恶劣条件下改善道路照明情况。

目前，多将前照灯、雾灯、示宽灯等组合起来，称为组合前灯；将尾灯、后转向信号灯、制动灯、倒车灯等组合起来，称为组合后灯。

（4）牌照灯

牌照灯用于照亮尾部车牌，当尾灯点亮时，牌照灯也点亮。

（5）仪表灯

仪表灯用于夜间照亮仪表盘，使驾驶员能迅速容易地看清仪表。尾灯点亮时，仪表灯也同时点亮。有些车还加装了灯光控制变阻器，使驾驶员能调整仪表灯的亮度。

（6）顶灯

顶灯用于车内乘客照明，但必须不能使驾驶员炫目。通常客车顶灯都位于驾驶舱中部，使车内灯光分布均匀。

（7）日间行车灯

现在很多车辆装配了日间行车灯，日间行车灯是为了使其他驾驶员更清楚地看到车辆。起动发动机和解除驻车制动时，日间行车灯点亮。

1.1.4 照明系统其他技术

1）自动前照灯

自动前照灯就是在灯光开关选用"AUTO"挡时以光敏电阻等电子元件作为传感器（通常装在车内后视镜的背面、仪表板上等位置），根据外界的光线强度向ECU（灯光电控单元）发出电信号，ECU根据接收的光照传感器信号来控制前照灯，如图1-9所示。

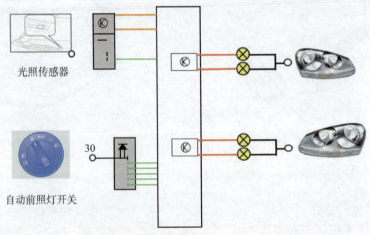

图1-9 自动前照灯的工作原理

这样在开车时遇到光线突然变暗的环境（像进入隧道），前照灯就会自动开启，当光线充足时自动关闭。还有就是，在夜晚会车时，有的还会自动改变远近灯等。有些汽车的前照灯在车辆上锁后具有延时关闭功能，可给驾乘人员提供回家照明功能，宝马3系汽车回家照明功能视频如图1-10所示。

图1-10 宝马3系汽车回家照明功能视频

2）灯光故障监控

灯光故障监控分为灯光冷监控和灯光热监控两种。灯光冷监控是指点火开关接通后，各灯泡每500 ms接通四次极微小电流，车载网络控制单元通过测试电流来识别电路中的故障。灯光热监控是指灯泡处于通电状态时，可以识别到短路或断路。在冷监控和热监控两种检测模式下，一旦检测到故障，控制单元会启动故障记忆功能，同时组合仪表上会出现故障警报灯，并且会有相应的故障提示信息，如图1-11所示。

图1-11 灯光故障警报灯

3）随动转向前照灯（AFS）

AFS又叫自适应转向前照灯系统，它能够根据汽车转向盘角度、车辆偏转率和行驶速度，不断对前照灯进行动态调整，适应当前的转向角，保持灯光方向与汽车的当前行驶方向一致，以确保对前方道路提供最佳照明并给驾驶员提供最佳可见度。它能够根据行车速度、转向角等自动调整前照灯的偏转，以便能够提前照亮"未到达"的区域，提供全方位的安全照明，从而显著增强了黑暗中驾驶的安全性。在路面无（弱）灯或多弯道的路况中，它能扩大驾驶员的视野，提前提醒对面来车，如图1-12所示。宝马3系汽车前照灯随动转向功能视频如图1-13所示。

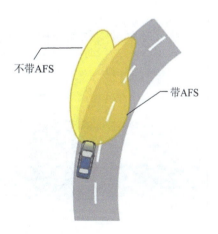

图1-12 随动转向前照灯

图 1-13　宝马 3 系汽车前照灯随动转向功能视频

4）应急车灯控制

大众车系车灯开关 E1 由蓄电池直接供电。它的状态随时由 BCM（车身控制模块）监控。开关 E1 的接通位置发生变化或开关本身及线路出现故障时，都会被 J519 监控到。

应急车灯控制：在点火开关打开时，J519 检测到一个错误的组合信号，则灯光控制系统进入应急状态，此时制动灯、近光灯、尾灯和牌照灯自动点亮。

5）动态车灯辅助照明系统

动态车灯辅助照明系统（Dynamic Light Assist，DLA）通过改善路面照明条件而提高驾驶的安全性。该系统能够动态地调整车灯光线。即便持续打开远光灯，也不会使对面驶来的驾驶员感到炫目，因为该远光灯具有遮光功能，可以在车灯辅助照明系统的命令下自行遮挡一部分光线。车内后视镜上安有摄像头，可以收集其他车辆和路面光线的信息，并反馈给动态车灯辅助照明系统，借此改善整个路面的照明条件，如图 1-14 所示。前照灯光束可变系统如图 1-15 所示。

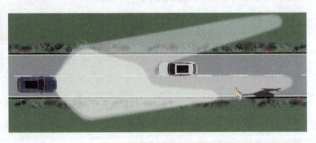

图 1-14　动态车灯辅助照明系统（DLA）

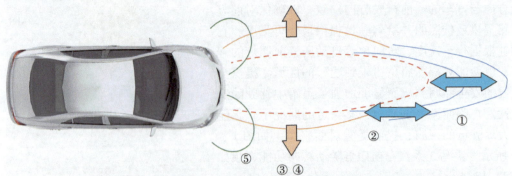

①—高速公路；②—一般路面；③—会车时；④—近光光束改进；⑤—雾、雪天。

图 1-15　前照灯光束可变系统

1.1.5 丰田卡罗拉汽车前照灯，前、后雾灯电路

1）前照灯

图1-16所示为丰田卡罗拉汽车前照灯控制电路。其灯光控制开关有四个挡位，分别是关闭挡位、AUTO挡位、尾灯挡位（小灯挡位）、前照灯挡位（大灯挡位）。远光控制开关有三个挡位，分别是闪光（闪烁）、近光和远光。

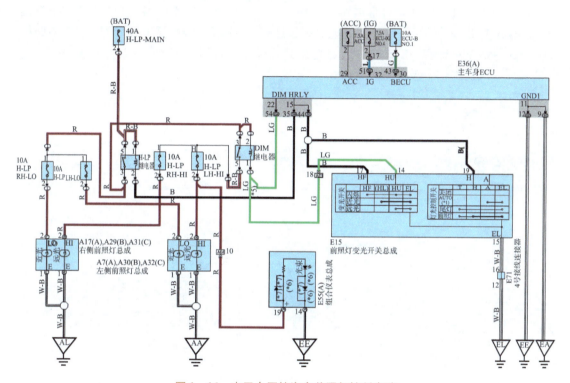

图1-16 丰田卡罗拉汽车前照灯控制电路

（1）近光灯控制电路分析

灯光开关置于前照灯挡位，40A H-LP-MAIN熔断丝→H-LP继电器1号针脚→H-LP继电器2号针脚→前照灯变光开关总成19号针脚→前照灯变光开关总成15号针脚→ED接地点，形成回路。此时H-LP继电器线圈工作，吸合触点5和3。

40A H-LP-MAIN熔断丝→H-LP继电器5号针脚→H-LP继电器3号针脚→10A H-LP LH-LO/10A H-LP RH-LO熔断丝→左/右近光2号针脚→左/右近光1号针脚→左/右前照灯接地点，形成回路，此时左、右两侧近光灯点亮。

（2）远光灯控制电路分析

灯光开关置于前照灯挡位，近光灯仍然保持点亮，电路与之前近光灯控制电路完全相同。

变光开关置于远光位置，40A H-LP-MAIN熔断丝→H-LP继电器5号针脚→H-LP继电器3号针脚→DIM继电器2号针脚→DIM继电器1号针脚→前照灯变光开关总成14号针脚→前照灯变光开关总成15号针脚→ED接地点，形成回路。此时DIM继电器线圈工作，吸合触点3和5。

40A H-LP-MAIN 熔断丝→H-LP 继电器 5 号针脚→H-LP 继电器 3 号针脚→DIM 继电器 3 号针脚→DIM 继电器 5 号针脚→10A H-LP LH-HI/10A H-LP RH-HI 熔断丝→左、右侧远光灯 2 号针脚/组合仪表 19 号针脚→左、右侧远光灯 1 号针脚/组合仪表 14 号针脚→ED 接地点，形成回路。此时左、右两侧远光灯点亮，同时仪表上的远光指示灯点亮。

2）前雾灯控制电路

图 1-17 所示为丰田卡罗拉汽车前雾灯控制电路。要点亮前雾灯，就必须打开小灯或前照灯，使小灯继电器（尾灯继电器）工作，左前雾灯电流的流向为：20A ALT→尾灯继电器→10A TAIL 熔断丝→FOG FR 继电器 2 号针脚→FOG FR 继电器 1 号针脚→E15 前照灯变光开光总成 9 号针脚→E15 前照灯变光开关总成 8 号针脚→ED 接地点，形成回路。此时前雾灯继电器工作，吸合触点 5 和 3。

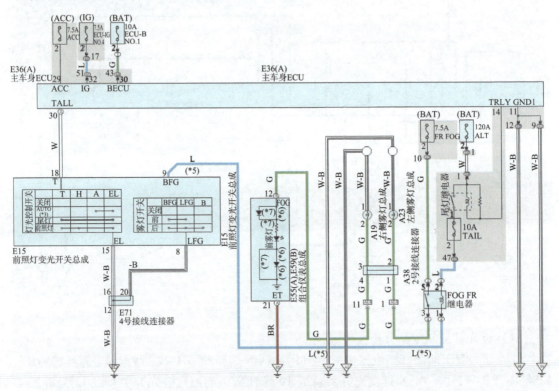

图 1-17 丰田卡罗拉汽车前雾灯控制电路

7.5A FR FOG 熔断丝→FOG FR 继电器 5 号针脚→FOG FR 继电器 3 号针脚→左、右雾灯 2 号针脚/组合仪表 12 号针脚→左、右雾灯 1 号针脚/组合仪表 21 号针脚→ED 接地点，形成回路。此时前左、右雾灯同时点亮，前雾灯指示灯点亮。

3）后雾灯控制电路

图 1-18 所示为丰田卡罗拉汽车后雾灯控制电路。要点亮后雾灯，就必须打开前雾灯开关，使尾灯继电器、前雾灯继电器处于工作状态，后雾灯电流的流向为：120A ALT→尾灯继电器→10A TAIL 熔断丝→FOG RR 继电器→E15 前照灯变光开关总成 7 号针脚→E15 前照灯变光开关总成 8 号针脚→ED 接地点，形成回路。此时后雾灯继电器工作，吸合触点。

7.5A FR FOG 熔断丝→FOG RR 继电器→后雾灯 2 号针脚/组合仪表 11 号针脚→后雾

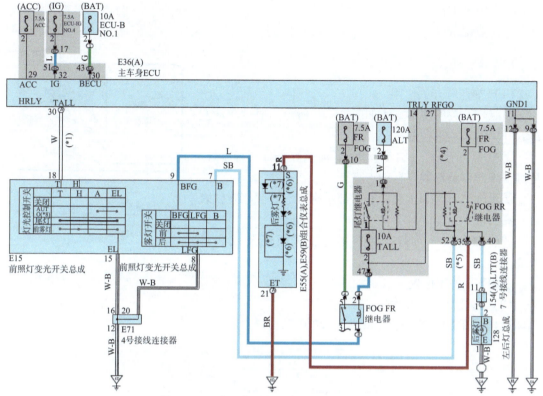

图 1-18 丰田卡罗拉汽车后雾灯控制电路

灯 1 号针脚/组合仪表 21 号针脚→ED 接地点，形成回路。此时后雾灯点亮，后雾灯指示灯点亮。

1.2 在线测验

1.2 在线测验试题

1.3 任务实施——丰田卡罗拉汽车照明系统使用及检查

1.3.1 任务准备

①丰田卡罗拉汽车 1 辆，车辆开进作业工位并做好车辆防护。
②丰田卡罗拉汽车电路图册 1 本。
③万用表 1 只。
④常规工具 1 套、连接导线。

⑤充电机1台。

⑥作业记录单。

1.3.2 前照灯正确使用

（1）前照灯开关使用

前照灯开关的使用方法如图1-19所示。通过转动左组合开关的末端来控制汽车灯光。

①AUTO前照灯（自动大灯）、前照灯、日间行车灯、尾灯、牌照灯及仪表灯自动点亮。

②示廓灯、前部示廓灯、后部示廓灯、牌照灯及仪表灯点亮。

③前照灯、日间行车灯、尾灯、牌照灯及仪表灯点亮。

④OFF，关闭位置。

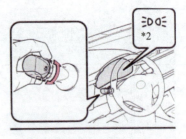
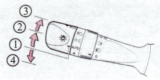

图1-19 丰田卡罗拉汽车前照灯开关的使用方法

（2）远光灯开关使用

远光灯开关的使用方法如图1-20所示。

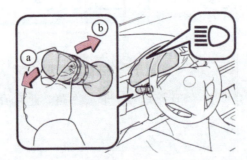

图1-20 丰田卡罗拉汽车远光灯开关的使用方法

前照灯打开时，沿箭头ⓐ方向将控制杆向远离自身方向推，则打开远光灯，将控制杆向自身方向拉至中间位置，则关闭远光灯，将控制杆向自身方向拉并松开，使远光灯闪烁一次，无论近光灯打开还是关闭，都可使用闪光灯。

（3）灯光高度调整

丰田卡罗拉汽车可根据乘员人数及车辆的载重情况调整前照灯光束的高度，调整的挡位如图1-21、表1-1所示，其中ⓐ为升高前照灯光束高度；ⓑ为降低前照灯光束高度。

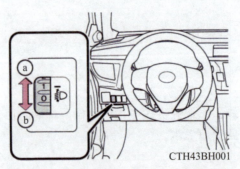

图1-21 丰田卡罗拉汽车灯光高度的调整

表 1-1　灯光高度调整挡位对照

乘员和车辆载重情况		旋钮位置
乘员	车辆载重	
驾驶员	无	0
驾驶员和前排乘员	无	0
满员	无	1.5
满员	满载	3
驾驶员	满载	4

前照灯正确使用讨论视频如图 1-22 所示，丰田卡罗拉汽车前照灯正确使用视频如图 1-23 所示，本田思铂睿汽车前照灯正确使用视频如图 1-24 所示，宝马 3 系汽车前照灯正确使用视频如图 1-25 所示。

图 1-22　前照灯正确使用讨论视频

图 1-23　丰田卡罗拉汽车前照灯正确使用视频

图 1-24　本田思铂睿汽车前照灯正确使用视频

图 1-25 宝马 3 系汽车前照灯正确使用视频

1.3.3 前、后雾灯正确使用

雾灯可提高不良驾驶条件下（如雨天和起雾时）的能见度，雾灯开关的使用方法如图 1-26 所示。

前雾灯使用条件：前照灯或小灯打开。

后雾灯使用条件：前雾灯打开。

① ○：关闭前雾灯和后雾灯

② ：打开前雾灯

③ ：打开前雾灯和后雾灯

松开调整环，它会自动返回至前雾灯挡位；再次操作调整环时仅关闭后雾灯。

前、后雾灯正确使用讨论视频如图 1-27 所示，丰田卡罗拉汽车雾灯正确使用视频如图 1-28 所示，本田思铂睿汽车雾灯正确使用视频如图 1-29 所示，宝马 3 系汽车前雾灯正确使用视频如图 1-30 所示。

图 1-26 丰田卡罗拉汽车雾灯开关的使用方法

图 1-27 前、后雾灯正确使用讨论视频

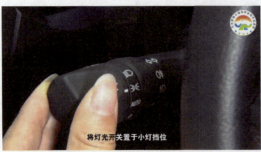

图 1-28 丰田卡罗拉汽车雾灯正确使用视频

图 1-29　本田思铂睿汽车雾灯正确使用视频

图 1-30　宝马 3 系汽车前雾灯正确使用视频

1.3.4　前照灯检查

首先将前照灯拆下。检查时一般可用万用表检查灯丝的通断。如果测量的灯丝电阻为无穷大，则前照灯被损坏。

丰田卡罗拉汽车前照灯近光灯检查视频如图 1-31 所示，丰田卡罗拉汽车前照灯远光灯检查视频如图 1-32 所示。

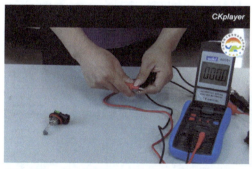

图 1-31　丰田卡罗拉汽车前照灯近光灯检查视频

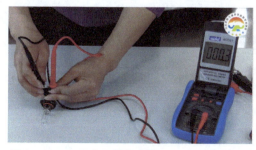

图 1-32　丰田卡罗拉汽车前照灯远光灯检查视频

1.3.5 前照灯熔断丝检查

将灯光开关置于前照灯位置，检查熔断丝 10A H‑LP LH‑HI、10A H‑LP RH‑HI、10A H‑LP LH‑LO、10A H‑LP RH‑LO 两端应该均有 12V 以上的电压，熔断丝位置如图 1‑33 所示，丰田卡罗拉汽车前照灯熔断丝的检查视频如图 1‑34 所示。

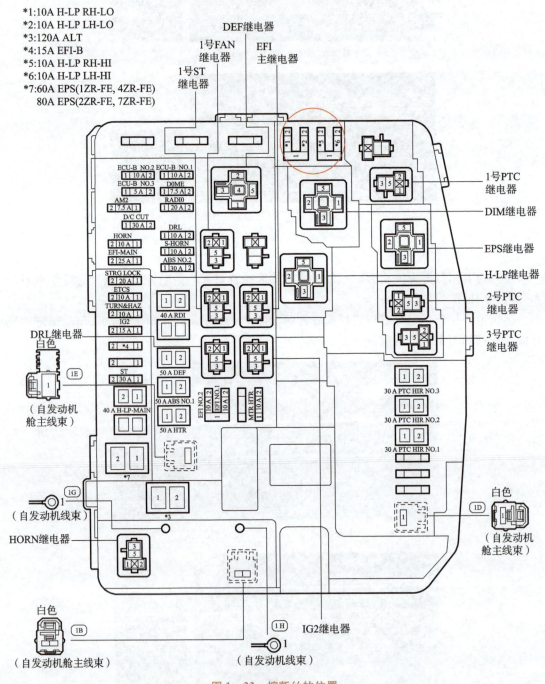

图 1‑33 熔断丝的位置

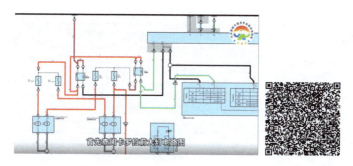

图1-34 丰田卡罗拉汽车前照灯
熔断丝的检查视频

1.3.6 前照灯继电器检查

①使用万用表的电阻挡位检查 DIM 继电器线圈的电阻是否符合要求，测量继电器1号针脚和2号针脚线圈的电阻应为 60~140Ω。

②如果电阻符合要求，则给继电器线圈的1号针脚和2号针脚加载12V电压，检查触点的工作情况。在正常情况下，3号针脚和5号针脚应导通。

H-LP 继电器的检查方法与 DIM 继电器的检查方法一样。丰田卡罗拉汽车前照灯继电器检查视频如图1-35所示。

图1-35 丰田卡罗拉汽车前照灯继电器检查视频

1.3.7 前照灯开关检查

将灯光开关拨至 AUTO、尾灯、前照灯等相应挡位，将变光开关拨至闪烁、近光、远光等相应挡位，对照图1-36和表1-2，用万用表检查相应端子间的导通状况以判断灯光开关的好坏。丰田卡罗拉汽车前照灯开关检查视频如图1-37所示。

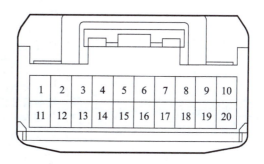

图1-36 丰田卡罗拉汽车前照灯开关的端子

表 1-2 前照灯开关端子的检查

开关位置		测试仪连接	规定条件
灯光开关	关闭		
	AUTO	20号针脚和15号针脚	导通
	尾灯	18号针脚和15号针脚	导通
	前照灯	19、18号针脚和15号针脚	导通
变光开关	闪烁	17、14号针脚和15号针脚	导通
	近光	19、18号针脚和15号针脚	导通
	远光	14号针脚和15号针脚	导通

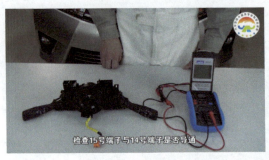

图 1-37 丰田卡罗拉汽车前照灯开关检查视频

1.4 照明系统常见故障及原因分析

汽车照明系统的常见故障有全部照明灯不亮、远光灯或近光灯有一只不亮、前雾灯不亮、后雾灯不亮等，其原因分析如表 1-3 所示。

表 1-3 汽车照明系统常见故障现象及故障原因

故障现象	故障原因分析
全部照明灯不亮	(1) 熔断丝熔断； (2) 继电器损坏； (3) 灯开关损坏； (4) 相关的线束松动或脱落断路等
远光灯或近光灯有一只不亮	(1) 灯丝烧断； (2) 灯泡与灯座接触不良； (3) 与灯泡相关的线路故障； (4) 熔断丝熔断
前雾灯不亮	(1) 前雾灯熔断丝熔断； (2) 雾灯继电器或尾灯继电器损坏； (3) 雾灯开关损坏； (4) 相关的线束松动或脱落断路等； (5) 前雾灯灯泡损坏

续表

故障现象	故障原因分析
后雾灯不亮	（1）后雾灯熔断丝熔断； （2）雾灯继电器或尾灯继电器损坏； （3）后雾灯开关损坏； （4）相关的线束松动或脱落断路等； （5）后雾灯灯泡损坏

汽车照明系统常见故障及原因分析视频如图 1-38 所示，前照灯一侧不工作故障视频如图 1-39 所示，前照灯远光（或近光）灯不工作故障视频如图 1-40 所示，前雾灯（或后雾灯）不工作故障视频如图 1-41 所示。

图 1-38　汽车照明系统常见故障及原因分析视频

图 1-39　前照灯一侧不工作故障视频

图 1-40　前照灯远光（或近光）灯不工作故障视频

图1-41　前雾灯（或后雾灯）不工作故障视频

1.5　拓展提升——上汽大众帕萨特汽车照明系统特点

1）拓展任务

李小明终于完成了卜先生卡罗拉汽车照明系统故障的接待工作。由于小明平常对类似灯光问题接触得比较多，解答卜先生的问题还算得心应手。为了进一步扩大自己的知识面，小明还想了解一下上汽大众帕萨特汽车的照明系统。于是，他向上汽大众4S店工作的同学要了一些资料开始学习。

2）上汽大众帕萨特汽车照明系统组成及安装位置

上汽大众帕萨特汽车照明系统的电路原理如图1-42所示，各元件的编号、名称及安装位置如表1-4所示。

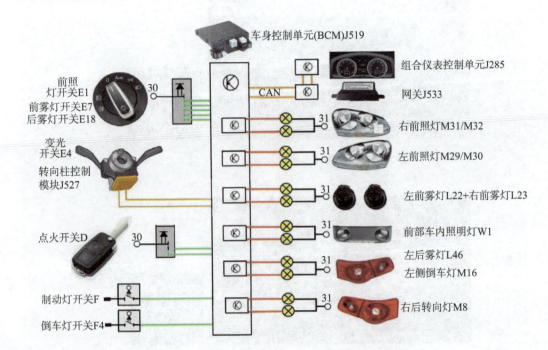

图1-42　上汽大众帕萨特汽车照明系统的电路原理

表1-4 帕萨特汽车照明系统各元件的编号、名称及安装位置

序号	编号	名称	安装位置	实物照片
1	J519	车身控制单元（BCM）	仪表板左侧下方	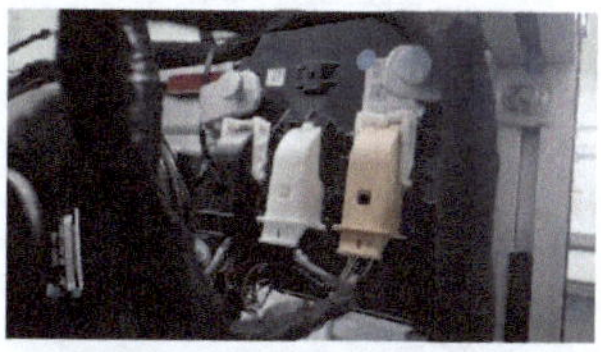
2	J527	转向柱控制模块	转向柱上部	
3	J533	网关（数据总线诊断接口）	仪表板左侧下方制动踏板支架右侧	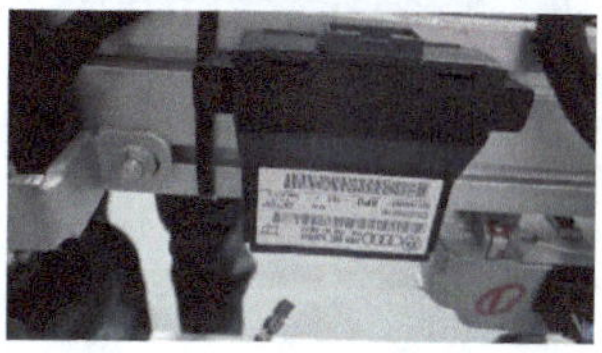
4	M30	左前照灯（远光灯）	左前照灯内	
5	M29	左前照灯（近光灯）	左前照灯内	
6	L22	左前雾灯	前保险杠左侧	
7	L46	左后雾灯	行李舱盖门左侧	

续表

序 号	编 号	名 称	安装位置	实物照片
8	L23	右前雾灯	前保险杠右侧	
9	M31	右前照灯（近光灯）	右前照灯内	
10	M32	右前照灯（远光灯）	右前照灯内	
11	E7	前雾灯开关	仪表板左侧出风口下方	
12	E18	后雾灯开关	仪表板左侧出风口下方	
13	E1	前照灯开关	仪表板左侧出风口下方	
14	E4	变光开关	转向柱上部左侧拨杆上	
15	J285	组合仪表控制单元	仪表板左侧	

3）上汽大众帕萨特汽车照明系统工作过程

上汽大众帕萨特汽车照明系统受 J519（车身控制单元）控制，开关输入部分主要由

E1（前照灯开关）、E7（前雾灯开关）、E18（后雾灯开关）和 E4（变光开关）组成，其中 E1（前照灯开关）、E7（前雾灯开关）、E18（后雾灯开关）的信号被直接送到 J519，然后通过 J519 控制相应的灯泡。

将 E4（变光开关）信号输入 J527（转向柱控制模块）。通过 J527 上的两条 CAN 线将输入信号送到 J519，J519 通过分析输入的信号控制闪光和远光功能。

上汽大众帕萨特汽车前照灯正确使用视频如图 1-43 所示，上汽大众帕萨特汽车前、后雾灯正确使用视频如图 1-44 所示，上汽大众帕萨特汽车照明系统自检功能介绍视频如图 1-45 所示，上汽大众帕萨特汽车照明系统个性化设置视频如图 1-46 所示，上汽大众帕萨特汽车前照灯、雾灯熔断丝检查视频如图 1-47 所示，上汽大众帕萨特汽车前照灯、雾灯开关检查视频如图 1-48 所示。

图 1-43　上汽大众帕萨特汽车前照灯正确使用视频

图 1-44　上汽大众帕萨特汽车前、后雾灯正确使用视频

图 1-45　上汽大众帕萨特汽车照明系统自检功能介绍视频

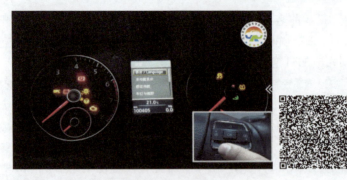

图1-46　上汽大众帕萨特汽车照明系统个性化设置视频

图1-47　上汽大众帕萨特汽车前照灯、雾灯熔断丝检查视频

图1-48　上汽大众帕萨特汽车前照灯、雾灯开关检查视频

学习任务2　汽车信号系统认识及维护

汽车信号系统通过声、光信号向行人和车辆发出警示，提醒相关人员注意，确保车辆行驶安全。这就要求汽车营销与服务技术从业人员具备汽车信号系统组成、基本工作原理

及相关电路的基础知识，能够与客户就汽车信号系统常见故障及原因进行沟通。

任务描述

李小明在某丰田汽车4S店做维修接待工作近两年了。有一天，客户卜先生开着一辆卡罗拉汽车来到4S店，卜先生反映该车左转向灯闪烁频率太快。

假如你是小明，请你负责该车辆的接待工作，为卜先生介绍汽车转向信号系统的组成、正确使用方法，并完成转向信号系统的初步检查，与卜先生就转向信号系统的故障进行初步沟通。

学习目标

①能描述汽车转向灯、危险警示灯、制动灯、倒车灯、喇叭等系统的组成，以及各元件的作用。

②能描述汽车转向灯、危险警示灯、制动灯、倒车灯、喇叭等系统的工作过程。

③能描述常见车型转向灯、危险警示灯、制动灯、倒车灯、喇叭等系统的电路图。

④能描述汽车转向灯、危险警示灯、制动灯、倒车灯、喇叭等系统的常见故障并能分析其原因。

⑤能在卡罗拉汽车上准确找到汽车转向灯、危险警示灯、制动灯、倒车灯、喇叭各系统的元部件，并能准确描述其安装位置。

⑥能指导客户正确使用转向灯、危险警示灯、制动灯、喇叭等功能。

⑦能查阅维修资料，实施卡罗拉汽车转向灯、危险警示灯、制动灯、倒车灯、喇叭系统熔断丝、开关等相关部件的检查。

⑧能与客户就转向灯、危险警示灯、制动灯、倒车灯、喇叭系统的常见故障进行沟通。

2.1 相关知识

2.1.1 汽车信号系统作用

汽车信号系统通过声、光信号向行人和车辆发出警示，提醒相关交通参与人员注意，确保车辆和其他交通参与者的安全。汽车信号系统的作用如图2-1所示。

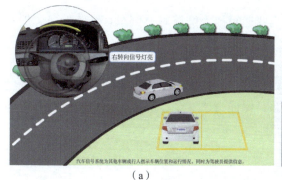
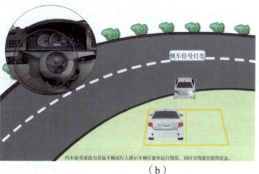

（a） （b）

图 2-1 汽车信号系统的作用

（a）右转向信号；（b）倒车信号

2.1.2 汽车信号系统组成

汽车信号系统主要由转向灯（危险警示灯）、制动灯、示宽灯等组成，如图 2-2 所示。

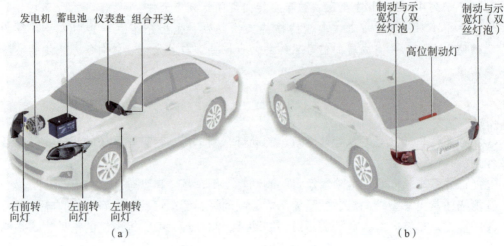

图 2-2 汽车信号系统的组成
(a) 车辆前部；(b) 车辆后部

(1) 转向信号灯

转向信号灯被装在汽车前、后、左、右四角以及后视镜、翼子板等位置，在汽车起步、转向、靠边停车以及变更车道或超车时发出交替转向信号，提醒其他车辆和交通参与者注意。

(2) 危险警示灯

危险警示灯俗称应急灯或双闪灯，用于车辆遇到紧急、危险情况时，如交通事故、车辆故障、临时停车、大雾、大雨以及沙尘天气，以及车队行驶等，提醒其他车辆注意。

(3) 制动灯

制动灯的颜色为红色，用于指示车辆正在制动或减速。现在很多车辆都安装有高位制动灯，它可以尽早通知后方驾驶员，提高可视距离，增强汽车行驶的安全性能。

(4) 倒车灯

倒车灯用于警示后面的车辆正在倒车。当变速箱挂入倒挡时，倒车灯开关接通，倒车灯点亮。

(5) 喇叭

喇叭是汽车的声响信号装置。在汽车行驶过程中，驾驶员根据需要和规定发出必要的声响信号，用来警告行人或引起其他车辆注意，保证交通安全；同时，还用于催行与传递信号。

2.1.3 汽车信号系统基本工作原理

(1) 转向信号装置

转向信号装置主要由转向开关、转向信号灯和闪光器组成。转向信号灯应具有一定的频闪，一般为 60～90 次/min。在转向信号灯被烧坏或线路出现故障、转向开关接通时，转向信号灯的闪光频率将发生明显变化（通常闪光频率会加快），以提醒驾驶员及时维修。

闪光器主要有电容式、翼片式和晶体管式三种类型，如图 2-3 所示。其中，晶体管式闪光器具有性能稳定、可靠等优点，现已被广泛应用。

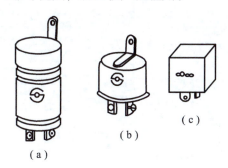

图 2-3 闪光器类型
(a) 电容式；(b) 翼片式；(c) 晶体管式

（2）汽车喇叭

汽车喇叭按发音动力有气喇叭和电喇叭之分；按外形有螺旋形、筒形、盆形之分；按音频有高音和低音之分；按接线方式有单线制和双线制之分。

电喇叭具有能源方便、结构简单、体积小、质量小、噪声小、保修容易、声音洪亮及音质悦耳等优点，广泛使用于各种类型的汽车上。

电喇叭按有无触点可分为有触点电喇叭和无触点电喇叭。有触点电喇叭工作电路如图 2-4 所示，主要是利用触点的闭合与断开控制电磁线圈中励磁电流的通断，从而使铁芯（或衔铁）以一定频率移动，并带动膜片振动而产生声音。

无触点电喇叭工作电路如图 2-5 所示，因克服了触点式电喇叭的触点烧蚀、氧化使喇叭变音的缺点而变得更加耐用，而且它的音色和音量比触点式的要容易调整，因此它是汽车喇叭的发展方向。

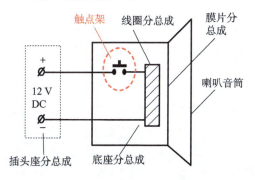

图 2-4 有触点电喇叭工作电路

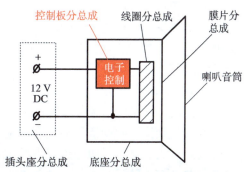

图 2-5 无触点电喇叭工作电路

盆形电喇叭工作原理如图 2-6 所示。其磁路采用螺管式电磁铁，通过膜片不断振动而发出一定音调的音波，声音通过共鸣片加强后传出。共鸣片与膜片刚性连接，在振动时发出伴音，加强音量和改善音色，使声音悦耳动听。触点间并联有电容器，它起熄弧、保护触点、改善音色等作用。

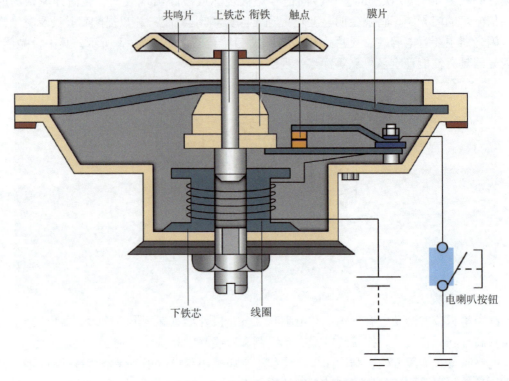

图 2-6 盆形电喇叭工作原理

(3) 倒车灯

倒车时，倒车信号装置通过倒车灯发出倒车信号，以提醒车后车辆和行人。

①手动挡车辆：手动挡车辆倒车信号装置电路主要由倒车灯、倒车信号开关（或称倒车灯开关）等组成，如图 2-7 所示。

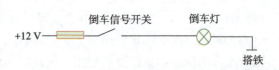

图 2-7 手动挡车辆倒车信号装置电路

②自动挡车辆：自动挡车辆倒车信号装置电路主要由倒车灯、挡位传感器、BCM（车身控制单元）等组成，如图 2-8 所示。挂入倒挡时，挡位传感器将倒车信号传递给 BCM，由 BCM 控制倒车灯点亮。

(4) 制动灯

汽车制动时，制动信号装置通过装在汽车后部的制动灯来显示制动信号，以避免后面车辆与其后部相撞。制动信号装置电路主要由制动灯、制动信号开关等组成。制动灯大多与后灯具组装为一体，一般使用红光标志。

轿车制动信号开关一般装于制动踏板上方，踩下制动踏板时，制动信号开关内的活动触点将两接线柱接通，接通制动灯电路；松开踏板后，断开制动信号装置电路，如图 2-9 所示。

在有些车型上，当汽车紧急制动，减速度达到一定数值时，危险警示灯会点亮或制动灯会闪烁，以提醒后车采取紧急制动。后车根据提醒，提前采取紧急措施，可以避免或减小发生追尾事故的概率。

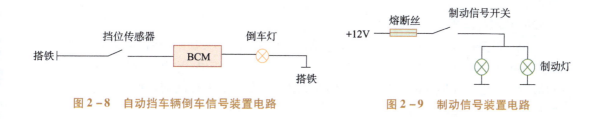

图2-8 自动挡车辆倒车信号装置电路　　　　图2-9 制动信号装置电路

2.1.4　丰田卡罗拉汽车转向灯/危险警示灯电路

图2-10所示为丰田卡罗拉汽车转向灯/危险警示灯电路，其工作过程如下。

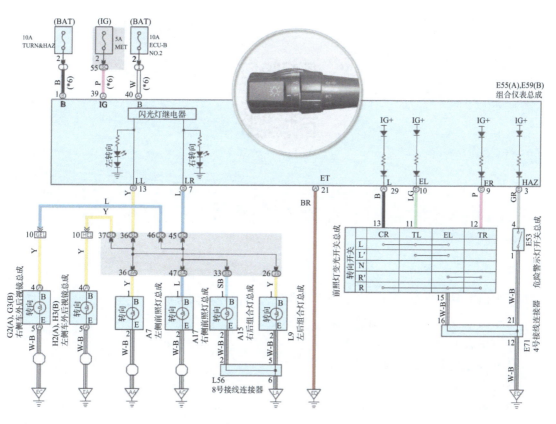

图2-10　丰田卡罗拉汽车转向灯/危险警示灯电路

（1）转向灯电流（向左变换车道）

当转向开关打至左变换车道挡位时，转向开关的11和搭铁端子15接通，转向开关通过11号端子向组合仪表10号端子提供0V电压信号，组合仪表接收到信号后通过内部集成的闪光继电器向左侧转向灯供电，左侧转向灯闪烁三次。

组合仪表的13号端子→左侧前照灯总成的1号端子/左侧外后视镜总成的4号端子/左后组合灯总成的4号端子→左侧前照灯总成的2号端子/左侧外后视镜总成的5号端子/左后组合灯总成的5号端子→接地点形成回路，左侧转向灯点亮，同时仪表中的左转向指示灯点亮。

（2）转向灯电流（向左转向）

当转向开关打至左转向挡位时，转向开关的 13 号、11 号端子和搭铁端子 15 接通，转向开关通过 13 号、11 号端子向组合仪表 29 号、10 号端子提供 0V 电压信号，组合仪表接收到信号后通过内部集成的闪光继电器向左侧转向灯供电，左侧转向灯持续闪烁，其工作电流与向左变换车道的相同。

（3）危险警示灯电流

当危险警示开关闭合时，危险警示开关的 4 号端子和 1 号端子接通，通过组合仪表的 3 号端子向组合仪表总成提供 0V 电压信号，组合仪表接收到信号后通过内部集成的闪光继电器向左、右侧转向灯同时供电。电流走向与左、右转向灯的一致。

2.2 在线测验

2.2 在线测验试题

2.3 任务实施——丰田卡罗拉汽车信号系统正确使用及检查

2.3.1 任务准备

①丰田卡罗拉汽车 1 辆，车辆开进作业工位并做好车辆防护。
②丰田卡罗拉汽车电路图册 1 本。
③万用表 1 只。
④常规工具 1 套、连接导线。
⑤充电机 1 台。
⑥作业记录单。

2.3.2 转向灯/危险警示灯正确使用

丰田卡罗拉汽车的转向灯运行时，点火开关必须位于"ON"位置，闪光频率为 60 ~ 90 次/min。如果发现转向灯闪烁频率比以前快，就检查前、后的转向灯是否有损坏。任何一侧的转向灯损坏都会导致相应侧的闪烁频率加快。

转向灯的操作方法如图 2-11 所示。

图 2-11 中：

①为右转。

②为向右变换车道（将控制杆移至中途位置，然后松开，右侧信号灯将闪烁三次）。

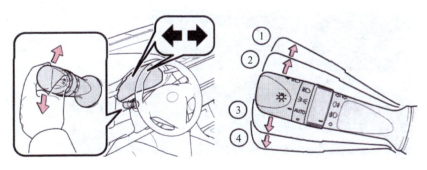

图 2-11　丰田卡罗拉汽车转向灯的操作方法

③为向左变换车道（将控制杆移至中途位置，然后松开，左侧信号灯将闪烁三次）。
④为左转。

危险警示灯可以在发动机不工作时使用，此时不需要接通点火开关，按下危险警示灯开关即可。

转弯灯/危险警示灯正确使用视频如图 2-12 所示，丰田卡罗拉汽车转向灯/危险警示灯正确使用视频如图 2-13 所示，本田思铂睿汽车转向灯/危险警示灯正确使用视频如图 2-14 所示，宝马 3 系汽车驻车照明/停车指示功能使用视频如图 2-15 所示，宝马 3 系汽车转向灯/危险警示灯/转向辅助照明系统正确使用视频如图 2-16 所示。

图 2-12　转弯灯/危险警示灯正确使用视频

图 2-13　丰田卡罗拉汽车转向灯/危险警示灯正确使用视频

图 2-14 本田思铂睿汽车转向灯/
危险警示灯正确使用视频

图 2-15 宝马 3 系汽车驻车照明/
停车指示功能使用视频

图 2-16 宝马 3 系汽车转向灯/危险警示灯/
转向辅助照明系统正确使用视频

2.3.3 转向灯/危险警示灯熔断丝检查

①在点火开关断开情况下，检查发动机舱熔断丝盒内 10A 的 ECU - B NO2、TURN&HAZ（图 2-17），两端应该均有 12V 以上的电压。

②在点火开关接通至点火挡情况下，检查仪表板熔断丝盒内 5A 的 MET 熔断丝，其两端应该均有 12V 以上的电压。丰田卡罗拉汽车转向灯/危险警示灯熔断丝检查视频如图 2-18 所示。

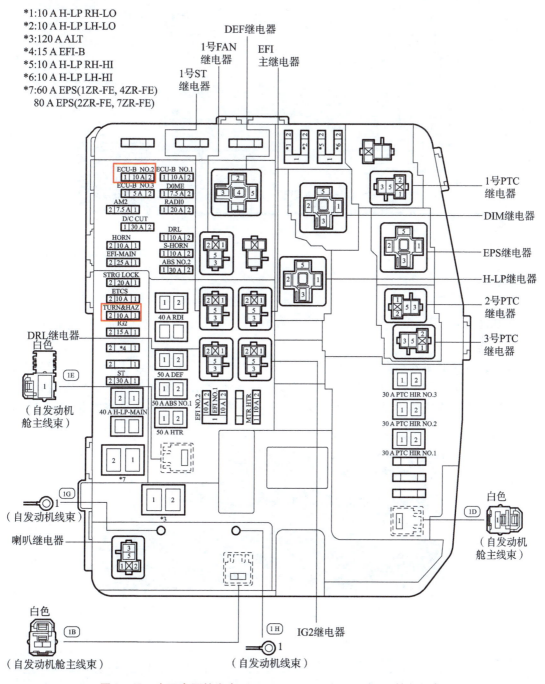

图 2-17　丰田卡罗拉汽车 ECU–B NO2、TURN&HAZ 熔断丝盒

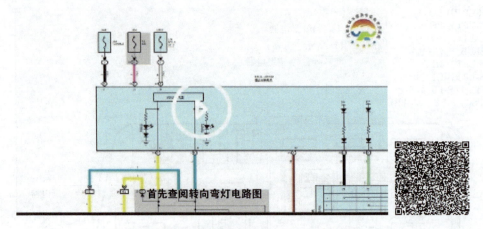

图 2-18　丰田卡罗拉汽车转向灯/危险警示灯熔断丝检查视频

2.3.4　喇叭熔断丝、继电器检查

①如图 2-17 所示，在发动机舱熔断丝盒内找到 10A 的喇叭熔断丝，检查其导通情况。

②在发动机舱熔断丝盒内找到喇叭继电器，检查喇叭继电器端子 1 和 2 之间的电阻值是否正常，给喇叭继电器端子 1 和 2 之间施加蓄电池电压，端子 3 和端子 5 之间应该导通，否则应更换喇叭继电器。丰田卡罗拉汽车喇叭熔断丝、继电器检查视频如图 2-19 所示。

图 2-19　丰田卡罗拉汽车喇叭熔断丝、继电器检查视频

2.3.5　转向灯开关/危险警示灯开关检查

①对照转向灯开关连接器端子图，拆下转向灯开关，如图 2-20 所示。

②将转向灯开关拨至相应挡位，对照表 2-1，用万用表检查相应端子的导通情况。丰田卡罗拉汽车转向灯开关检查视频如图 2-21 所示。

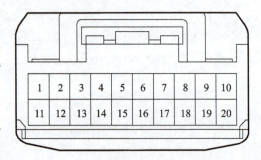

图 2-20　丰田卡罗拉汽车转向灯开关连接器端子

表 2-1　丰田卡罗拉汽车转向灯开关各挡位的导通情况

开关位置	测试仪连接	规定条件
L	端子 11、13、15 相互之间	导　通
L′	端子 11、15	导　通
N		不导通
R′	端子 12、15	导　通
R	端子 12、13、15 相互之间	导　通

图 2-21　丰田卡罗拉汽车转向灯开关检查视频

③拆下危险警示灯开关 E53，对照危险警示灯开关端子图（图 2-22），用万用表检查其端子 4 与端子 1 之间的导通情况，危险警示灯开关接通，端子 4 与端子 1 之间应该导通。丰田卡罗拉汽车危险警示灯开关检查视频如图 2-23 所示。

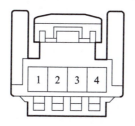

图 2-22　丰田卡罗拉汽车危险警示灯开关连接器端子

图 2-23　丰田卡罗拉汽车危险警示灯开关检查视频

2.4 信号系统常见故障及原因分析

汽车信号系统常见故障有转向灯及危险警示灯均不工作、转向灯不工作但危险警示灯工作正常、转向灯一侧工作不正常、制动灯不亮、倒车灯不亮、喇叭不响或声调异常，其原因分析如表2-2所示。

表2-2 汽车信号系统常见故障现象及故障原因

故障现象	故障原因
转向灯及危险警示灯均不工作	（1）转向灯及危险警示灯的熔断丝熔断； （2）闪光继电器损坏； （3）线束等涉及整个系统工作的部位故障
转向灯不工作但危险警示灯工作正常	（1）转向灯熔断丝熔断； （2）转向开关故障； （3）转向开关相关的线路故障
转向灯一侧工作不正常	（1）转向开关故障； （2）转向灯灯泡故障； （3）转向开关相关的线路故障
制动灯不亮	（1）制动灯熔断丝熔断； （2）制动灯泡损坏； （3）制动开关损坏； （4）线束等涉及整个制动系统工作的部位故障
倒车灯不亮	（1）倒车灯熔断丝熔断； （2）倒车灯泡损坏； （3）倒车灯开关损坏； （4）线束等涉及整个倒车灯系统工作的部位故障
喇叭不响或声调异常	（1）喇叭熔断丝熔断； （2）喇叭继电器损坏； （3）喇叭开关损坏； （4）喇叭损坏； （5）车身控制单元损坏

汽车信号系统常见故障及原因分析视频如图2-24所示，某个转向灯不工作故障视频如图2-25所示，某个制动灯不工作故障视频如图2-26所示，高音（或低音）喇叭不工作故障视频如图2-27所示，喇叭工作的音频如图2-28所示。

图2-24 汽车信号系统常见故障及原因分析视频

图 2-25　某个转向灯不工作故障视频

图 2-26　某个制动灯不工作故障视频

图 2-27　高音（或低音）喇叭不工作故障视频

图 2-28　喇叭工作的音频

2.5　拓展提升——上汽大众帕萨特汽车信号系统特点

1）拓展任务

李小明终于完成了卜先生卡罗拉汽车转向灯故障的接待工作。由于小明平常注重积累，解答卜先生的问题还算得心应手。为了进一步扩大自己的知识面，小明还想了解一下上汽大众帕萨特汽车的转向灯系统。于是，他向在上海大众4S店工作的同学要了一些资料开始学习。

2）上汽大众帕萨特汽车信号系统组成及安装位置

上汽大众帕萨特汽车转向灯/危险警示灯电路原理如图2-29所示，各元件的编号、名称及安装位置如表2-3所示。

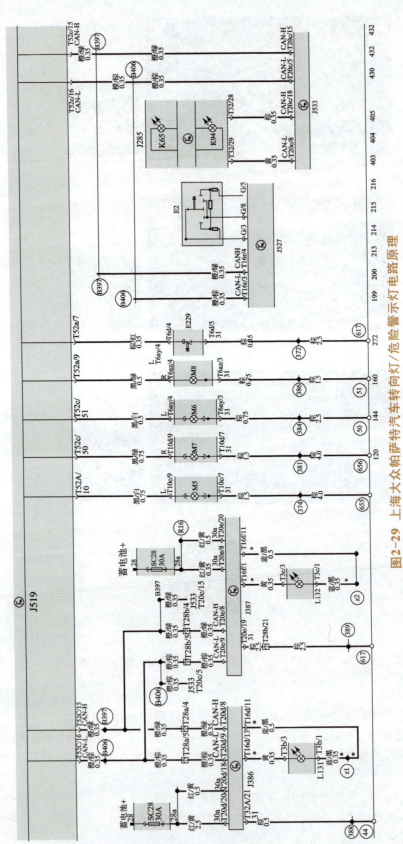

图2-29 上海大众帕萨特汽车转向灯/危险警示灯电路原理

表2-3 上汽大众帕萨特汽车转向灯/危险警示灯系统各元件编号、名称及安装位置

序号	编号	名称	安装位置	实物照片
1	J519	车身控制单元	仪表板左侧下方	
2	J527	转向柱电子装置控制单元	转向柱上部	
3	M5	左前转向灯灯泡	左前照灯内	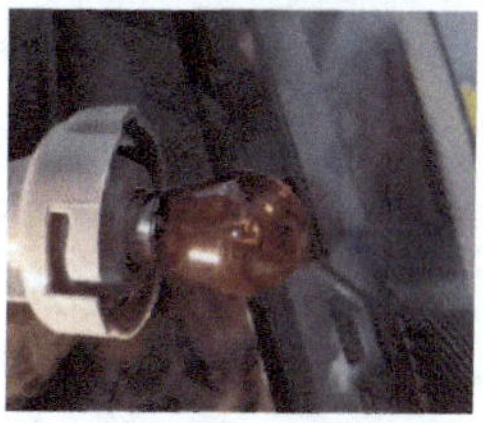
4	M6	左后转向灯灯泡	左尾灯内	
5	M7	右前转向灯灯泡	右前照灯内	
6	M8	右后转向灯灯泡	右尾灯内	
7	E2	转向灯开关	转向柱上部左侧拨杆上	
8	K65	左侧转向灯	组合仪表内	

续表

序号	编号	名称	安装位置	实物照片
9	K94	右侧转向灯	组合仪表内	
10	E229	危险警示灯开关	仪表板中部出风口中间	

3）上汽大众帕萨特汽车转向灯/危险警示灯系统工作过程

上汽大众帕萨特汽车转向灯/危险警示灯系统受车身控制单元 J519 控制，开关输入部分主要由 E2 转向灯开关和危险警示灯开关 E229 组成，E2 的信号输入转向柱电子装置控制单元 J527，通过 J527 上的两条 CAN 线将输入信号输送到 J519，J519 根据 CAN 线输入的信号控制某一侧转向灯工作。E229 的信号直接输入 J519，J519 根据 E229 输入的信号控制两侧转向灯同时工作。

上汽大众帕萨特汽车转向灯/危险警示灯正确使用视频如图 2－30 所示，上汽大众帕萨特汽车转向灯故障提示功能视频如图 2－31 所示。

图 2－30　上汽大众帕萨特汽车转向灯/危险警示灯正确使用视频

图 2－31　上汽大众帕萨特汽车转向灯故障提示功能视频

第 4 篇　汽车照明、信号及仪表系统认识及维护

学习任务 3　汽车仪表及报警系统认识及维护

 任务引入

汽车仪表及报警系统可使驾驶员更加方便、全面地掌握汽车的运行状况。随着电子技术的发展，现在汽车上多采用电子组合仪表。这就要求汽车营销与服务技术从业人员具备汽车仪表及报警系统组成、基本工作原理及相关电路的基础知识，能够正确辨识汽车上各个仪表及警示灯，与客户就汽车仪表及报警系统常见故障及原因进行沟通。

 任务描述

李小明在某上汽大众汽车 4S 店做维修接待工作三年了。有一天，客户韩先生开着一辆新款帕萨特汽车来到 4S 店，韩先生反映该车仪表上一个警示灯亮了，韩先生记得上次给车做保养是半年前了，他想知道这个警示灯是否就是提示汽车该做保养了。

假如你是小明，请你负责该车辆的接待工作，为韩先生介绍汽车仪表及报警系统功能、正确使用方法，并完成仪表系统的初步检查，与韩先生就该车仪表系统的故障进行初步沟通。

 学习目标

①能描述汽车仪表及报警系统的作用。
②能描述汽车仪表系统的分类及各类型仪表的特点。
③能利用框图描述汽车智能仪表及报警系统的组成、工作过程。
④能向客户介绍丰田卡罗拉汽车仪表及报警系统的电路原理。
⑤能叙述上汽大众帕萨特汽车仪表及报警系统的名称及功能。
⑥能叙述上汽大众帕萨特汽车仪表及报警系统的工作过程。
⑦能完成上汽大众帕萨特汽车保养预检环节仪表相关信息记录。
⑧能完成上汽大众帕萨特汽车保养完工后警示灯归零的工作。
⑨能通过自学完成其他车型仪表及报警系统相关信息的收集工作。

3.1　相关知识

为了方便驾驶员随时了解汽车主要部件的工作情况，及时发现和排除可能出现的故障，汽车上装有各种仪表，如机油压力表、水温表、燃油表、车速里程表和转速表等，以显示汽车运行的主要常规参数。汽车仪表大部分被集中安装在驾驶舱内转向盘正前方的专用仪表板上，其安装布局随各制造厂和车型不同而有所差别。

3.1.1 汽车仪表系统发展

汽车仪表作为汽车运行数据的重要显示元件，应结构简单、体积小、工作可靠、耐振动、抗冲击性好，并且显示的数据准确、清晰，不随电源电压、环境温度等因素的变化而变化。汽车仪表的发展与电子技术的发展密切相关。

1) 机械式和机械-电气式仪表

最早在汽车上使用的仪表为机械式或机械-电气式结构。机械式仪表是将速度或压力源的信息，机械地用金属管或传动芯轴传给指示器；电气式仪表通过各类传感器将被测的非电量变换成电信号，再用电线连接至指示器。单独的机械式仪表在汽车上已很少存在，大部分为机械和电气结合的电气式仪表，如图3-1所示。这种仪表具有准确度低、可靠性及视觉特性较差、体积较大等不足，难以满足人们对汽车安全性、舒适性等更高的要求。

2) 模拟电路电子式仪表

20世纪70年代，随着电子技术的发展，汽车仪表出现了模拟电路电子式仪表，其显示方式有指针、发光二极管和液晶显示器等形式，如图3-2所示。这种电子式仪表采用单个电子电路构成的发动机转速表、车速里程表、燃油表、温度表等，使某个或几个仪表的工作稳定性和可靠性得到了提高，但是，受工作原理的限制，其精度、信息量、响应速度等性能指标难以有根本的突破。

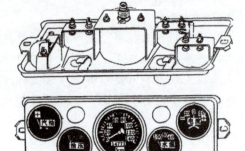

图3-1 机械-电气式仪表

图3-2 模拟电路电子式仪表

机械式仪表、机械-电气式仪表和模拟电路电子式仪表统称为传统仪表。

3) 电子组合仪表

自20世纪90年代起，随着电子技术和微处理器技术的发展，以及人们对汽车安全、环保及经济性、智能化等要求的不断提高，在一些汽车上出现了电子组合仪表系统。电子化的仪表系统以微处理器为核心，利用晶体管的开关特性组成谐振电路，在指示器上显示信息，这样不仅能精确显示机油压力、冷却液温度、车速、燃油储量等一些直接参数，还具有记忆、运算处理功能，因而可显示经过计算后的间接参数，比如瞬时油耗量、平均油耗、平均车速、续驶里程、行驶时间等。

电子组合仪表系统的显示形式可多样化，比如可数字化显示、条线图形显示、声光显示与报警等，如图3-3、图3-4所示。因此，电子组合仪表系统可使驾驶员更加方便、全面地掌握汽车的运行状况。

图3-3 电子组合仪表系统（1）

图3-4 电子组合仪表系统（2）

3.1.2 不同类型仪表对比

1）按显示方式分类

汽车仪表按显示方式的不同，可分为机械式、电子式和综合信息显示系统几类。

（1）机械式仪表

机械式仪表采用机械指针指示仪表刻度，具有性能稳定、可靠、成本低等优点，但显示信息量少、视觉特性不好、易使驾驶员疲劳、准确率较低。目前只在少量货车和低档车上使用。

（2）电子式仪表

电子式仪表采用电子技术，将测量值转换为电信号，再用指针、数字、声光或图形等电子方式显示汽车各运行参数，具有直观、清晰、稳定、即时、精度高、体积小、质量轻、美观等特点，已在汽车上得到广泛使用，如图3-5所示。

图3-5 电子式仪表

（3）综合信息显示系统

综合信息显示系统以液晶显示器为基础，除显示常规的汽车运行参数外，还能显示地图信息、维修信息、多媒体信息、电话信息等，具有导航、音响、道路和信息处理等功能，如图3-6、图3-7所示。

图3-6 综合信息显示系统（1）

图3-7 综合信息显示系统（2）

不同类型仪表对比视频如图3-8所示。

图3-8 不同类型仪表对比视频

2）按结构形式分类

汽车仪表按其结构形式可分为独立式和组合式两种。

（1）独立式仪表

独立式仪表是将各独立的仪表固定在同一块金属板上，使用时可单独安装或者更换。

（2）组合式仪表

组合式仪表是将各仪表封装在一个壳体内，具有结构紧凑、美观大方的特点，被现代汽车普遍采用。组合式仪表又分为可拆式和不可拆式两种，可拆式仪表各组成部件可单独更换（图3-9），而不可拆式仪表需整体更换（图3-10）。

图3-9　可拆式组合仪表

图3-10　不可拆式组合仪表

3.1.3　汽车电子组合仪表及报警系统组成、工作原理

1）组成

汽车电子组合仪表板多采用发光二极管或液晶显示。发动机熄火时，仪表板呈黑色（无任何显示）；点火开关接通后，仪表板显示出各种参数值或模拟出传统仪表的指针指示值。

在电子组合仪表中，各种传感器和开关输出的信号被送到微处理器，微处理器处理后将其发送到相应的仪表显示出来或者用警示灯发出警示信息，如图3-11所示。

车辆状态传感器主要包括车速、燃油量、冷却液温度、发动机转速、燃油压力等。除了这些变量，还包括一些开关信号，如起动器信号、超速行驶主开关信号等，以及让驾驶员选择不同显示模式或者测量模式的仪表板开关，如英里/公里显示转换开关、短程模式转换开关等。

2）工作原理

汽车电子组合仪表系统的工作原理如图3-12所示。各传感器的输出信号经接口电路转换为数字信号，然后被输送到微处理器进行处理，再通过显示驱动电路与仪表板显示器相连，分时循环显示或同时在不同区域显示各种测量参数。

随着汽车电子技术的不断发展，车辆电控系统的数量不断增多，功能越来越复杂，仪表ECU、发动机总成控制系统、变速器总成控制系统、制动防抱死控制系统、巡航控制系统、安全气囊系统各个单元都需要同时与多个传感器、执行器之间发生通信，每个输入、输出信号又可能与多台计算机之间发生通信。所以仪表ECU与各个控制单元之间采用多路传输系统连接，形成了计算机局域网系统，如图3-13所示。利用计算机局域网，仪表ECU接收来自各个子系统的故障码等诊断信息，并通过仪表点亮相应的警示灯来提醒驾驶员。

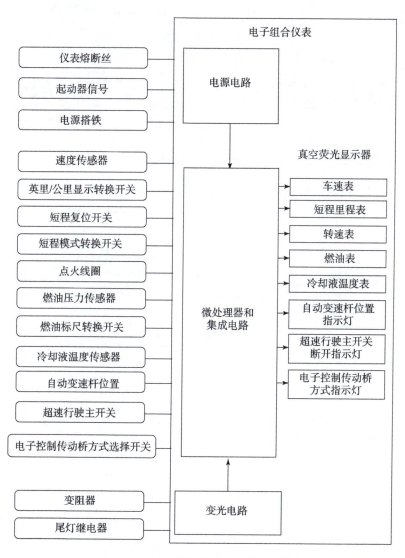

图3-11 汽车电子组合仪表系统组成框图

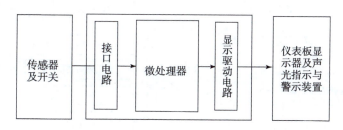

图3-12 汽车电子组合仪表系统的工作原理

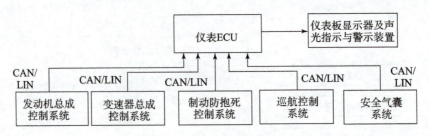

图 3-13　电子组合仪表系统局域网

3.1.4　丰田卡罗拉汽车仪表及报警系统电路原理

丰田卡罗拉汽车仪表及报警系统电路原理如图 3-14 所示。

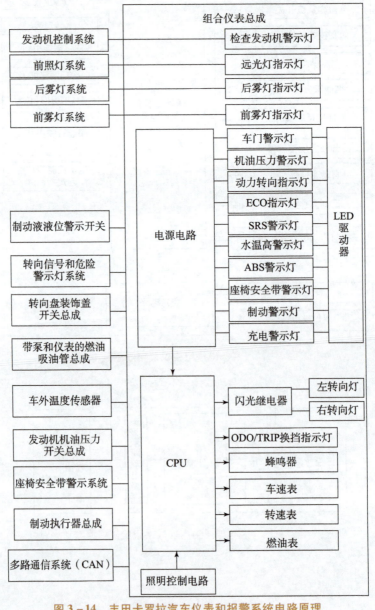

图 3-14　丰田卡罗拉汽车仪表和报警系统电路原理

丰田卡罗拉汽车仪表系统主要包括计算机、各类传感器（或开关）和总成（或系统）的诊断输入信号、车速表、转速表、燃油表等。计算机采集传感器（或开关）和总成（或系统）的诊断输入信号等变量，处理后以指针的形式在车速表、转速表、燃油表等上面显示出来。

丰田卡罗拉汽车报警系统主要由各类传感器（或开关）和总成（或系统）的诊断输入信号、各种警示灯和指示灯、LED 驱动器等组成。LED 驱动器通过调整电源电路驱动各个 LED 警示灯或指示灯正常工作。

3.2　在线测验

3.2　在线测验试题

3.3　任务实施——上汽大众帕萨特汽车仪表及报警系统认识及检查

3.3.1　任务准备

①上汽大众帕萨特汽车 1 辆，车辆开进作业工位并做好车辆防护。
②上汽大众帕萨特汽车车主保养手册 1 本。
③万用表 1 只。
④常规工具 1 套、连接导线。
⑤充电机 1 台。
⑥作业记录单。

3.3.2　仪表及报警系统功能认识

图 3-15 所示为上汽大众帕萨特汽车仪表及报警系统外观视频。

图 3-15　上汽大众帕萨特汽车仪表及报警系统外观视频

请对照表 3-1 中上汽大众帕萨特汽车各警（指）示灯符号及名称在表中填写各警

（指）示灯的含义。

表3-1 上汽大众帕萨特汽车警（指）示灯符号、名称及含义

符 号	名 称	含 义
	制动系统故障警示灯	
	冷却液状态警示灯	
	发动机机油压力警示灯	
	车门未关警示灯	
	行李舱盖门未关警示灯	
	电动助力转向系统警示灯	
	安全带未系警示灯	
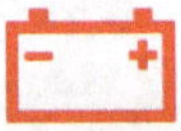	发电机故障指示灯	
	电子驻车制动器指示灯	
	制动盘指示灯	
	电子稳定系统指示灯	
	牵引力控制系统手动关闭/接通指示灯	
	防抱死制动系统指示灯	
	驻车制动系统指示灯	
	后雾灯工作指示灯	
	照明灯故障指示灯	
	发动机控制系统指示灯	

续表

符 号	名 称	含 义
EPC	电控节气门故障指示灯	
	电动助力转向系统指示灯	
	轮胎气压监控系统指示灯	
	车窗玻璃清洗液指示灯	
	燃油量指示灯	
	安全气囊系统指示灯	
	转向信号指示灯	
	制动踏板未踩下指示灯	
	定速巡航系统指示灯	
	远光灯指示灯	
	保养提示指示灯	

图 3-16 所示为丰田卡罗拉汽车仪表及报警系统认识视频，图 3-17 所示为本田思铂睿汽车仪表及报警系统认识视频。

图 3-16 丰田卡罗拉汽车仪表及报警系统认识视频

图 3-17 本田思铂睿汽车仪表及报警系统认识视频

3.3.3 保养预检——仪表盘相关信息记录

汽车在保养前,需完成仪表相关信息的记录。打开点火开关,对应图3-18所示的预检表,检查车辆仪表板上各个指示灯的工作情况并填写表3-2。

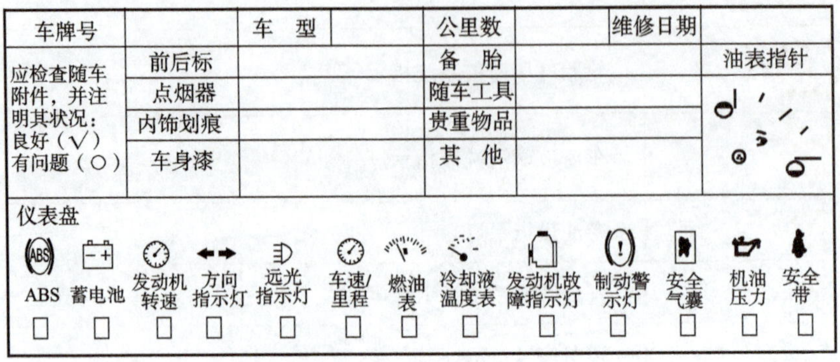

预检表

车牌号		车型		公里数		维修日期	
应检查随车附件,并注明其状况:良好(√)有问题(○)	前后标			备胎		油表指针	
	点烟器			随车工具			
	内饰划痕			贵重物品			
	车身漆			其他			
仪表盘	ABS □	蓄电池 □	发动机转速 □	方向指示灯 □	远光指示灯 □	车速/里程 □	燃油表 □	冷却液温度表 □	发动机故障指示灯 □	制动警示灯 □	安全气囊 □	机油压力 □	安全带 □

图3-18 保养预检表

表3-2 保养预检记录

符 号	名 称	检查状态	检查结论	建议处理措施
 ABS	防抱死制动系统指示灯	点火开关接通	□正常;□不正常	
蓄电池符号	发电机故障指示灯	车辆点火状态;车辆起动状态	□正常;□不正常	
 转速表图	转速表	车辆点火状态;车辆起动状态	□正常;□不正常	
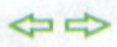 转向箭头	转向信号指示灯	转向灯状态;应急灯状态	□正常;□不正常	
 远光灯符号	远光灯指示灯	远光灯状态;远光灯熄灭	□正常;□不正常	
 里程表图	车速里程表	点火开关接通	□正常;□不正常	
 燃油表图	燃油表	点火开关接通	□正常;□不正常	
 冷却液温度表图	冷却液温度表	点火开关接通	□正常;□不正常	

续表

符号	名称	检查状态	检查结论	建议处理措施
	发动机控制系统指示灯	点火开关接通	□正常；□不正常	
	制动系统故障警示灯	驻车制动拉起；驻车制动放下	□正常；□不正常	
	安全气囊系统指示灯	点火开关接通	□正常；□不正常	
	发动机机油压力警示灯	车辆点火状态；车辆起动状态	□正常；□不正常	
	安全带未系警示灯	安全带未插入；安全带插入	□正常；□不正常	

在仪表及报警系统的检查中，如果发现某个仪表或警示灯不正常，则需要进行仪表及报警系统驱动或者启动仪表自诊断功能。图3-19所示为上汽大众帕萨特汽车警（指）示灯驱动视频，图3-20所示为本田思铂睿汽车仪表自诊断视频。

图3-19　上汽大众帕萨特汽车警（指）示灯驱动视频

图3-20　本田思铂睿汽车仪表自诊断视频

3.3.4　保养完工——保养指示灯归零

完成车辆保养后，需要将保养指示灯归零。保养指示灯归零的方式有两种：一种是通过故障诊断仪将保养指示灯归零；另一种是通过转向盘按键操作进行保养指示灯归零。图3-21所示为上汽大众帕萨特汽车保养指示灯归零视频。如果在汽车使用过程中，某个系统的警示灯点亮，则需要按照规定程序进行该警示灯系统复位。以胎压警示灯点亮为例的复位视频如图3-22所示。

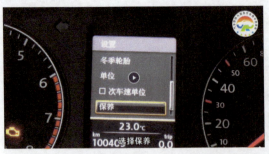

图 3-21　上汽大众帕萨特汽车保养指示灯归零视频

图 3-22　上汽大众帕萨特汽车胎压警示灯复位视频

3.4　仪表及报警系统常见故障及原因分析

一般来说，目前汽车仪表均采用电子控制，除了各种传感器和开关外，处理来自各种传感器的信号、仪表显示等功能都是由计算机控制的。

使用计算机控制的电子仪表系统一般都具有故障自诊断系统。对于大多数车辆来说，如果存在故障，则只要使用专用故障诊断仪，就可以读出故障码；再通过查阅维修手册，就可以了解故障码代表的故障原因，找出相应的处理方法；用检测设备对它们进行逐个检查，直至最终排除故障。如果属于组合仪表控制单元本身出现故障，那么因为组合仪表一般不可分解，除了装有普通灯泡的指示灯可更换外，应更换组合仪表总成。

现代汽车电子组合仪表系统常见故障主要包括仪表完全不工作、单个仪表不工作、单个指示灯不工作、单个警示灯不工作等情况，其原因分析如表 3-3、图 3-23 所示。

表 3-3　现代汽车电子仪表系统常见故障现象及故障原因

故障现象	故障原因
仪表完全不工作	1. 组合仪表熔断丝故障； 2. 组合仪表电源电路故障； 3. 组合仪表自身故障
单个仪表不工作	1. 该仪表传感器故障； 2. 传感器与组合仪表相连线路故障； 3. 组合仪表中该仪表故障

续表

故障现象	故障原因
单个指示灯不工作	1. 指示灯线路故障； 2. 指示灯自身故障
单个警示灯不工作	1. 该仪表传感器故障； 2. 传感器与组合仪表相连线路故障； 3. 组合仪表中该警示灯故障

图3-23　现代汽车电子组合仪表系统常见故障及原因分析视频

3.5　拓展提升——宝马3系汽车仪表及报警系统特点

1）拓展任务

李小明已对丰田卡罗拉汽车、上汽大众帕萨特汽车的仪表有所了解。抱着多学习多长见识的态度，他还想了解一下高档车的仪表系统。正好，在宝马4S店工作的同学给他提供了一些资料，他便又开始学习。

2）宝马3系汽车仪表及报警系统认识

图3-24所示为宝马3系汽车仪表及报警系统认识视频，图3-25所示为宝马3系汽车仪表系统自检视频，图3-26所示为宝马3系汽车水温值-燃油量读取视频，图3-27所示为宝马3系汽车保养后警示灯归零视频。

图3-24　宝马3系汽车仪表及报警系统认识视频

图3-25　宝马3系汽车仪表系统自检视频

图3-26　宝马3系汽车水温值—燃油量读取视频

图3-27　宝马3系汽车保养后警示灯归零视频

第 5 篇

汽车舒适系统认识及维护

学习任务1　汽车空调系统认识及维护

任务引入

　　汽车空调在炎热的夏季可以为我们提供爽爽的凉风，在严寒的冬天可以给我们输送阵阵的暖意，可以过滤外界空气中的粉尘为车内提供新鲜的空气，在车内空气含氧量低时可以实现换气，这就是汽车空调的制冷、加热、换气和净化几大功能。它可以为司乘人员提供舒适的乘车环境，降低驾驶员的疲劳强度，提高行车安全。这就要求汽车营销与服务技术从业人员具备汽车空调系统组成、基本工作原理、正确使用和维护相关的基础知识和基本技能，能够与客户就汽车空调系统常见故障进行沟通。

任务描述

　　李小明在某丰田汽车4S店做维修接待工作两年了。进入六月后，天气很热，4S店也在进行本年度空调免费检测活动。有一天，客户周先生开着他的丰田卡罗拉汽车来到4S店。周先生反映他的车开了空调后吹出的风不凉，他怀疑空调制冷系统出了问题，他希望对他的车的空调系统做一个全面检查，有必要的话做一次空调制冷系统维修。
　　假如你是小明，请你负责该车的接待工作，为周先生介绍汽车空调制冷系统的组成、作用及正确使用方法，并完成汽车空调系统的全面检查，与周先生就汽车空调制冷效果不好故障进行初步沟通。

学习目标

　　（1）能描述汽车空调系统的作用。
　　（2）能描述汽车空调制冷剂及冷冻润滑油选取原则。
　　（3）能描述汽车空调采暖系统组成、主要元件作用及工作原理。
　　（4）能描述汽车空调制冷系统组成、主要元件作用及工作原理。
　　（5）能描述汽车空调空气调节系统组成、主要元件作用及工作原理。
　　（6）能描述汽车空调通风系统组成、主要元件作用及工作原理。
　　（7）能描述汽车空调空气净化系统组成、主要元件作用及工作原理。
　　（8）能描述汽车空调控制系统组成、主要元件作用及工作原理。
　　（9）会正确操作及演示汽车空调制冷/暖风系统。
　　（10）能区分手动空调、半自动空调及自动空调。
　　（11）能描述自动空调系统常见传感器、执行器作用及安装位置。
　　（12）能指导客户正确使用空调。

(13) 能指导客户正确选用制冷剂及润滑油。
(14) 能描述汽车空调滤清器的更换条件。
(15) 能向客户解释空调系统常见故障原因及处理方法。

1.1 相关知识

1.1.1 空调系统作用

汽车空调是用来改善汽车舒适性的设备，可以对车内空气的温度、湿度进行调节，并保持车内的空气清洁。汽车空调的作用主要体现在以下四个方面：
①调节温度：将车内的温度调节到人体感觉适宜的程度。
②调节湿度：将车内的湿度调节到人体感觉适宜的程度。
③调节气流：调节车内出风口的位置、出风的方向及风量的大小。
④净化空气：过滤空气中的尘土和杂质，或对空气进行杀菌消毒。
为实现上述汽车空调的作用，汽车空调系统通常有制冷装置、暖风装置、通风装置、空气净化装置。

目前汽车空调系统依车辆的配置不同，有手动空调、半自动空调、自动空调几个挡，并且随着汽车档次和配置的提升，还有分区控制的空调，以及在空气净化方面采用更加先进的技术等情况。图1-1所示为汽车空调系统元件在车上的布置情况，图1-2所示为典型的手动空调的控制面板，图1-3所示为典型的自动空调的控制面板。

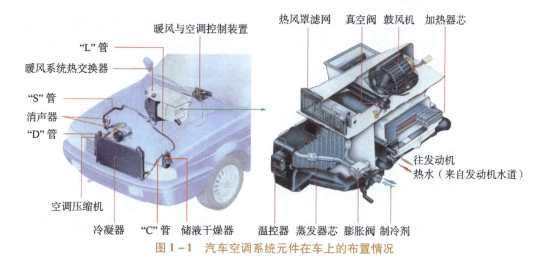

图1-1 汽车空调系统元件在车上的布置情况

图1-2 典型的手动空调的控制面板

图1-3 典型的自动空调的控制面板

1.1.2 制冷剂与冷冻润滑油认识

1）制冷剂

制冷剂是制冷循环当中传热的载体，通过状态变化吸收和放出热量，因此要求制冷剂在常温下容易汽化，加压后容易液化，同时在状态变化时尽可能多地吸收或放出热量（较大的汽化或液化潜热）；同时制冷剂还应具备不易燃易爆、无毒、无腐蚀性、对环境无害等特点。

制冷剂的英文名称为 Refrigerant，所以常用其头一个字母 R 来代表制冷剂，后面表示制冷剂名称，如 R12、R22、R134a 等。

目前汽车上广泛采用的是 R134a。它在标准大气压下的沸点为 -26.5℃，在两个大气压下的沸点为 -10.6℃，在 15 个大气压下的沸点约为 56℃。如果在常温常压的情况下将其释放，R134a 便会立即吸收热量而开始沸腾并转化为气体。加压后，R134a 也很容易转化为液体。如果要使 R134a 从气态转变为液态，就降低温度，或提高压力，反之亦然。

2）冷冻润滑油

在空调制冷系统中有相对运动的部件，需要对其进行润滑。由于制冷系统中的工作条件比较特殊，所以需要专门的润滑油——冷冻润滑油。冷冻润滑油除了起到润滑作用外，还可以起到冷却、密封和降低机械噪声的作用。在制冷系统中的润滑油还有一个特殊的要求，就是要与制冷剂相溶，并且随着制冷剂一起循环。

目前汽车空调系统常用的润滑油主要有两类：一类是聚烃基乙二醇（PAG）冷冻润滑油；另一类是聚酯类（ESTER）冷冻润滑油。聚酯类冷冻润滑油由多元醇酯基础油和添加剂配置而成，与 R134a 制冷剂互溶性好，不会出现低温沉积现象，耐磨性能良好。

国产冷冻润滑油分为 13 号、18 号、25 号、30 号和 40 号等几种牌号，牌号越大，润滑油的黏度也越大。进口冷冻润滑油有 SUNISO 3GS、4GS、5GS 等牌号。汽车空调系统一般选用国产 18 号、25 号或者进口 SUNISO 5GS 冷冻润滑油。

1.1.3 空调采暖系统认识

汽车的暖风系统可以将车内的空气或从车外吸入车内的空气加热，提高车内的温度。汽车的暖风系统有许多类型，按热源的不同可分为热水取暖系统、燃气取暖系统、废气取暖系统等，目前小型车辆主要采用热水取暖系统，大型车辆主要采用燃气取暖系统。

1）热水取暖系统

热水取暖系统组成如图 1-4 所示，主要有加热器芯、热水阀、水管、鼓风机、发动机等。

热水取暖系统的热源通常采用发动机的冷却水，使冷却水流过一个加热器芯，再使用鼓风机将冷空气吹过加热器芯加热空气，使车内的温度升高，如图 1-5 和图 1-6 所示。

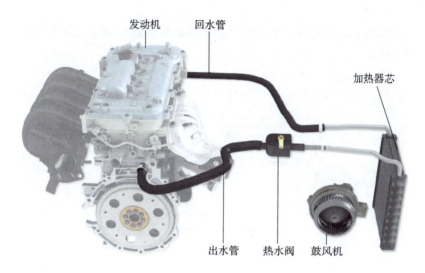

图1-4 热水取暖系统组成

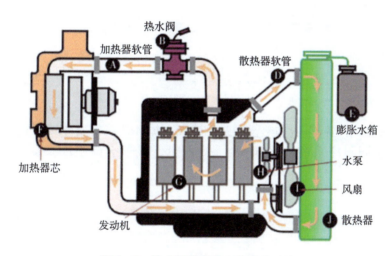

图1-5 热水取暖系统工作原理（1）

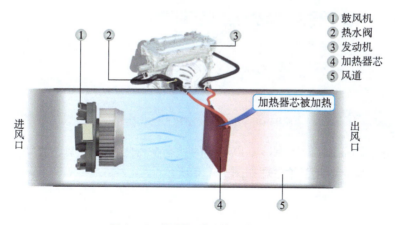

图1-6 热水取暖系统工作原理（2）

2）燃气取暖系统

在大、中型客车上，仅靠发动机冷却水的余热取暖是远远满足不了要求的，为此，常采用燃气取暖系统。

燃气取暖系统工作过程如图1-7所示，燃油和空气在燃烧室中混合燃烧，加热发动机的冷却水，加热后的水进入加热器芯向外散热，降温后返回发动机再进行循环。

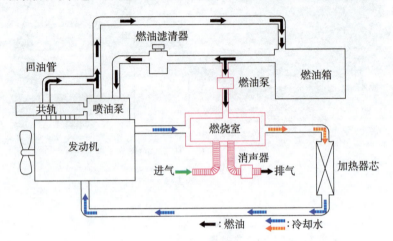

图1-7　燃气取暖系统工作过程

1.1.4　空调制冷系统认识

制冷系统的作用是将车内的热量通过制冷剂在循环系统中循环转移到车外，实现车内降温。汽车空调制冷系统功用如图1-8所示，汽车空调制冷系统组成如图1-9所示。

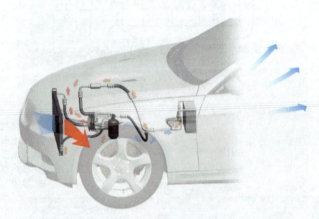

图1-8　汽车空调制冷系统功用

汽车空调制冷系统工作时，制冷剂以不同的状态在密闭系统内循环流动，每一循环包括四个基本过程，制冷系统工作原理如图1-10所示。

（1）压缩过程

当发动机带动压缩机运转时，压缩机吸入蒸发器出口处低温低压气体制冷剂，将其压缩成高温高压的气体排出压缩机。

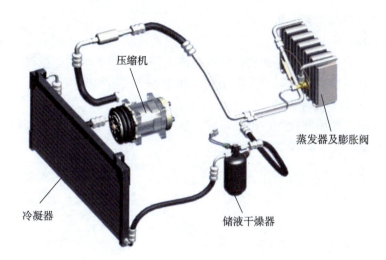

图1-9 汽车空调制冷系统组成

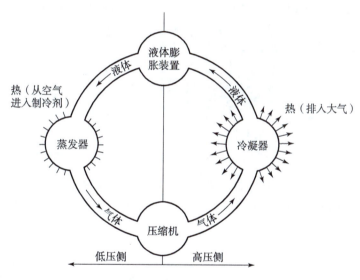

图1-10 制冷系统工作原理

（2）冷凝放热过程

高温高压气体制冷剂进入冷凝器，经过冷凝器冷却后，制冷剂的压力和温度降低，当气体制冷剂的温度降至40~50℃时，制冷剂气体冷凝为液体，同时放出大量的热量。

（3）节流膨胀过程

液态制冷剂流至储液干燥器，在储液干燥器中除去水分和杂质，由管道流入膨胀阀，温度和压力较高的液态制冷剂通过膨胀阀的节流装置后体积变大，压力和温度急剧下降，以雾状（细小液滴）排出膨胀阀。

（4）蒸发吸热过程

低温低压的雾状制冷剂进入蒸发器后，吸收蒸发器表面周围空气的热量而沸腾汽化，从而降低车内空气温度，同时制冷剂成为低温低压的气态进入压缩机开始下一个制冷循环。

在鼓风机的作用下，车内的冷、热空气加速对流，提高了空调制冷效果。车外在冷凝器风扇的作用下，加速了制冷剂的冷却和液化，使制冷剂在车内携带的热量到车外能及时地释放出去,然后不断重复上述过程。

1)空调制冷循环类型

从前述的制冷原理我们已经知道,通过制冷循环可以将车内的热量转移到车外。目前车辆上采用的循环系统大致可以分为膨胀阀式和膨胀管式两种循环方式。

(1)膨胀阀式制冷循环系统

图1-11所示为膨胀阀式制冷循环过程,这种循环系统主要包括压缩机、冷凝器、储液干燥器、膨胀阀、蒸发器和管路等主要部件。

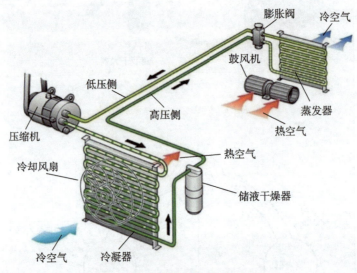

图1-11 膨胀阀式制冷循环过程

膨胀阀式制冷循环系统工作原理如图1-12所示。这种循环系统中的膨胀阀可以根据制冷负荷的大小调节制冷剂的流量。

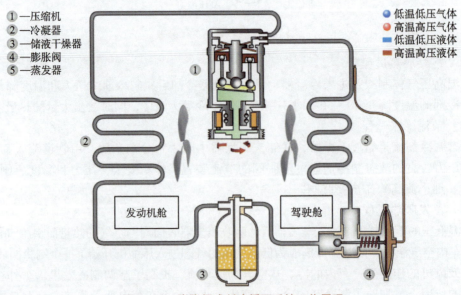

图1-12 膨胀阀式制冷循环系统工作原理

(2) 膨胀管式制冷循环系统

膨胀管式制冷循环系统（CCOT 方式）从制冷的工作原理来看，与膨胀阀式制冷循环系统无本质差别，只不过将可调节流量的膨胀阀换成不可调节流量的膨胀管，使其结构更加简单。其制冷循环过程如图 1-13 所示。为了防止液态的制冷剂进入压缩机而造成压缩机的损坏，将储液干燥器安装在蒸发器的出口，并按照它所起的作用更名为集液器，同时进行气液分离，液体留在器内，气体进入压缩机。其他部分的工作过程与膨胀阀式的制冷循环相同。

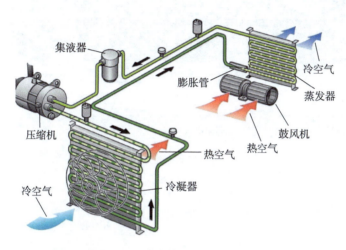

图 1-13　膨胀管式制冷循环过程

2) 制冷循环系统组成部件

制冷循环系统的主要部件包括压缩机、冷凝器、储液干燥器、膨胀阀及蒸发器等。

(1) 压缩机

压缩机的作用是将从蒸发器出来的低温低压的气态制冷剂通过压缩转变为高温高压的气态制冷剂，并将其送入冷凝器。目前在汽车空调系统中所采用的压缩机有多种类型，比较常见的有摇板式压缩机、斜盘式压缩机、叶片式压缩机、涡旋式压缩机、曲轴连杆式压缩机等。

汽车上常用的压缩机有摇板式和斜盘式两种。图 1-14 所示为摇板式压缩机结构，图 1-15 所示为斜盘式压缩机结构。两种压缩机的工作过程都是在活塞下行到达下止点过程中形成的负压吸入低温低压气态制冷剂，在活塞上行接近上止点时排出高温高压的气态制冷剂，不同的是斜盘式压缩机在运行时，同时有两组活塞处于工作状态。

压缩机还可分为定排量和变排量两种形式。

变排量压缩机增加了一个排量调节阀，如图 1-16 所示中的 N280 调节阀。变排量压缩机可根据空调系统的制冷负荷变化改变斜盘与主轴的夹角，自动改变排量，使空调系统运行更加经济。

当车内热负荷达到最大值或司乘人员要求快速制冷时，排量调节阀的供电占空比为 100%，排量调节阀阀芯压缩弹簧外伸至行程最大处，此时曲轴箱与吸气腔相通，与排气

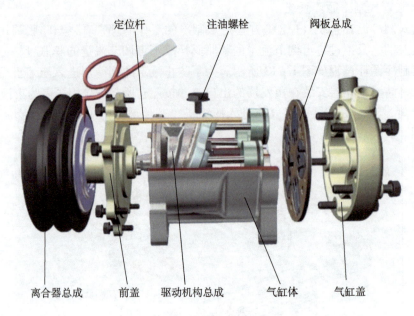

图1-14 摇板式压缩机结构

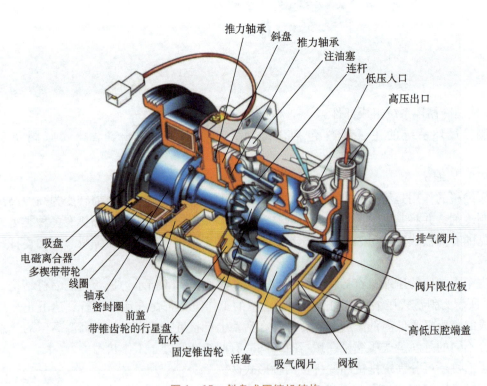

图1-15 斜盘式压缩机结构

腔隔绝，曲轴箱压力降到最小值，作用在活塞右侧的压力远高于作用于活塞左侧的压力（等于曲轴箱压力与弹簧力之和），这样弹簧被压缩，斜盘倾角变得最大，活塞行程最大，空调压缩机排气量最大，从而快速制冷，如图1-17所示。

图1-16　变排量压缩机结构

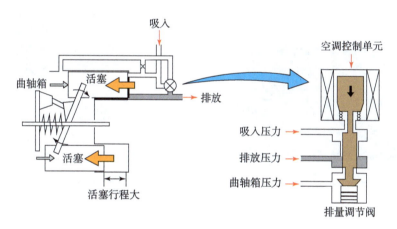

图1-17　变排量压缩机处于最大排量状态

当车内热负荷减小时，排量调节阀的供电占空比将减小，排量调节阀阀芯外伸行程减小，曲轴箱压力升高，作用在活塞左侧的压力升高，这样弹簧压缩量减小，斜盘倾斜角变小，活塞行程变小，空调压缩机排气量降低，从而节约燃油。

当车内热负荷降到最小值时，排量调节阀断电，此时占空比为0，排量调节阀阀芯提升到最高处，曲轴箱与排气腔相通，压力升到最大值，作用在活塞左侧和右侧的压力相等，弹簧自动伸长，斜盘倾角最小，活塞行程最小，空调压缩机排气量最小（接近0），如图1-18所示。

（2）冷凝器

冷凝器是热交换器，主要由管路和散热片组成，用于将高温高压的气态制冷剂转化为中温高压的液态制冷剂。高温高压的气态制冷剂从冷凝器上部流入，经过散热风扇外部降温后变为中温高压的液态制冷剂从冷凝器下部流出。

冷凝器始终被安装在汽车的前部，以便电动风扇通过扇叶从前向后压送空气，从而更好地将热量排放出去。冷凝器外形如图1-19所示，冷凝器与散热器、散热风扇的位置关系如图1-20所示。

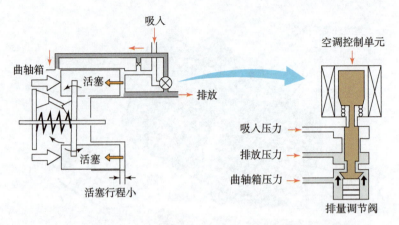

图1-18 变排量压缩机处于最小排量状态

图1-19 冷凝器外形

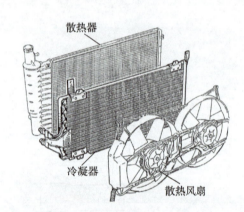

图1-20 冷凝器的安装位置

(3) 储液干燥器和集液器

①储液干燥器。

储液干燥器用于膨胀阀式的制冷循环,其作用主要是暂时存储制冷剂、去除制冷剂中的水分和杂质。车型不同,储液干燥器的结构略有差异。有些储液干燥器上装有观察玻璃,可用来观察制冷剂的流动情况,确定制冷剂的数量;有些储液干燥器上装有易熔塞,在系统压力、温度过高时,易熔塞熔化,释放出制冷剂,保护系统的重要部件不被破坏;有些储液干燥器上装有维修阀,供维修制冷系统时安装压力表和加注制冷剂之用;有些车型的储液干燥器上装有压力开关,在系统压力不正常时,可用来中止压缩机的工作。

储液干燥器外形如图1-21所示,其内部结构如图1-22所示。

②集液器。

集液器用于膨胀管式的制冷系统,被安装在蒸发器出口处的管路中。制冷剂进入集液器后,液体部分沉积在集液器底部,气体部分从上面的管路排出进入压缩机。

由于膨胀管无法调节制冷剂的流量,因此从蒸发器出来的制冷剂不一定全部是气体,可能有部分液体。为防止液体制冷剂进入而损坏压缩机,就在蒸发器出口处安装了集液器,它一方面将制冷剂进行气液分离,另一方面起到与储液干燥器相同的作用,其外形如图1-23所示,其内部结构如图1-24所示。

图 1-21　储液干燥器外形

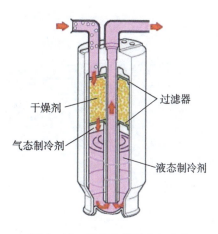

图 1-22　储液干燥器内部结构

图 1-23　集液器外形

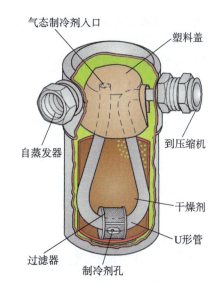

图 1-24　集液器内部结构

（4）膨胀阀和膨胀管

①膨胀阀。

膨胀阀安装在蒸发器的入口处，其作用是将从储液干燥器来的高温高压的液态制冷剂从膨胀阀的小孔喷出，使其降压，体积膨胀，转化为雾状制冷剂，在蒸发器中吸热变为气态制冷剂，同时还可根据制冷负荷的大小调节制冷剂的流量，确保蒸发器出口处的制冷剂全部转化为气体。

膨胀阀有内平衡式、外平衡式和 H 型三种。H 型膨胀阀由于具有结构简单、工作可靠的特点而在汽车上得到了越来越广泛的应用。图 1-25 所示为 H 型膨胀阀外形，其内部结构如图 1-26 所示。

图 1-25　H 型膨胀阀外形

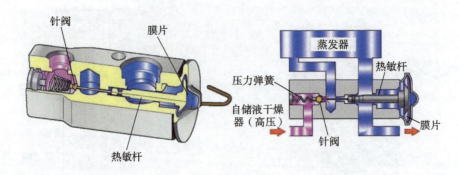

图 1－26　H 型膨胀阀内部结构

H 型膨胀阀的工作过程如下：膨胀阀内部有一个膜片，膜片左方有一个热敏杆，热敏杆连接着针阀，热敏杆周围是蒸发器出口处的制冷剂，制冷剂温度的变化（即制冷负荷变化）可通过热敏杆使膜片右方的气体压力发生变化，从而使针阀的开度发生变化，针阀的开度变化可以调节制冷剂的流量，以适应制冷负荷的变化。

②膨胀管。

膨胀管的作用与膨胀阀的作用基本相同，只是将调节制冷剂流量的功能取消了，膨胀管结构如图 1－27 所示。膨胀管的节流孔径是固定的，入口和出口都有滤网。节流管由于没有运动部件，所以具有结构简单、成本低、可靠性高、节能的优点，因此美系、日系等的许多高级轿车均采用膨胀管式制冷循环系统。

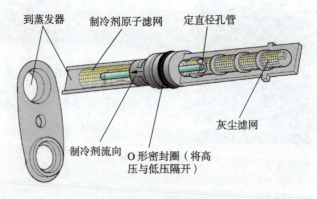

图 1－27　膨胀管结构

（5）蒸发器

蒸发器是一个热交换器，膨胀阀喷出的雾状制冷剂在蒸发器中蒸发，吸收通过蒸发器表面空气中的热量，使车内降温，达到制冷的目的。在降温的同时溶解空气中的水分也会由于温度降低而发生冷凝。蒸发器还要将冷凝水排出车外。

蒸发器被安装在驾驶舱仪表板后面，其外形及工作原理如图 1－28 所示；主要由管路和散热片组成，在蒸发器的下方还有接水盘和排水管。

空调制冷系统在工作时，鼓风机将热空气吹过蒸发器，热空气和蒸发器内的制冷剂进行热交换，制冷剂汽化，热空气降温为冷空气，同时空气中的水分遇冷凝结在蒸发器的散热片上，并通过接水盘和排水管排出车外，如图 1－29 所示。

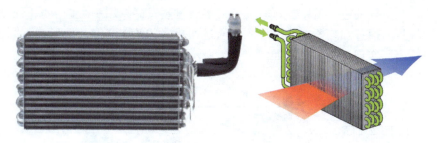

图1-28 蒸发器外形及工作原理

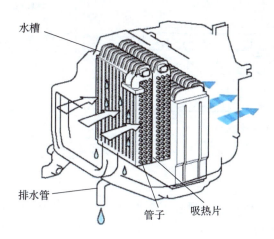

图1-29 蒸发器上的冷凝水排水管

1.1.5 空调调节系统认识

空调调节系统有手动调节和自动调节之分,调节是通过空调控制面板上的按钮或旋钮进行的,如图1-30所示为可自动调节的空调控制面板。

图1-30 可自动调节的空调控制面板

空调控制面板上有温度调节、气流选择调节、空气进气模式选择(内、外循环选择)、鼓风机转速调节、空调开关(A/C)和运行模式选择开关。其中温度调节、气流选择调节、空气进气模式选择是通过气道中的调节风门来实现的,空调开关和运行模式选择开关、鼓风机转速调节则是通过电路控制来实现的。

1)温度调节

目前轿车的空调系统基本上都是冷气和暖风共用一个鼓风机,温度调节采用冷、暖风混合的方式。在空气的进气道中，所有的空气都通过蒸发器，用一个调节风门控制通过加热器芯的空气量，通过加热器芯的空气和未通过加热器芯的空气混合后形成不同温度的空气从出风口吹出，实现温度调节，如图 1-31 所示。

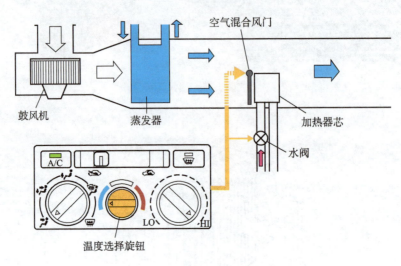

图 1-31　汽车空调温度调节

2）气流选择调节

现代轿车空调系统的出风口分别设置了中央出风口、侧出风口、脚部出风口、风窗玻璃除霜出风口等不同的出风口，我们可以根据需要，选择吹头部、吹脚部、吹风窗玻璃除霜口、吹头部+吹脚部、吹脚部+吹风窗玻璃除霜口五种不同的出风模式，如图 1-32 所示；各出风口内部结构示意如图 1-33 所示。

图 1-32　汽车空调各出风口示意

3）空气进气模式选择

空气进气模式选择可以选择进入车内的空气是外部的新鲜空气还是车内的非新鲜空气。如果选择外部新鲜空气，则称为外循环；如果选择车内空气，则称为内循环。这种选择可以通过控制面板上的内、外循环选择按钮（或拨杆）来控制进气口处的进气风门来实现，如图 1-34 所示。

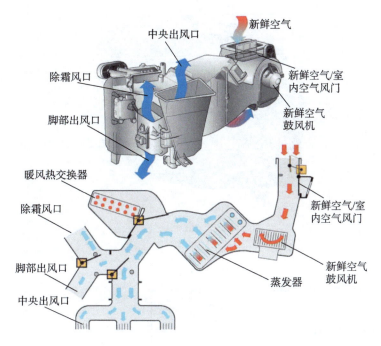

图1-33 汽车空调各出风口内部结构示意

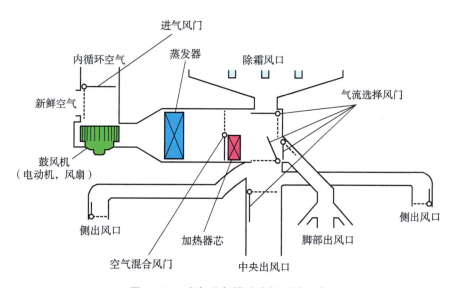

图1-34 空气进气模式选择系统示意

4）鼓风机转速调节

鼓风机转速调节是通过在鼓风机电路中串入不同的电阻实现的。鼓风机外形如图1-35所示。鼓风机转速调节电路如图1-36所示。在鼓风机电路中串入三个电阻，通过开关控制，实现四个转速挡（空调控制面板上的LO、2、3、HI）。如果将电阻改为电子控制，则可实现无级调速。

图 1-35 鼓风机外形

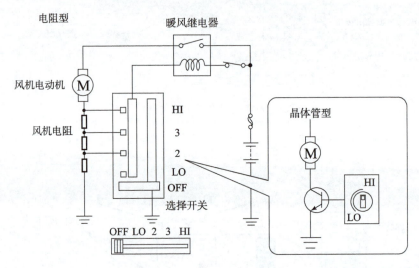

图 1-36 鼓风机转速调节电路

1.1.6 空调通风系统认识

通风系统的作用是将车外的新鲜空气引入车内，将车内的污浊空气排出车外；同时，通风系统还具有风窗除霜的作用。通风系统可使车内的空气保持新鲜，提高车辆的舒适性。空调通风系统组成如图 1-37 所示。

目前汽车上的通风方式有两种：一种是动压通风，即利用汽车行驶中各个部位所产生的不同压力进行通风，通风口的设置如图 1-38 所示。动压通风方式比较经济，但在汽车低速行驶时，通风效果较差；另一种是强制通风，就是利用汽车上的鼓风机进行通风。强制通风不受车速限制，通风效果较好。

目前小型汽车上基本上都采用了综合通风的方式，即汽车在低速行驶时采用强制通风，高速行驶时采用动压通风，这样既保证了汽车在各种工况下都能保持良好的通风效果，同时也降低了能耗。

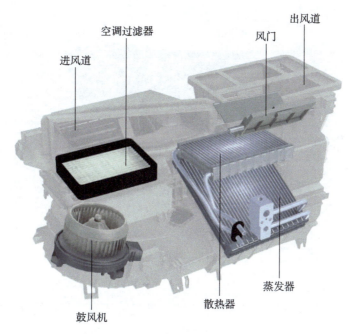

图1-37 空调通风系统组成

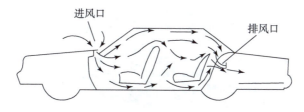

图1-38 汽车动压通风方式

1.1.7 空调空气净化装置认识

空调空气净化装置主要是通过空调过滤器过滤进入车内空气中的灰尘和花粉等杂质，保持车内空气清洁；其被安装在鼓风机前。空调过滤器需要根据汽车的维护周期定期更换。空调空气净化装置工作示意如图1-39所示，其工作原理如图1-40所示。

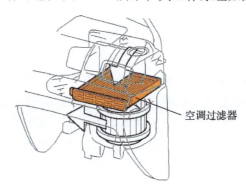

图1-39 空调空气净化装置工作示意

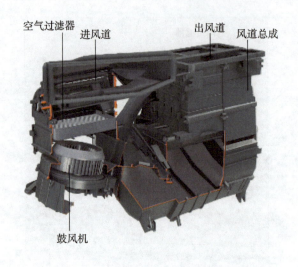

图1-40 空调空气净化装置工作原理

部分高档车辆的空气净化装置中还装备有活性炭过滤网、紫外线灯、负氧离子发生器等,活性炭过滤网可以去除车内空气中的异味,紫外线灯可以杀灭空气中的细菌,负氧离子发生器可以使车内的空气更加清新,如图1-41所示。

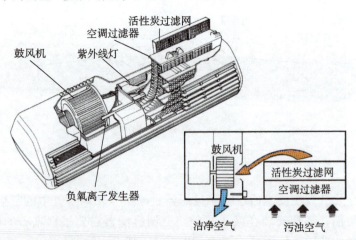

图1-41 带有活性炭过滤网、紫外线灯、负氧离子发生器的空气净化装置

1.1.8 空调控制系统认识

空调控制系统的功能是保证空调制冷系统正常运转,同时也要保证空调系统工作时发动机的正常运转。本节主要介绍目前在汽车上广泛使用的自动空调控制系统。

自动空调控制系统的控制原理框图如图1-42所示,其工作原理如图1-43所示。在空调控制面板上按压自动空调控制键,自动空调显示屏上显示A/C和AUTO,空调控制单元将根据驾驶员或乘客通过空调显示控制面板上的按钮进行的设定,使空调控制系统自动运行,并根据各种传感器输入的信号,对送风温度、送风速度、气流分配、空气循环等及时地进行调整,使车内的空气环境保持最佳状态。

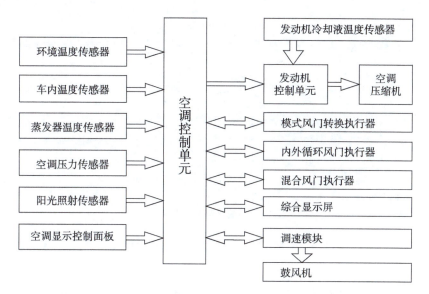

图1-42 自动空调控制系统的控制原理框图

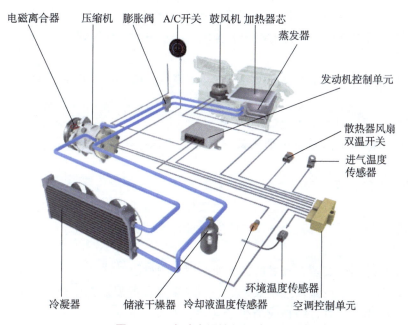

图1-43 自动空调控制系统工作原理

1) 自动空调控制系统的传感器

自动空调控制系统常用传感器的安装位置如图1-44所示。详情分别说明如下。

(1) 环境温度传感器

外部环境温度传感器位于车辆散热器前面, 或前保险杠下面, 用于记录实际的外部温度。控制单元根据温度变化来确定混合风门的位置、鼓风机的转速、进气门的位置、模式门的位置及控制压缩机。

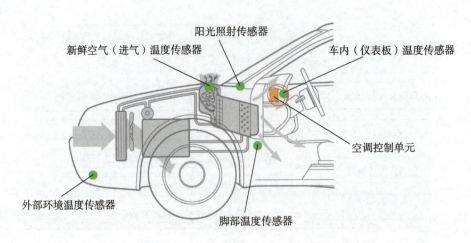

图1-44 自动空调控制系统常用传感器的安装位置

（2）车内（仪表板）温度传感器

车内（仪表板）温度传感器装于空调控制单元内，用于测量车内温度，并将其传给空调控制单元以便最终确定混合风门、鼓风机、进气风门及模式门的位置。

（3）新鲜空气（进气）温度传感器

新鲜空气（进气）温度传感器位于新鲜空气进气道内，它是第二个实际外加温度测量点。空调控制单元根据该温度变化来控制混合风门和新鲜空气鼓风机。

（4）脚部温度传感器

脚部温度传感器被安装在脚部出风口位置，用来测量脚部出风口的温度，对系统控制进行反馈修正。

（5）中央通道出风口温度传感器

中央通道出风口温度传感器用来测量中央通道出风口的温度，对系统控制进行反馈修正。

（6）空调压力传感器

空调压力传感器被安装在高压管路上，用来替代压力开关，将高压管路上的压力信息传给空调控制单元，对压缩机离合器及冷却风扇进行控制。

（7）蒸发器温度传感器

蒸发器温度传感器被安装在蒸发器的表面，用来测量蒸发器的温度，控制压缩机以防蒸发器结霜，修正混合门位置及控制鼓风机。如果蒸发器的温度低于0℃，凝结在蒸发器表面的水分就会结霜或结冰，结霜或结冰严重时会堵塞蒸发器的空气通路，导致系统制冷效果大大降低。为了避免这种情况的发生，就必须控制蒸发器的温度在0℃以上。

（8）压缩机锁止传感器

压缩机锁止传感器被安装在压缩机本体上，用来防止由于压缩机或制冷系统失效而导致的皮带断裂、车辆不能继续行驶。在压缩机工作时，检测压缩机的转速并和发动机转速相比较，当差值超出规定值时，就切断电磁离合器的电源。

（9）阳光照射传感器

阳光照射传感器用来测量直接照射在车内司乘人员身上的阳光强度，一般被安装在除霜器格栅上，用来修正混合风门的位置和鼓风机转速，并进行温度修正。

（10）发动机冷却液温度传感器

发动机冷却液温度传感器用于冷却液温度过高时切断压缩机。当冷却液温度高过一定值（一般为105℃）时，切断压缩机电磁离合器电路，使压缩机停止运转，在温度下降到某设定值（大约为95℃）时，再接通电磁离合器电路，使空调重新工作。

（11）空气质量传感器

空气质量传感器一般被安装在进风口处，用于检测空气中的HC、CO、NO等有害物质的含量；当其含量超过标准时，该传感器可将进气风门切换至内循环位置。

2）空调控制单元

空调控制单元主要是接收各个传感器传来的信号，将传感器信号与空调控制单元内的设定值进行对比之后向各执行器发出执行命令以控制压缩机通断、鼓风机转速及相应风门的位置等。

3）自动空调系统执行元件

（1）空调压缩机电磁离合器

电磁离合器被安装在压缩机上，其作用是控制发动机与压缩机的动力传递。空调制冷系统工作时，发动机能驱动压缩机运转；制冷系统停止运行时，发动机能切断本身到压缩机的动力传递。电磁离合器的结构如图1-45所示，主要包括压力板、皮带轮和定子线圈等部件。压力板与压缩机轴相连，皮带轮通过轴承被安装在压缩机的壳体上，皮带轮通过皮带由发动机驱动。定子线圈也被安装在压缩机的壳体上。

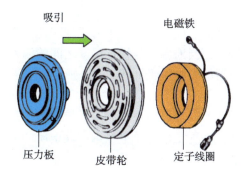

图1-45 电磁离合器的结构

当接通空调开关使空调制冷系统进入工作状态时，电磁离合器的定子线圈通电，线圈通电后产生磁力，将压力板吸向皮带轮，使两者结合在一起，发动机的动力便通过皮带轮传递到压力板，带动压缩机运转。当空调制冷系统停止工作时，电磁离合器的定子线圈断电，磁力消失，压力板与皮带轮分离，此时皮带轮通过轴承在压缩机的壳体上空转，压缩机停止运转。

（2）内外循环风门执行器

内外循环风门执行器用于实现车内、车外进气模式的选择。内外循环执行器的安装位置如图1-46所示。

（3）模式风门转换执行器

空调控制单元根据设定好的温度控制各个风门，实现最佳出风模式控制。脚部/除霜执行器、中间出口执行器等的安装位置如图1-46所示。

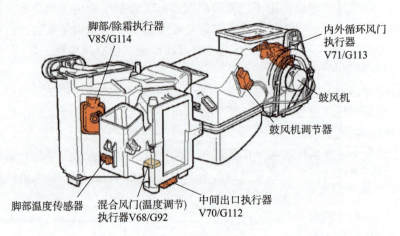

图 1-46 执行器的安装位置

(4) 混合风门（温度调节）执行器

空调控制单元会通过外部环境温度和设定温度的比较控制混合风门（温度调节）执行器，控制出风中冷热风的混合比例。混合风门（温度调节）执行器的安装位置如图 1-46 所示。

(5) 鼓风机（鼓风机调节器）

根据空调控制单元设定好的温度控制鼓风机的最佳转速。当前温度与设定温度之间的温差较大时，鼓风机转速较高；当前温度与设定温度之间的温差减小时，鼓风机转速逐渐降低。鼓风机及鼓风机调节器的安装位置如图 1-46 所示。

(6) 冷凝器风扇控制

当空调制冷系统工作时，冷凝器风扇根据制冷系统压力的高低以不同转速运转。

风扇转速的控制有两种：一种是用一个电风扇串联电阻的方式调节风扇的转速；另一种是利用两个电风扇以串联和并联的方式调节风扇的转速。

(7) 综合显示屏

综合显示屏是将设定好的温度、风速、出风口位置等信息进行显示。

1.1.9　丰田卡罗拉汽车空调系统控制电路

图 1-47 所示为丰田卡罗拉汽车空调系统控制电路，主要控制内容有：制冷循环系统压力控制、鼓风机转速控制、冷凝器风扇控制等。

①制冷循环系统压力控制：空调压力传感器将信号传给空调放大器总成，用于控制压缩机工作情况及冷凝器风扇转速。

②鼓风机转速控制：车外温度传感器、车内温度传感器及阳光照射传感器将信号传给空调放大器总成，用于控制鼓风机转速，从而确定出风口风量的大小。

③冷凝器风扇控制：空调压力传感器、冷却液温度传感器将信号传给空调放大器总成，用于控制压缩机工作情况及冷凝器风扇转速。

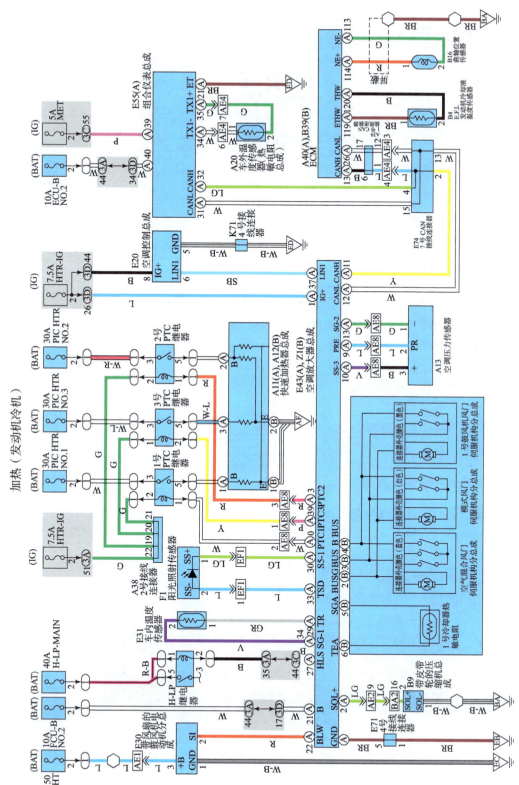

图1-47 丰田卡罗拉汽车空调系统控制电路

1.2 在线测验

1.2 在线测验试题

1.3 汽车空调系统使用及维护

1.3.1 任务准备

①丰田卡罗拉汽车 1 辆，车辆开进作业工位并做好车辆防护。
②装备手动空调、半自动空调的汽车各 1 辆。
③丰田卡罗拉汽车电路图册 1 本。
④万用表 1 只。
⑤常规工具 1 套、连接导线。
⑥充电机 1 台。
⑦空调压力表、温度计各 1 个。
⑧作业记录单。

1.3.2 汽车空调系统类型认识

目前在汽车上装备的汽车空调系统主要有自动空调系统、手动空调系统以及半自动空调系统三种类型。三种空调系统对比视频如图 1-48 所示。

图 1-48 不同类型空调系统对比视频

1.3.3 汽车空调系统正确使用

（1）手动空调正确使用
操作手动空调控制面板上的功能按键，完成调节并做好表 1-1 的记录。

表1-1 汽车手动空调使用记录

序号	调节内容	状况记录
1	鼓风机风速调节	□OFF；□1；□2；□3；□4
2	出风模式调节	□吹头部；□吹头部+吹脚部；□吹脚部；□吹脚部+除霜；□除霜
3	内外循环调节	□内循环；□外循环
4	空调温度调节	□制冷；□加热

手动空调系统使用视频如图1-49所示。

图1-49 手动空调系统使用视频

(2) 半自动空调正确使用

半自动空调的温度调节是自动的，能根据设定的预期温度值自动调节出风口冷热量，其余如出风方向、出风量大小、内外循环是手动的。请完成调节并做好表1-2的记录。

表1-2 汽车半自动空调使用记录

序号	调节内容	状况记录
1	鼓风机风速调节	□OFF；□由小到大
2	出风模式调节	□吹头部；□吹头部+吹脚部；□吹脚部；□吹脚部+除霜；□除霜
3	内外循环调节	□内循环；□外循环
4	空调温度调节	□制冷；□加热

半自动空调系统使用视频如图1-50所示。

图1-50 半自动空调系统使用视频

（3）自动空调正确使用

自动空调系统 ECU 会根据控制面板上的设定温度自动调节车内温度、风量、湿度、出风口等。请完成调节并做好表 1-3 的记录。

表 1-3　汽车自动空调使用记录

序　号	调节内容	状况记录
1	鼓风机风速调节	□OFF；□由小到大
2	出风模式调节	□吹头部；□吹头部+吹脚部；□吹脚部；□吹脚部+除霜；□除霜
3	内外循环调节	□内循环；□外循环
4	空调温度调节	□制冷；□加热
5	双区空调	□双区开启；□双区关闭

本田思铂睿汽车自动空调系统使用视频如图 1-51，宝马 3 系汽车自动空调系统使用视频如图 1-52 所示。

图 1-51　本田思铂睿汽车自动空调系统使用视频

图 1-52　宝马 3 系汽车自动空调系统使用视频

汽车空调系统正确使用方法及注意事项讨论视频如图 1-53 所示。

图1-53 汽车空调系统正确使用方法及注意事项讨论视频

1.3.4 制冷剂及冷冻润滑油选择

（1）空调制冷剂选用

由于2002年后出厂的汽车空调中已停止使用R12，因此目前大部分的汽车空调使用的制冷剂是R134a。尽管R134a的热力性质与R12相似，但由于两者之间存在一些差别，所以R12和R134a两种制冷剂不可以互换使用。

（2）冷冻润滑油选用

空调压缩机使用的冷冻润滑油也叫冷冻机油，它是一种在高、低温工况下均能正常工作的特殊润滑油。冷冻润滑油在空调制冷系统中完全溶于制冷剂中并随制冷剂一起在制冷系统中循环，因此冷冻润滑油工作在高温与低温交替的条件下。丰田卡罗拉汽车制冷剂及冷冻润滑油选择视频如图1-54所示。

图1-54 丰田卡罗拉汽车制冷剂及冷冻润滑油选择视频

1.3.5 汽车空调系统基本检查

汽车空调系统的基本检查内容主要包含空调系统各功能、噪声和异味、制冷系统管路、制冷系统电路、冷凝器、压缩机皮带、空调滤清器等，对照表1-4完成汽车空调系统的基本检查。

表1-4 汽车空调系统的基本检查

检查内容	检查标准	检查结果记录
空调系统各功能	鼓风机风速调节； 出风模式调节； 内外循环调节； 空调温度调节； 双区空调功能	□功能正常； □不正常，不正常的功能是_____
噪声和异味	应无明显噪声和异味	噪声：□无；□有，来自部位_____； 异味：□无；□有，来自部位_____
制冷系统管路	（1）外观正常，各接头处连接牢靠； （2）制冷系统管路与其他零部件无相碰； （3）各接头处无泄漏的油迹	□正常； □有管路相碰，相碰部位_____； □有泄漏，泄漏部位_____
制冷系统电路	相关电路连接牢靠，无断路或脱开连接现象	□正常； □有断路，断路部位_____； □有脱开，脱开部位_____
冷凝器	冷凝器表面无灰尘及其他漂浮物堆积情况	□正常； □需清洁； □需更换
压缩机皮带	皮带无过松、打滑、磨损严重情况	□正常； □过松； □打滑； □磨损严重
空调滤清器	（1）每5 000 km或3个月（以先到者为准）对空调滤清器进行一次清洁； （2）每20 000 km或12个月（以先到者为准）更换空调滤清器	□正常； □需要清洁； □需要更换

1.3.6 汽车空调制冷性能检查

汽车空调制冷性能检查内容主要包含制冷剂循环、出风口温度、空调压力三个方面，对照表1-5完成检查。

表 1-5　汽车空调制冷性能的检查

检查内容	检查条件	检查结果记录
制冷剂循环	(1) 起动发动机； (2) 打开空调系统； (3) 发动机在 1 500～2 000r/min 运转 5min； (4) 观察储液干燥器视窗	□液体正常流动——符合标准； □液体不流动——检查系统的密封性并予以修复； □出现气泡——缺少制冷剂； □出现乳白状气泡——潮湿现象； 检查结论：□符合标准；□不符合标准 视液镜 不足　连续不断的气泡 合适　几乎没有气泡 过量　看不到气泡
出风口温度	(1) 发动机热机； (2) 打开空调开关； (3) 发动机转速 2 000r/min； (4) 发动机舱盖门关闭； (5) 内外循环置于外循环； (6) 鼓风机速度置于最大挡； (7) 温度调节开关置于最冷； (8) 打开所有出风口至最大； (9) 打开两前门（或降下前门玻璃）； (10) 用温度计测量中央出风口温度	当天气温记录：_____； 中央出风口温度记录：_____； 检查结论：□符合标准；□不符合标准 HP—高压压力；T_a—中央出风口温度；BP—低压压力；T_e 环境温度。 温度—压力关系
空调压力	静态压力检查： (1) 打开发动机舱盖门； (2) 连接高、低压表； (3) 读取高、低压表读数	低压端：_____（应为 3～5bar①）； 高压端：_____（应为 3～5bar）； 检查结论：□符合标准；□不符合标准。 注意：静态压力是随环境温度的变化而改变的。环境温度越高，静态压力越大
	动态压力检查 (1) 发动机热机； (2) 打开发动机舱盖门； (3) 连接高、低压表； (4) 打开空调开关； (5) 鼓风机转速置于高速状态； (6) 温度控制开关置于最冷位置； (7) 发动机转速 2 500r/min，运行 5min； (8) 读取高、低压表读数	低压端：_____（应为 1.3～1.8bar）； 高压端：_____（应为 11～15bar）； 检查结论：□符合标准；□不符合标准

---

① 1bar = 0.1MPa。

1.3.7　汽车空调滤清器更换

汽车空调滤清器的一般更换周期为 1 万~2 万 km。经常对空调滤清器进行清理会在一定程度上延长其使用寿命，但车辆行驶 2 万 km 以上，空调滤清器的过滤功能已经减退，过滤效果开始下降，应及时更换空调滤芯。

丰田卡罗拉汽车空调滤清器更换视频如图 1-55 所示。本田思铂睿汽车空调滤清器更换视频如图 1-56 所示。

图 1-55　丰田卡罗拉汽车空调滤清器更换视频

图 1-56　本田思铂睿汽车空调滤清器更换视频

1.4　汽车空调系统常见故障及原因分析

汽车空调系统常见的故障有完全不制冷、制冷效果不好、空调系统有异响、空调系统有异味等。汽车空调系统常见故障及原因分析视频如图 1-57 所示，相应的各种故障现象及故障原因如表 1-6 所示。丰田卡罗拉汽车空调系统不制冷故障视频如图 1-58 所示。丰田卡罗拉汽车空调系统制冷能力不足故障视频如图 1-59 所示。

图 1-57　汽车空调系统常见故障及原因分析视频

表 1-6 空调系统常见故障现象及故障原因

故障现象	故障原因
完全不制冷	（1）制冷剂泄漏完了：制冷系统无法运行； （2）压缩机电磁离合器故障：短路或者断路； （3）压缩机故障：气缸卡死或损坏，进、排气阀门损坏，进、排气阀门窜气； （4）制冷系统故障：制冷元件或管道内部堵塞
制冷效果不好	（1）制冷剂不足：测试压力为高、低压均偏低； （2）制冷剂过多：测试压力为高、低压均偏高； （3）制冷系统中有空气：测试压力为高、低压均过高； （4）制冷系统中有水分：测试压力为表针不停抖动； （5）冷凝器表面脏污：散热能力下降； （6）压缩机皮带过松：打滑导致驱动效率下降； （7）压缩机电磁离合器故障：电磁离合器接触不良。 （8）制冷剂与冷冻润滑油中杂质过多：出现管路部分堵塞； （9）电路及开关接触不良：导致制冷不连续
空调系统有异响	（1）膨胀阀异响：冷媒中存在空气或者水分，在冷媒蒸发膨胀时产生异响； （2）压缩机异响：冷冻润滑油不足引起干摩擦或压缩机内部损坏； （3）压缩机传动带异响：皮带松弛或磨损，运行产生噪声； （4）鼓风机电动机异响：电动机叶片机械摩擦，电动机轴承无油干摩擦； （5）冷凝器风扇异响：风扇叶片机械摩擦，电动机轴承无油干摩擦
空调系统有异味	（1）蒸发器异味：蒸发器长期潮湿发霉； （2）空调滤清器异味：未及时更换导致无吸附； （3）空调通风道异味：通风道长期潮湿发霉，或者灰尘杂质聚集发霉

图 1-58　丰田卡罗拉汽车空调系统不制冷故障视频

图 1-59　丰田卡罗拉汽车空调系统制冷能力不足故障视频

1.5 拓展提升——上汽大众帕萨特汽车空调系统特点

1）拓展任务

李小明完成了周先生车辆空调制冷效果不好故障的接待工作。休息了一会儿，他想丰富自己的车型知识，了解一下上汽大众帕萨特汽车空调系统的特点，于是他向在上汽大众4S店工作的同学要了一些资料开始学习。

2）上汽大众帕萨特汽车空调系统特点

上汽大众帕萨特汽车空调系统采用了汽车空调的多项新技术，其主要特点如下：

①采用了变排量压缩机及CCOT系统。它使车内的温度波动更小，发动机的负载冲击也明显减小，提高了司乘人员的舒适性。

②采用了整体式空调装置结构、层叠式蒸发器、平行流冷凝器等。

③采用了整体化空调装置，把空调装置作为一个模块安装于仪表板上。

④出风通道被布置在仪表板中央并直接连接仪表板主出风口，将分配风道与仪表板合并。作为一体式结构，采用左右对称布置，这样就大大减小了通风过程中的不对称性造成的车厢温度不平衡性，同时也满足了布置空间紧凑的要求。

⑤将蒸发器和热交换器集中配置。同过去的蒸发器、热交换器分体式配置相比有明显的优越性，使整个装置结构更为紧凑和节能，热交换损失少。

3）上汽大众帕萨特汽车空调系统组成

上汽大众帕萨特汽车空调系统的主要组成元件如图1-60所示，其主要包括9个传感器、6个电位计及6个电动机、1个调节阀、1个控制器、1个控制单元。

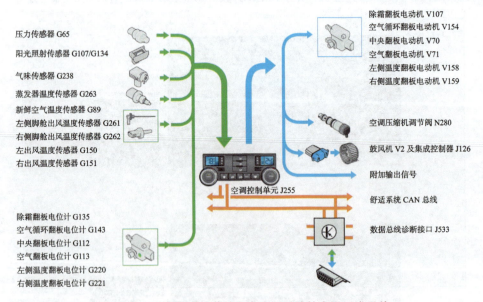

图1-60 上汽大众帕萨特汽车空调系统的主要组成元件

9个传感器分别为：压力传感器G65、阳光照射传感器G107/G134、气味传感器G238、蒸发器温度传感器G263、新鲜空气温度传感器G89、左/右侧脚舱出风温度传感器

G261/G262、左/右出风温度传感器 G150/G151。

6个电动机及电位计分别为：除霜翻板电动机 V107 及电位计 G135、空气循环翻板电动机 V154 及电位计 G143、中央翻板电动机 V70 及电位计 G112、空气翻板电动机 V71 及电位计 G113、左侧温度翻板电动机 V158 及电位计 G220、右侧温度翻板电动机 V159 及电位计 G221。

1个调节阀为空调压缩机调节阀 N280。

1个控制器为鼓风机 V2 及集成控制器 J126。

1个控制单元为空调控制单元 J255。

上汽大众帕萨特汽车空调功能介绍视频如图 1-61 所示，上汽大众帕萨特汽车空调制冷及采暖功能使用视频如图 1-62 所示，上汽大众帕萨特汽车空调除霜功能使用视频如图 1-63 所示，上汽大众帕萨特汽车空调滤清器更换视频如图 1-64 所示。

图 1-61　上汽大众帕萨特汽车空调功能介绍视频

图 1-62　上汽大众帕萨特汽车空调制冷及采暖功能使用视频

图 1-63　上汽大众帕萨特汽车空调除霜功能使用视频

图1-64　上汽大众帕萨特汽车空调滤清器更换视频

学习任务2　汽车音响系统认识及维护

 任务引入

随着科技的进步和人们生活水平的提高，汽车音响系统已成为消费者购买汽车时看重的一个重要指标。汽车音响系统问世于19世纪50年代，其在发展的初始阶段，只是简单的一台收音机加一个外放的扬声器，后来又逐步出现了磁带放音机、CD播放机、多碟CD播放机以及DVD影碟机等。目前汽车音响系统已经发展为集视听娱乐、通信导航和辅助驾驶等多种功能于一体的综合性多媒体车载电子系统。这就要求汽车营销与服务技术从业人员具备汽车音响系统组成、使用和维护相关的基础知识和基本技能，能够与客户就汽车音响系统常见故障进行沟通。

 任务描述

王小明在某本田汽车4S店做维修接待工作三年了。有一天，客户王女士开着一辆本田思铂睿汽车来到4S店，王女士想将自己手机的蓝牙连接汽车音响的蓝牙，以便在车辆行驶中接打电话，提高行车安全性。

假如你是小明，请你负责该车辆的接待工作，为王女士介绍汽车音响系统的组成、功能及正确使用方法，为王女士演示将手机蓝牙连接到汽车音响蓝牙，以及为王女士介绍汽车音响系统的其他常用功能。

 学习目标

①能描述汽车音响系统的组成、各元件的安装位置。
②能描述汽车音响系统各元件的作用。
③能描述汽车音响AUX、蓝牙、WIFI热点、智能互联等功能。
④能描述汽车音响系统常见故障及分析可能的原因。

⑤能就车说明汽车音响系统各元件的安装位置。
⑥能正确使用汽车音响系统各功能并能指导客户使用。
⑦能实施汽车音响系统收音机频道的存储。
⑧能指导客户正确使用 AUX、蓝牙、WIFI 热点、智能互联等功能。

2.1 相关知识

2.1.1 汽车音响系统作用

随着数字音响技术的发展，人们对乘车舒适性的要求也不断提高，汽车音响已经历了汽车收音机、磁带放音机、CD 播放机、多碟 CD 播放机以及 DVD 播放机等发展阶段。目前的汽车音响系统已经演变为集视听娱乐、通信导航和辅助驾驶等多种功能于一体的综合性多媒体车载电子系统，大大提高了人们驾乘汽车的舒适性和体验性。

2.1.2 汽车音响系统组成

汽车音响主要由主机、音频处理器、功率放大器、扬声器、视频系统（多媒体）、电源及供电电路等组成，汽车音响系统信号传递示意如图 2-1 所示，汽车音响系统组成如图 2-2 所示。

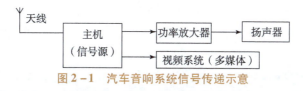

图 2-1 汽车音响系统信号传递示意

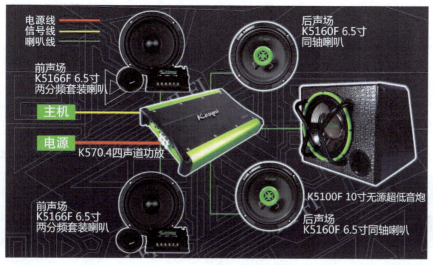

图 2-2 汽车音响系统组成

（1）主机

主机也称信号源，是汽车视听系统的节目源，包括汽车收音机、CD 播放机、车用 VCD 或 DVD 影碟机等。主机外形如图 2-3 所示，主机控制面板如图 2-4 所示。

图 2-3　主机外形　　　　　　图 2-4　主机控制面板

①收音机。

收音机是无线电波接收装置，接收的信号有调频（FM）和调幅（AM）两种。数字式收音机内部由数字集成电路组成，内部电路输出选台、存储、控制及显示信号，一次可存储 12～44 个电台。

②CD 播放机。

CD 播放机用于播放激光唱片，是融激光技术、精密伺服技术、微处理器技术和大规模集成电路于一体的多媒体系统设备。按工作方式分为单碟机和多碟机，单碟机一次只能装一张碟片，需要更换另外一张碟片时必须手动更换；多碟机的换片机一般装在汽车的行李舱中，由主机控制其工作，换片机可一次性放置 6～12 张碟片，供需要时任意转换。

③VCD 影碟机。

VCD 影碟机用于播放 VCD 激光影碟。VCD 影碟机增加了数字化音视信号解压缩功能，并经数模转换后输出模拟的声音和图像信号，兼容了 CD 播放机的功能。

④DVD 影碟机。

DVD 影碟机即数字影碟机，解决了 VCD 影碟机图像清晰度不高等问题，是更高级的激光影碟机。

（2）功率放大器

功率放大器简称功放，将来自信号源的节目信号或前级弱信号进行电压放大和功率放大，推动扬声器还原出声音。按功能不同，其可分为前置放大器、功率放大器和环绕声放大器。功率放大器接口和外形如图 2-5 所示。

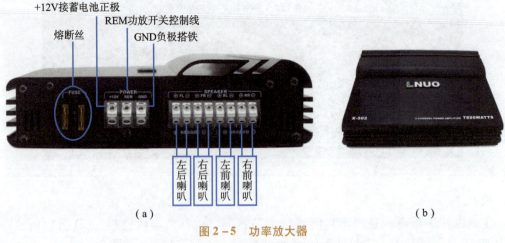

图 2-5　功率放大器
（a）接口；（b）外形

(3) 扬声器

扬声器俗称喇叭，是将电信号转换成声音的转换器件，是汽车音响系统的终端元件。通常，扬声器口径越大，其功率越大，低频特性越好，但高频特性相对较差。目前因汽车上安装位置的限制，扬声器口径一般为 101.6~152.4mm (4~6in)。汽车音响一般采用电动、外磁式圆形或椭圆形扬声器，大多采用 4Ω 扬声器。扬声器接线柱常采用镀银（镍）铜排，以降低接触电阻，减小线损。扬声器外形及安装位置如图 2-6 所示。

图 2-6　扬声器外形及安装位置

(4) 视频系统

车载显示器是视频系统必不可少的组成之一，目前轿车上的 VCD 或 DVD 影碟机使用的显示器均为液晶超薄显示器，大型客车通常使用电视机。

2.1.3　汽车音响系统特点

(1) 外形体积受到限制

汽车音响的体积，按 DIN 标准规定为 183 mm（长）×50 mm（高）×153 mm（深）。在这有限的安装空间中，汽车音响一般使用高密度贴装元件，采用多层立体装配结构方式。

(2) 使用环境、条件恶劣

汽车在不同等级的路面上行驶，使汽车音响系统常受到震动及冲击；同时，汽车音响系统的安装部位又离发动机不远，经常在温度较高的条件下（温度有时高达 60℃）工作，因此要求汽车音响系统中的元件焊接装配要绝对牢固，很多元件引脚均采用折弯焊接，个别元件还要用强力胶加以固定。

(3) 采用低压 12 V（或 24 V）蓄电池作为直流供电

汽车中使用的音响系统，除了大型载重车以外，一般均为负极接地方式，且用 12 V（或 24 V）直流供电。

(4) 抗干扰能力强

在整个汽车电器中，汽车发动机的点火装置以及各种电器都共用一个蓄电池，因此电源会对汽车音响系统的 FM/AM 接收产生传导干扰和辐射干扰。汽车音响系统中都装有一个用以滤除干扰元件，对电源进行滤波；而空间干扰则采用全密封的冷轧铁皮壳进行隔离。个别高级汽车音响系统还装有专用于抗干扰的集成电路，用以降低外来噪声的干扰。

(5) FM/AM 接收灵敏度高，动态范围大

汽车音响系统对 FM 波段的接收灵敏度要求小于 3μV，AM 波段的接收灵敏度一般要求小于 50μV。否则，汽车在高速公路上飞速行驶时，就无法保证司乘人员正常地收听广播。

(6) 电话减音功能

当使用车载电话时，此功能会自动调低媒体播放的声音，或使媒体处于静音状态。当电话中断后，主机自动恢复媒体原来的音量。

(7) 驾驶座声场模拟系统

根据驾驶员的选择,将左方、右方扬声器发出的声音延迟若干秒,模拟出一个驾驶座在中央的声场,以使音质定位达到完美的境界。

(8) DSP(数字信号处理器)

由于各种汽车的音响环境、声音都不够完美,因此需要用 DSP 进行声场校正。

(9) 智能语音识别系统

一些高档音响装备有语音识别系统,能根据人的语音进行操作。驾驶员驾驶车辆时,能通过语音命令直接进行视听音响系统的操作。

(10) 与导航系统兼容的 DVD/VCD 视听系统

高档轿车的 DVD/VCD 视听系统也是车载卫星导航系统的一部分,在放入数字地图光盘后,显示器将显示数字地图,配合导航系统,实时指出汽车的行驶路线。

(11) 具有夜间灯光照明功能

汽车音响设有夜光照明按键,以照亮各按键的操作字符、旋钮位置等。液晶显示器照明,要求从各个角度观看均无反射光。

(12) 天线系统

汽车音响系统采用金属外壳全封闭式结构,起屏蔽效应,必须具有外接天线。汽车音响系统天线的类型如下:

①车窗外装拉杆式天线。

车窗外装拉杆式天线装在车头或前窗左侧,常带有三节拉杆,全部拉出时长度为 1.2~1.4m。天线材料一般采用不锈钢或镀铬铜管。

②车头或车尾内装天线。

车头或车尾内装天线分手动和自动两种。手动天线装在左前翼子板内,用时用手拉出。自动天线装在左前翼子板或车尾部,为 3~5 节,音响开机时给天线提供电源,天线底部的小电动机运转,天线自动伸出。关机后,天线自动缩回。

③玻璃夹层天线。

玻璃夹层天线安装在后风窗玻璃夹层中,对汽车外观无影响,且天线永不磨损。

(13) 其他特殊功能

部分高档汽车音响系统还具有多功能大屏幕 LCD 以及线路输出(LINE OUT)端口,LINE OUT 端口可连接大功率专用汽车音响功放。

宝马 3 系汽车音响特点介绍视频如图 2-7 所示。

图 2-7 宝马 3 系汽车音响特点介绍视频

2.1.4 汽车音响系统工作过程

1）汽车收音机

汽车收音机的主要功能是接收广播电台发送的调频和调幅信号，并对广播信号进行处理得到音频信号。但汽车收音机不同于普通收音机，汽车收音机内部不包含低频功率放大器、扬声器、天线等部件，因此本质上是一个调谐器。

无线电台不同，发出的无线电波频率也不同，因此通过选择不同的频率就可以接收不同电台的信号。接收到的调制信号放大后经过解调（检波）就得到了音频信号，这个音频信号再经过功率放大，就能推动扬声器还原声音。无线电广播的接收过程如图 2-8 所示。

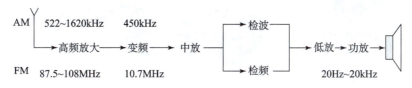

图 2-8 无线电广播的接收过程示意

2）车用 CD 播放机

车用 CD 播放机由光学系统、机械系统和电信号处理系统三大部分组成。光学系统用来拾取 CD 唱片上的各种信号，机械系统用来完成 CD 唱片的运转及激光拾音器的循迹运动，电信号处理系统用来处理各种电信号。其工作原理是由激光拾音器拾取 CD 唱片上的数字信号，送入信号处理系统进行解调和纠错，经数模转换器转换为模拟音频信号输出。

3）车用 VCD/DVD 影碟机

车用 VCD/DVD 影碟机与普通 VCD/DVD 影碟机的结构与组成基本一致，其主要区别是车用的机芯集成度更高，结构更紧凑，具有防震功能。

2.1.5 汽车音响系统其他功能

1）AUX 功能

AUX 是"Auxiliary（辅助）"的缩写。在部分汽车的多媒体主机上，除了正式的输出与输入端子之外，还配备标有"AUX"的输出、输入端子，作为预备连接外接信号源的额外声源输出或输入，这种预备端子不论输出还是输入，统称为 AUX。

2）蓝牙功能

目前汽车上的蓝牙功能主要是将司乘人员的手机与汽车的音响系统相连，实现免提通话，提高行车安全性。

3）WIFI 热点功能

部分中高档车型上配备了 WIFI 热点功能，乘客可通过无线热点功能将车载通信模块的移动网络信号转换成 WIFI 信号供车内手机、平板、笔记本电脑等移动设备使用。

4）智能互联功能

车载智能互联系统是指汽车与互联网相连，从而让驾驶员更加便利、智能、安全地驾驶汽车。目前主流的有通用安吉星 On Star、丰田 G - Book、日产 CARWINGS 智行+、上汽 inkaNet、长安 In call、纳智捷 THINK +、福特 SYNC、宝马 idrive 等。

2.1.6 汽车音响系统电路原理图

汽车音响系统主要有两种情况：一种是收音机+CD；另一种是收音机+CD+DVD+导航。图2-9所示为带DVD导航系统的汽车音响系统线路连接框图，图2-10所示为汽车多碟且带扩展功能的汽车音响系统线路连接图。

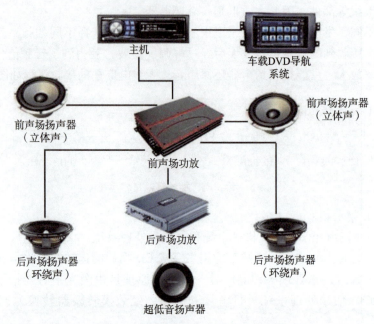

图2-9 带DVD导航系统的汽车音响系统线路连接框图

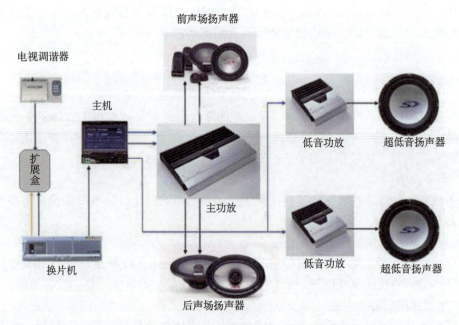

图2-10 汽车多碟且带扩展功能的汽车音响系统线路连接图

2.2 在线测验

2.2 在线测验试题

2.3 音响系统使用及检查

2.3.1 音响系统正确使用

汽车音响系统控制面板操作按键较多,在使用之前需要对各按键进行了解。表2-1所示为控制面板上常用按键功能的说明,图2-11所示为丰田卡罗拉汽车音响系统使用视频,图2-12所示为东风雪铁龙C5汽车音响系统使用视频。

表2-1 汽车音响系统控制面板常用按键功能的说明

PER:电源开/关	DISP:显示转换键	BAS:低音模式键
AM/FM 或(BAND):波段选择键	MODE 或 SET:模式或设置键,和其他键合用	TRE:高音模式键
AS/PS:预置扫描/自动存储键	MUTE:静音键	BAL:左右平衡模式键
SCAN:自动扫描键	VOL:音量控制键	FAD:前后平衡模式键
TUNE:调谐键	RPT:重复播放键	INT:播放浏览键
LOUD:响度键	SHUF:随机次序播放	PGM:编程播放键

图2-11 丰田卡罗拉汽车音响系统使用视频

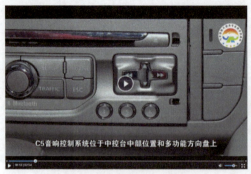

图 2-12　东风雪铁龙 C5 汽车音响系统使用视频

2.3.2　收音机频道存储

丰田卡罗拉汽车收音机频道存储操作视频如图 2-13 所示，上汽大众帕萨特汽车收音机频道存储操作视频如图 2-14 所示。

图 2-13　丰田卡罗拉汽车收音机频道存储操作视频

图 2-14　上汽大众帕萨特汽车收音机频道存储操作视频

2.3.3　汽车音响蓝牙功能使用

本田思铂睿汽车蓝牙功能使用视频如图 2-15 所示，上汽大众帕萨特汽车蓝牙匹配功能使用视频如图 2-16 所示，宝马 3 系汽车音响蓝牙功能使用视频如图 2-17 所示。

图 2-15　本田思铂睿汽车蓝牙功能使用视频

图 2-16　上汽大众帕萨特汽车蓝牙匹配功能使用视频

图 2-17　宝马 3 系汽车音响蓝牙功能使用视频

2.3.4　汽车音响 AUX 功能使用

丰田卡罗拉汽车 AUX 功能使用视频如图 2-18 所示。

图 2-18　丰田卡罗拉汽车 AUX 功能使用视频

2.3.5　汽车音响语音拨打电话功能使用

宝马 3 系汽车语音开启收音机、拨打电话功能使用视频如图 2-19 所示。

图 2-19　宝马 3 系汽车语音开启
收音机、拨打电话功能使用视频

2.4　汽车音响系统常见故障及原因分析

汽车音响系统常见的故障有不能开机，能开机但没有声音，单声道，收音时锁台少、效果差等，其原因分析如表 2-2 所示。汽车音响系统常见故障及原因分析视频如图 2-20 所示。

表 2-2　汽车音响系统常见故障现象及故障原因

故障现象	故障原因
不能开机	①主机熔断丝烧坏； ②电源接插件未连接好； ③收放机供电不正常
能开机但没有声	①音量电位器在最小音量位置； ②收放机处于静噪状态

续表

故障现象	故障原因
单声道	①扬声器损坏； ②收放机与该扬声器的连线不可靠； ③BAL 位置不正常
前或后无声（或左或右无声）	①FAD 位置（或 BAL 位置）不正常； ②收放机与该扬声器的连线不可靠； ③扬声器损坏
收音时锁台少、效果差	①天线接头与主机未连接好； ②天线未完全升起； ③天线自身故障； ④在电台信号的盲区或边缘区
不读碟（可正常进出碟）	①碟片不是 CD 碟片（而是 MP3、VCD、DVD 格式碟片）； ②碟片为 CD-R、CD-RW 格式； ③碟片不是 12cm 标准光盘（而是 8cm 格式光盘）； ④碟片严重划伤、变形、翘曲； ⑤碟片未正确放入机器内
按键无作用或不进出碟	用复位键

图 2-20　汽车音响系统常见故障及原因分析视频

学习任务3　汽车导航系统认识及维护

 任务引入

目前汽车上的导航多为集成系统，集成了很多娱乐功能，包括收音机、音乐播放器（CD、DVD、MP3 等）、游戏、电子书等。倒车雷达通过声音报警提示驾驶员注意倒车时的情况，是提高车辆安全性的设备之一，已经开始在轿车上得到广泛应用。倒车影像可将汽车后部道路的信息清晰地显示出来，比全方位倒车雷达更加直观、可靠。这就要求汽车营销与服务技术从业人员具备汽车导航系统组成、功能、操作及相关电路的基础知识，能够与客户就汽车导航系统常见故障及原因进行沟通。

张大伟在某奥迪汽车4S店做维修接待工作三年了。有一天，客户李先生开着一辆奥迪A4L轿车来店维修，李先生反映车辆导航系统无法正常工作，系统提示导航系统无信号。

假如你是大伟，请你负责该车辆的接待工作，为李先生介绍汽车导航系统的组成及功能，与李先生就导航技术状态进行沟通，并引导他正确使用导航功能。

①能描述导航系统、倒车雷达系统、倒车影像系统的组成，及各元件的功能。
②能正确识读导航电路图。
③能正确使用导航系统、倒车雷达系统、倒车影像系统。
④能对导航系统常见故障进行分析。

3.1 相关知识

3.1.1 汽车导航系统功能

目前的导航系统多为集成系统，集成了很多娱乐功能，包括收音机、音乐播放器（CD、DVD、MP3等）、游戏、电子书等，如图3-1所示。

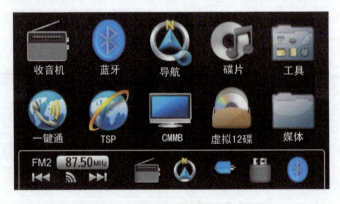

图3-1 汽车导航系统的主要功能

就导航功能来说，我们可以进行目的地设定、回家设定、查询历史目的地、收藏夹、路径选择（最短、最快、最经济）、语言导航等。通常在选择了导航的目的地后，就可以选择路径，在路径选择完成后，即可开始导航，如图3-2所示。

国外的交通信息比较发达，在导航过程中，导航仪可以接收实时路况信息，根据道路

图 3-2　汽车导航系统工作

的拥堵状况，选择路线。目前原厂的导航仪，有自带硬盘的，也有没有硬盘的，没有硬盘的导航仪将地图存放在光盘或 SD 卡中，这样的导航仪地图升级只需将光盘或 SD 卡升级即可。

车载导航的常用功能有以下几个方面。

（1）地图查询

①可以在操作终端上搜索驾驶者要去的目的地位置。

②可以记录你常去地方的位置信息，并保存下来；也可以和别人共享这些位置信息。

③模糊地查询你附近或某个位置附近的加油站、宾馆、取款机等信息。

（2）路线规划

①GPS 导航系统会根据你设定的起始点和目的地自动规划一条线路。

②规划线路可以设定是否要经过某些途经点。

③规划线路可以设定是否避开高速等功能。

（3）自动导航

①语音导航。

用语音提前向驾驶员提供路口转向、导航系统状况等行车信息，这就像一个懂路的向导告诉你如何驾车去目的地一样。这是导航中最重要的一个功能，使你无须观看操作终端，通过语音提示就可以安全到达目的地。

②画面导航。

在操作终端上会显示地图，以及汽车现在的位置、行车速度、距离目的地的距离、规划的路线提示、路口转向提示等行车信息。

③重新规划线路。

当你没有按规划的线路行驶，或者走错路口的时候，GPS 导航系统会根据你现在的位置，为你重新规划一条新的到达目的地的线路。

（4）多媒体功能

随着导航技术的日益成熟化，导航仪上的功能也日益多元化。它不仅起到导航的功能，更增加了电视、DVD/CD、MP3、FM 等多媒体功能，让用户在开车的时候能充分享受到导航系统带来的驾驶乐趣。

3.1.2 汽车导航系统组成

丰田卡罗拉汽车 GPS 导航系统结构如图 3-3 所示，主要包括 GPS 天线、导航 ECU、导航显示器以及位置传感器（绝对位置检测和相对位置检测）等。

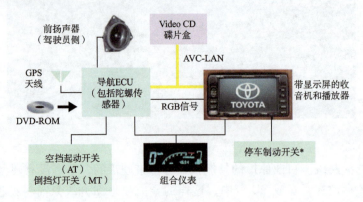

图 3-3 GPS 导航系统结构

1）GPS 天线

GPS 天线用于接收卫星传递的数据信息，由此测定汽车当前所处的位置。

2）导航 ECU

导航 ECU 能根据全球定位接收系统接收到的卫星信号、装在车上的传感器输入信号、存储器中的地图数据，通过计算处理，进行综合的图像协调，然后通过显示器将地图显示在屏幕上，并以闪光的标志表示汽车的实时位置；还能指示应该行驶的方向，并不断显示出目前到达目的地的距离。我们通过检索键还能很方便地找到要去的目的地和最佳的行驶路线。

3）导航显示器

导航显示器实现地图显示。系统会根据不同的位置进行分类检测，绝对位置的检测采用 GPS 全球定位系统，相对位置的检测采用方向传感器（陀螺传感器），并利用车速传感器测量车辆行驶距离，如图 3-4 所示。

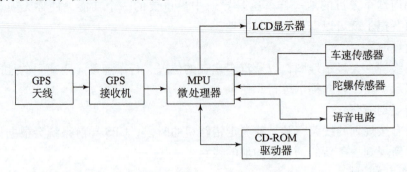

图 3-4 导航显示器工作过程

3.1.3 汽车倒车雷达系统认识

汽车倒车雷达系统是提高车辆安全性的设备之一，已经开始在轿车上得到广泛使用，会通过声音报警提示驾驶员注意倒车时的情况，保证在倒车时车辆、行人和其他车辆的安全。

倒车雷达系统主要包含倒车雷达、控制器、显示报警装置等，如图 3-5 所示。其主要工作原理是利用安装在汽车后保险杠上的超声波雷达探测汽车后方的障碍物，并算出车辆与障碍物之间的距离，根据距离的情况，发出不同的报警声音，一般为不同频率的"滴滴"声，距离越近，频率越高，当频率高到只能听到连续的声音时，说明汽车已经快要碰到障碍物了，此时应马上停车，如图 3-6 所示。

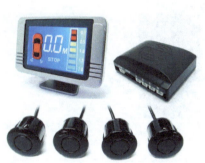

图 3-5 汽车倒车雷达系统结构　　图 3-6 汽车倒车雷达探测示意（后面 3 个传感器）

目前还有很多汽车前保险杠上也安装了超声波雷达，用以检测前方障碍物和其他车辆，特别是一些驾驶员看不到的地方，能够帮助驾驶员在操作车辆时避免发生碰撞。

虽然倒车雷达给我们带来了很多方便，但我们不能过分依赖它们，因为雷达也有盲区。在以下这几种情况下，雷达是不会做出反应的：

①过于低矮的障碍物：一般来说，低于探头中心 10~15cm 的障碍物就有可能被探头忽视，而且障碍物距离车位距离越近，这一高度值也就会随之降低，危险性也随之增大。

②过细的障碍物：由于雷达探头发射的声波信号较窄，因此在探测较细的障碍物时存在较大的盲区，一些道路上用来阻隔车辆的隔离桩、电线杆上的斜拉钢缆等都是危险物品。

③沟坎：雷达是用来探测障碍物的，车后有沟坎时，雷达是绝对不会做出反应的。

倒车雷达工作音频如图 3-7 所示，倒车雷达播报距离音频如图 3-8 所示，前感应雷达工作音频如图 3-9 所示。

图 3-7　倒车雷达　　　图 3-8　倒车雷达　　　图 3-9　前感应
　　　　工作音频　　　　　　　播报距离音频　　　　　雷达工作音频

3.1.4 汽车倒车影像系统认识

汽车倒车影像系统是将远红外线广角摄像装置安装在汽车后部,通过车内的显示屏,将汽车后部道路的信息清晰地显示出来。该系统在汽车挂倒挡时,会自动接通位于汽车后部的远红外线广角摄像装置,将车后状况清晰地显示于倒车液晶显示屏上。倒车影像系统比全方位倒车雷达更加直观、可靠,如图3-10所示。

图3-10 倒车影像系统显示效果

倒车影像系统主要包括倒车摄像头、转向角传感器、倒车影像系统控制单元、显示器等。

1) 倒车摄像头

倒车摄像头一般采用广角镜头,大众车型的摄像头的拍摄角度为水平方向130°,垂直方向为100°,安装的位置通常在车标下方,如图3-11所示。由于摄像头的拍摄角度很大,往往会产生很大的变形,因而需要倒车影像系统控制单元对图像进行进一步处理。

图3-11 汽车倒车摄像头的安装位置

倒车摄像头拍摄的影像,需要通过摄像头内部的处理器转化为电信号,再经过信号线传输到倒车影像系统控制单元,经过控制单元处理后,发送给显示器显示出来。摄像头处理器有三条导线,即一条电源线、一条搭铁线,还有一条信号线,其中信号线需要进行屏蔽,以防止其他信号的干扰。

2) 转向角传感器

转向角传感器一般与电控转向系统共用,用于检测转向盘的转角,判断驾驶员转动转向盘的方向。倒车影像系统利用这个信息在系统内生成的辅助线,帮助驾驶员操作转向盘。驾驶员倒车停车时,转动转向盘,辅助线也一起随转向盘转动,显示汽车倒行的参考方向，驾驶员可根据辅助线的情况掌握倒车时的转向盘的转动角度，确保停车入位。在大众车系上，如果转向盘传感器未经匹配，则不能显示辅助线，不会存储故障码。

3）倒车影像系统控制单元

倒车影像系统控制单元位于车辆后部右侧，靠近翼子板的地方，其主要作用如下：

①向倒车摄像头供电。

②校正摄像头的广角图像。

③在摄像头图像中插入静态和动态辅助线。

④提供视频输入输出端。

⑤控制单元的自诊断。

⑥诊断收到的摄像头信号。

⑦对失真的图像进行校正。

4）显示器

倒车影像系统的显示器往往采用收音机或媒体系统的显示器，显示器最终可以显示倒车时车辆后面的图像，并在图像中添加辅助线，便于驾驶员操作。显示器可以调节亮度、色彩，也可以关闭，如图 3-12 所示。

图 3-12 汽车倒车影像系统显示器

3.2 在线测验

3.2 在线测验试题

3.3 任务实施——汽车导航系统使用

3.3.1 导航系统正确使用

以奥迪 A4L 车型为例来说明导航操作过程。

第一，进入导航系统有两种方式：

①通过按钮 NAV 进入导航系统，如图 3-13（a）所示。

②通过按钮 MENU 进入选择界面，然后通过旋钮选择"导航"，进入导航系统，如图 3-13（b）所示。

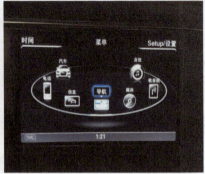

图 3-13　导航系统进入方式

（a）通过按钮 NAV 进入导航系统；（b）通过 MENU 进入导航系统

第二，进入导航界面后，在屏幕中央可以对地图显示形式进行设置，可以选择地图颜色 [图 3-14（a）] 和交叉路口缩放 [图 3-14（b）]。

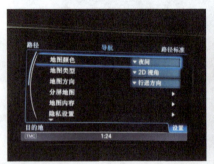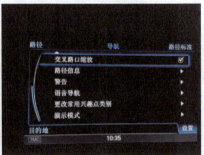

图 3-14　导航地图显示形式设置

（a）选择地图颜色；（b）选择交叉路口缩放

第三，进入导航系统后，可以输入具体的目的地，也可以在目的地选项中选择地址，如图 3-15 所示。

图 3-15　导航目的地设置

第四，选择推荐路径，如图 3-16 所示，完成设置的导航系统如图 3-17 所示。

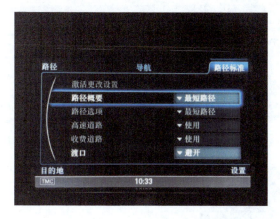

图 3-16　导航路径选择

图 3-17　完成设置的导航系统

汽车导航系统使用的讨论视频如图 3-18 所示，本田思铂睿汽车导航系统正确使用的视频如图 3-19 所示。

图 3-18　汽车导航系统使用的讨论视频

图 3-19　本田思铂睿汽车导航系统正确使用的视频

3.3.2　倒车雷达系统正确使用

当汽车点火、挡位开关挂入倒挡后，倒车雷达系统开始工作。倒车雷达系统使用的讨论视频如图 3-20 所示，本田思铂睿汽车倒车雷达系统使用的视频如图 3-21 所示，东风雪铁龙 C5 汽车倒车雷达系统使用的视频如图 3-22 所示。

图 3-20　倒车雷达系统使用的讨论视频

图 3-21　本田思铂睿汽车倒车雷达系统使用的视频

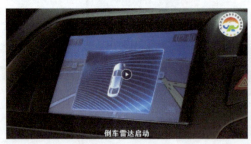

图 3-22　东风雪铁龙 C5 汽车倒车雷达系统使用的视频

3.3.3　倒车影像系统正确使用

当点火挂入倒挡后,倒车影像系统开始工作,并规划倒车辅助路线。倒车影像系统使用的讨论视频如图 3-23 所示,本田思铂睿倒车影像系统使用的视频如图 3-24 所示。

图 3-23　倒车影像系统使用的讨论视频

第 5 篇　汽车舒适系统认识及维护

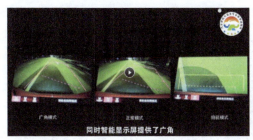

图 3-24　本田思铂睿汽车倒车影像系统使用的视频

3.4　汽车导航系统常见故障及原因分析

汽车导航系统的常见故障有 GPS 不通电/不开机、GPS 无信号、GPS 触摸点偏移、导航无语音提示或声音小、导航地图不详细、倒车无图像或图像反应慢、在倒车状态下倒车雷达不自检或不探测等，其原因分析如表 3-1 所示。汽车导航系统常见故障及原因分析视频如图 3-25 所示。

表 3-1　汽车导航系统常见故障现象及故障原因

故障现象	故障原因
GPS 不通电/不开机	（1）电源 +B 和 ACC 没有接通； （2）连接线松脱； （3）原车上熔断丝或主机熔断丝损坏
GPS 无信号	（1）受车上其他部件干扰； （2）GPS 天线插头未连接牢固； （3）车辆停放在地下室、隧道、房间内、国家军事基地等 GPS 信号被屏蔽地带； （4）GPS 天线损坏
GPS 触摸点偏移	（1）触摸屏没有进行精确校准； （2）有障碍物遮挡触摸屏
导航无语音提示或声音小	（1）导航音量设置过小或处于静音状态
导航地图不详细	（1）导航地图中可能会与实际交通道路存在差异，此类属于正常现象； （2）导航地图不是最新版本
倒车无图像或图像反应慢	（1）倒车灯电源线接错（摄像头供电）； （2）倒车控制线未连接或未连接好； （3）倒车摄像头损坏； （4）倒车摄像头视频连接线接触不良； （5）车辆电源电压不稳定
在倒车状态下倒车雷达不自检或不探测（蜂鸣器无任何声音输出）	（1）超声波传感器连接线故障； （2）超声波传感器故障； （3）蜂鸣器故障； （4）倒车控制单元故障

297

图 3-25 汽车导航系统常见故障及原因分析视频

第 6 篇

汽车行车安全辅助系统认识及维护

学习任务 1　汽车安全气囊电子控制系统认识及维护

任务引入

随着社会经济的发展，轿车已逐步进入每个家庭，由此带来的用车安全问题也引起了大家的重视。"怎么避免事故？""怎么减轻事故对人造成的危害？"这些都成了大家的关注点。安全气囊系统作为一种被动安全系统，在汽车发生碰撞时能对司乘人员的安全起到保护作用，降低事故对司乘人员造成的伤害，有助于道路交通安全。这就要求汽车营销与服务技术从业人员具备汽车安全气囊系统组成、基本工作原理及相关电路的基础知识，能够与客户就安全气囊系统常见故障及原因进行沟通。

任务描述

李小明在某丰田汽车4S店做维修接待工作。有一天，客户任先生开着一辆丰田卡罗拉汽车来到4S店，任先生反映他的车在行驶过程时安全气囊故障指示灯突然点亮了。

假如你是小明，请负责该车辆的接待工作，为任先生介绍汽车安全气囊系统的组成、功能及正确使用方法，并完成汽车安全气囊系统的初步检查，与任先生就汽车安全气囊系统的故障进行初步沟通。

学习目标

①能描述汽车安全气囊系统的类型及作用。
②能描述汽车安全气囊系统的组成，及各元件的作用。
③能描述汽车安全气囊系统及引爆式安全带的工作原理及工作过程。
④能描述汽车安全气囊系统的常见故障并能分析其原因。
⑤能在汽车上准确找到安全气囊系统各部件，并能准确描述其安装位置。
⑥能指导客户正确使用安全气囊系统。
⑦能正确使用诊断仪进行故障诊断，确定故障部位。
⑧能与客户就安全气囊系统的常见故障进行沟通。

1.1　相关知识

1.1.1　汽车安全气囊系统作用

汽车安全气囊系统（Supplemental Restraint System，SRS）作为一种被动安全系统，在汽车发生碰撞时对司乘人员的安全起保护作用，从而将事故对司乘人员造成的伤害降到最低。

1.1.2 汽车安全气囊系统类型

1）按保护对象分类

汽车安全气囊系统按保护对象可分为：驾驶员防撞安全气囊（DA）、乘员防撞安全气囊（PA）、侧面防撞安全气囊（SA）、窗帘式安全气囊（SCA）、膝部气囊（KA），如图1-1所示。

(a)　　　　　　　　　　　　　(b)

图1-1　汽车安全气囊按保护对象进行的分类

2）按膨胀速度分类

（1）单级式安全气囊

单级式安全气囊是指无论发生多大强度的撞击（要达到气囊展开条件），安全气囊打开的速度是恒定的。

（2）多级式安全气囊

多级式安全气囊，可根据汽车的行驶速度、碰撞强度和座椅滑移位置分为几个阶段调节充气膨胀力。车速越低，撞击强度越小，充气膨胀力越小，如图1-2（a）所示；车速越高，撞击强度越大，充气膨胀力越大，如图1-2（b）所示。

(a)　　　　　　　　　　　　　(b)

图1-2　多级式安全气囊

3）其他

智能型安全气囊。为了减轻安全气囊的副作用，目前已研制出智能型安全气囊。它能检测司乘人员是否系上安全带、座椅上是否有司乘人员、司乘人员乘坐的位置、儿童座椅是否安装，还能调控安全气囊充气膨胀力并检测气温。

1.1.3 安全气囊系统组成

电子式安全气囊系统主要由安全气囊组件、气囊传感器、电子控制装置（SRS ECU）、警示灯、诊断接头、螺旋电缆、安全带预张紧器、座椅滑移位置传感器、乘员检测传感器等组成，车型不同所采用部件的结构、安装位置和数量会有所不同，但其基本组成和工作原理都大致相同，如图1-3所示。

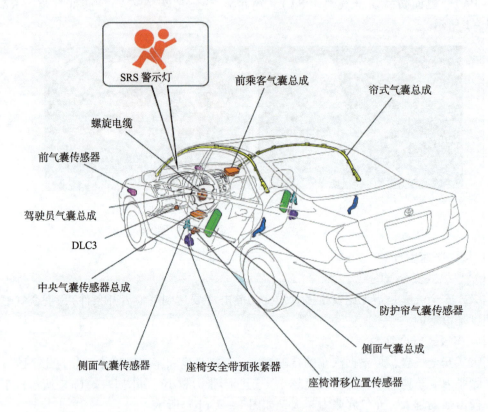

图1-3 安全气囊系统的组成

1）安全气囊组件

安全气囊组件包括充气装置、气囊、外壳等。

①充气装置。充气装置与气囊组合为一体，被安装在转向盘支架上。发生严重碰撞后，电流流入引燃器对它点火，引燃器点燃增强剂和气体发生剂颗粒产生大量氮气，气体流过过滤器，随着气囊的膨胀，气囊会撕开装饰垫的外层，使气囊瞬间展开，如图1-4所示。

②气囊。气囊安装在充气装置上部，用装饰盖护住。气囊一般由尼龙制成，上面有一些排气孔，充气结束后，排气孔立即排气使气囊变软，这样起到缓冲作用，以减轻对司乘人员的伤害，图1-5所示。

2）气囊传感器

气囊传感器包括碰撞传感器、中央传感器和安全传感器，用来检测碰撞减速力、碰撞强度，作为电子控制装置计算气囊是否动作的参数，如图1-6所示。

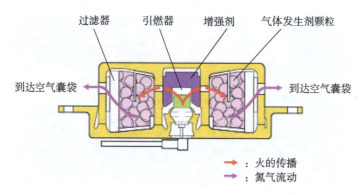

图1-4 安全气囊充气装置

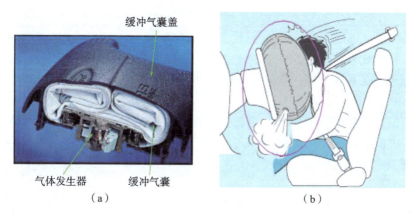

图1-5 气囊
（a）未展开状态；（b）展开状态

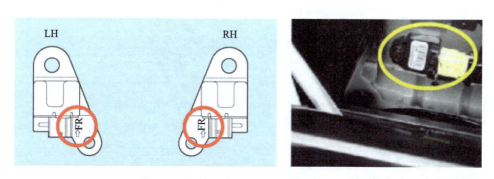

图1-6 气囊传感器

3）电子控制装置

电子控制装置是SRS的控制中心，其功能是接收传感器输入的信号，判断是否启动安全气囊系统，并进行故障自诊断。

4）SRS警示灯

SRS警示灯位于组合仪表上，当中央空气囊传感器总成检测到空气囊系统的任何故障时，SRS警示灯点亮以通知驾驶员。在正常工作状态下，当点火开关被置于"ON"位置时，此灯点亮几秒钟后熄灭，如图1-7所示。

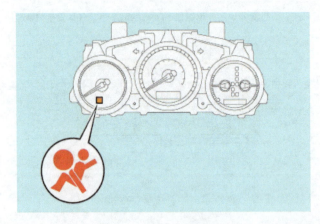

图 1-7　安全气囊警示灯

5）诊断接头

当安全气囊系统有故障时，可以通过诊断接头读取安全气囊系统故障码。在对故障进行修复后可以清除故障码。

6）螺旋电缆

螺旋电缆的作用是连接转向盘上的安全气囊组件和安全气囊控制模块之间的电器，从而保证转向盘在任意位置的电器连接，如图 1-8 所示。

7）座椅滑移位置传感器

座椅滑移位置传感器用在多级式安全气囊系统中，可检测司乘人员的乘坐位置、综合车速和碰撞强度，控制气囊展开的速度，如图 1-9 所示。

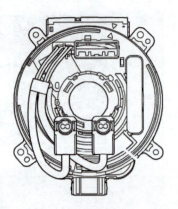

图 1-8　螺旋电缆

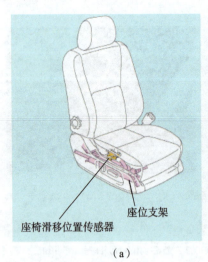
（a）

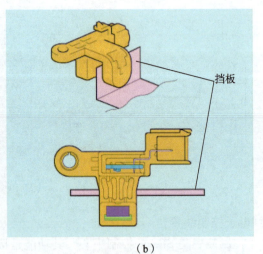
（b）

图 1-9　座椅滑移位置传感器

8）乘员检测传感器

乘员检测传感器能检测座位上是否有乘员；如果有乘员坐在位置上而没有系上安全带，蜂鸣器和安全带未系警示灯便会工作以作提醒；在没有乘员坐在位置上，发生碰撞时乘员侧安全气囊不会工作，如图 1-10 所示。

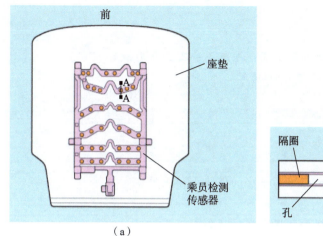
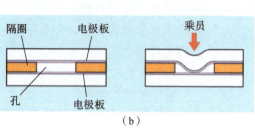

图 1-10　乘员检测传感器

1.1.4　安全气囊系统工作原理

当汽车在行驶中遭受到正面或侧面碰撞时，各种车型的安全气囊系统工作原理基本相同。我们现在以正面碰撞为例，说明安全气囊系统的工作原理，如图 1-11（a）所示。

当汽车受到前方一定角度范围内（一般为正前方或斜前方 ±30° 角内，如图 1-11（b）所示）的高速碰撞时，车体会受到强烈的震动，同时车速急剧下降。安装在汽车前端的碰撞传感器和与 SRS ECU 安装在一起的防护碰撞传感器（安全传感器）就会检测到汽车突然减速和撞击强度的信号。当达到规定的强度时，传感器即向 SRS ECU 发出信号。SRS ECU 接收到信号后，与其原存储信号进行比较，若达到气囊的展开条件，则由驱动电路向安全气囊组件中的气体发生器送去启动信号。气体发生器接到启动信号后，引爆电雷管引燃气体发生剂，产生大量气体，经过滤并冷却后进入安全气囊，使气囊在极短的时间内突破衬垫迅速展开，在驾驶员或乘客的前部形成弹性气垫，并及时泄漏、收缩，将人体与车内构件之间的碰撞变为弹性碰撞，通过气囊产生的变形吸收人体碰撞产生的动能，从而有效地保护人体头部和胸部，使之免受伤害或减轻伤害程度。

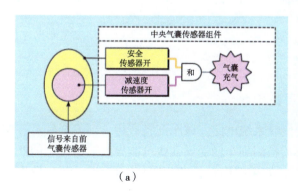
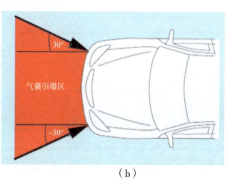

图 1-11　安全气囊系统工作原理

提示：SRS 气囊被设计成只能使用一次。因此，气囊相关的零件在使用后需要更换。

注意

一、正面安全气囊系统的有效范围

在下列条件之一的情况下，正面安全气囊系统不会发生作用：

a. 汽车遭受侧面碰撞超过斜前方±30°角时。
b. 汽车遭受横向碰撞时。
c. 汽车遭受后方碰撞时。
d. 汽车发生绕纵向轴线侧翻时。
e. 纵向减速值未达到设定阈值。
f. 汽车正常行驶、正常制动和在路面不平的道路上行驶时。

二、安全气囊的误触发

在使用车辆时，以下情况可能导致误触发，应加以注意：

a. 温度过高，引起充气装置中火药燃烧。
b. 过分撞击，使雷管被引爆。
c. 电磁波引起误触发，如大功率手提电话机等。
d. 修理时操作不慎。

1.1.5 引爆式安全带

在严重的正面碰撞期间，引爆式安全带将工作，安全带收缩，乘员向前移的量减少。气囊和带有安全带预张紧器的座椅安全带会给驾驶员和乘客提供最大防护，如图1-12所示。

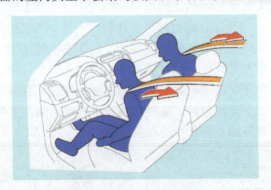

图1-12 安全带预张紧器

1.1.6 丰田卡罗拉汽车安全气囊系统电路

图1-13所示为丰田卡罗拉汽车安全气囊系统电路。该车配备有主、副安全气囊、侧气囊、安全气帘和安全带预张紧器。传感器检测到车辆受到某些可能导致乘员重伤的严重撞击时，会将减速度信号发送至SRS ECU，如果超出预设的门限值，则SRS ECU发出点火信号让气囊与安全带预张紧器相互配合工作，以降低车内人员受到严重伤害甚至死亡的风险；将车辆碰撞信号通过CAN总线发送给发动机ECU，从而断开燃油泵继电器，切断燃油供给，以免发生更大的危险。

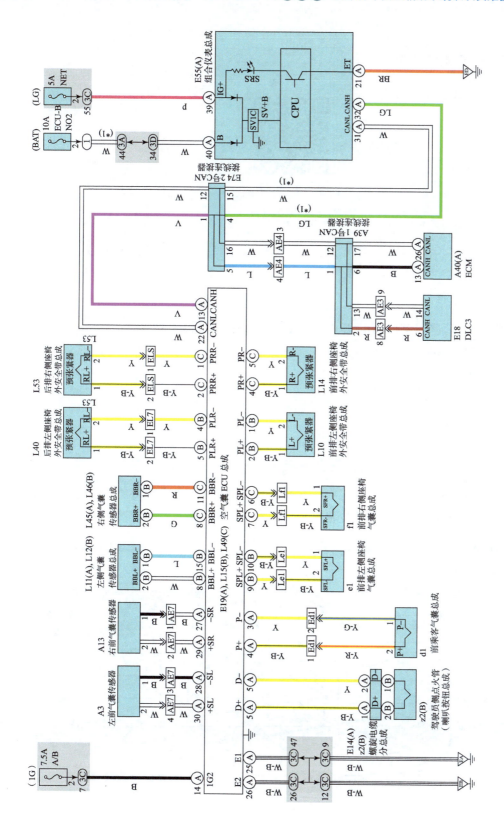

图1-13 卡罗拉安全气囊系统电路

1.2 在线测验

1.2 在线测验试题

1.3 任务实施——丰田卡罗拉汽车安全气囊系统认识及检查

1.3.1 任务准备

①丰田卡罗拉汽车 1 辆，车辆开进作业工位并做好车辆防护。
②丰田卡罗拉汽车智能诊断仪 1 台。
③万用表 1 只。
④常规工具 1 套、连接导线。
⑤充电机 1 台。
⑥作业记录单。

1.3.2 丰田卡罗拉汽车安全气囊系统认识

图 1 - 14 所示为丰田卡罗拉汽车安全气囊系统各元件及位置，表 1 - 1 所示为丰田卡罗拉汽车安全气囊系统各元件安装位置，请对照图 1 - 14 完善表 1 - 1。

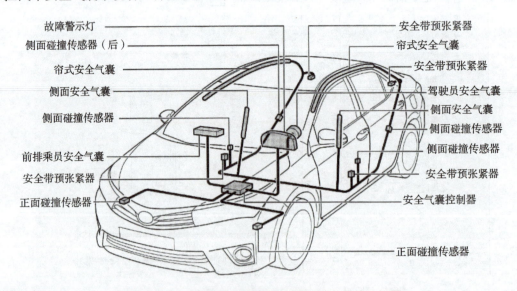

图 1 - 14 丰田卡罗拉汽车安全气囊系统各元件及位置

表1-1　丰田卡罗拉汽车安全气囊系统各元件安装位置

序　号	安全气囊名称	数量/个	位　　置
1	正面安全气囊		
2	侧面安全气囊		
3	安全带预张紧器		
4	正面碰撞传感器		
5	侧面碰撞传感器		

东风雪铁龙C5汽车安全气囊认识视频如图1-15所示，宝马3系汽车安全气囊认识视频如图1-16所示。

图1-15　东风雪铁龙C5汽车安全气囊认识视频

图1-16　宝马3系汽车安全气囊认识视频

1.3.3　安全气囊正确使用

使用装有安全气囊系统的汽车时应注意以下几点：

①不要在前面乘员席上安装儿童座椅，因为前面乘员安全气囊的迅速膨胀力会使儿童死亡或严重受伤，如图1-17所示。

②不要在前面安全气囊周围（主要包括转向盘底座和仪表板前）摆放物品，否则会妨碍安全气囊展开或当安全气囊展开时物品向后抛，导致死亡或严重受伤，如图1-18所示。

③不要在车门及附近添设杯架或其他物体，不要在帘式安全气囊周围附上任何物品，否则侧面、帘式安全气囊膨胀时物体会被抛出，或使侧面、帘式安全气囊不正确地触发，从而导致严重受伤或死亡，如图1-19所示。

图 1-17 儿童座椅的安装

图 1-18 前面安全气囊使用注意事项

图 1-19 侧面、帘式安全气囊使用注意事项

④不要坐在座位边缘或者倾身在仪表板上，不允许儿童立起在或跪在前面乘员座椅上，不要在驾驶员的膝盖上或怀里抱着儿童，因为安全气囊膨胀时有很大的速度和力量，容易造成严重伤害或死亡事故，如图 1-20 所示。

图 1-20 前面乘员座椅使用注意事项

⑤不要让小孩面向乘员的侧门跪在乘员座位上，在车辆行驶时要端坐并很好地靠在座位中，否则可能会造成严重损害或致死事故，如图 1-21 所示。

图 1-21 右前侧门乘车注意事项

安全气囊正确使用视频如图 1-22 所示，安全带正确使用视频如图 1-23 所示，宝马 3 系汽车副驾驶安全气囊关闭视频如图 1-24 所示。

图 1-22　安全气囊正确使用视频

图 1-23　安全带正确使用视频

图 1-24　宝马 3 系汽车副驾驶安全气囊关闭视频

1.3.4　安全气囊警示灯状态检查

由于安全气囊系统里面安全气囊组件、气囊 ECU 和传感器等都是一次性使用件，所以通常没法对系统做实验性检查。但安全气囊系统带有自诊断功能，即在点火开关从"LOOK"位置开到"ON"位置时，诊断电路触发安全气囊系统进行自检，其步骤如下：

①点火开关转至"ON"位置。

②观察安全气囊警示灯，应先持续点亮，6s 左右时熄灭。

③如果警示灯不熄灭，或者在行驶过程中点亮，则说明安全气囊系统有故障，需要维修。

1.3.5　安全气囊系统故障码读取

请观看图 1-25 所示二维码里的视频，概括出故障码读取的步骤，填写表 1-2。

表1-2 安全气囊系统故障码读取步骤

序　号	步　骤
1	
2	
3	
4	
5	

图1-25所示为丰田卡罗拉汽车安全气囊系统故障码读取视频；图1-26所示为本田思铂睿汽车安全气囊系统故障码读取视频；图1-27所示为丰田卡罗拉汽车正面安全气囊拆装视频。

图1-25　丰田卡罗拉汽车安全气囊系统故障码读取视频

图1-26　本田思铂睿汽车安全气囊系统故障码读取视频

图1-27　丰田卡罗拉汽车正面安全气囊拆装视频

1.4　汽车安全气囊系统常见故障及原因分析

汽车安全气囊系统的常见故障为安全气囊系统故障警示灯常亮，其原因分析如表1-3

所示，其分析视频如图 1-28 所示。

表 1-3 汽车安全气囊系统常见故障现象及故障原因

故障现象	故障原因
安全气囊系统故障警示灯常亮	（1）螺旋电缆受损； （2）碰撞传感器故障； （3）安全气囊组件故障； （4）安全带预张紧器故障； （5）相关线路故障； （6）电子控制装置故障

图 1-28 汽车安全气囊系统常见故障及原因分析视频

1.5 拓展提升——上汽大众帕萨特汽车安全气囊系统特点

1）拓展任务

使尽了浑身解数，李小明终于完成了张先生车辆的接待工作。休息了一会儿，他忽然想知道其他品牌汽车的安全气囊系统到底与丰田卡罗拉汽车有何不同，于是他向在上汽大众 4S 店工作的同学要了一些资料开始学习。

2）上汽大众帕萨特汽车安全气囊系统组成及安装位置

表 1-4 所示为上汽大众帕萨特汽车安全气囊系统的安装位置，图 1-29 所示为上汽大众帕萨特汽车安全气囊系统电路。

表 1-4 上汽大众帕萨特汽车安全气囊系统的安装位置

编号	元件名称	安装位置
G190	正面碰撞传感器	发动机前部锁支架中间
J285	组合仪表	仪表板左侧
N95	驾驶员侧安全气囊引爆装置	转向盘内
N131	前排乘员侧安全气囊引爆装置	仪表板右侧、手套箱前方
J234	安全气囊控制单元	换挡杆前方中央通道上

续表

编　号	元件名称	安装位置
N199	驾驶员侧侧面安全气囊引爆装置	驾驶员座椅靠背左侧
N200	前排乘员侧侧面安全气囊引爆装置	前排乘员座椅靠背右侧
G179	驾驶员侧侧面碰撞传感器	左B柱下方
N153	驾驶员侧安全带预张紧器引爆装置	左B柱下部
G180	前排乘员侧侧面碰撞传感器	右B柱下方
N154	前排乘员侧安全带预张紧器引爆装置	右B柱下部
N251	驾驶员侧头部安全气囊引爆装置	车顶左侧中部
G435	驾驶员侧头部安全气囊碰撞传感器	后坐垫左侧
N252	前排乘员侧头部安全气囊引爆装置	车顶右侧中部
G436	前排乘员侧头部安全气囊碰撞传感器	后坐垫右侧
T16	故障诊断连接器	仪表台下方

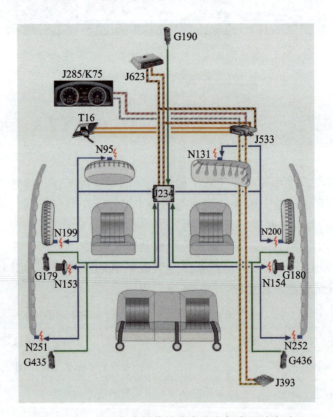

图1-29　上汽大众帕萨特汽车安全气囊系统电路

3）上汽大众帕萨特汽车安全气囊系统工作过程（以正面碰撞为例）

上汽大众帕萨特汽车的安全气囊系统受J234控制，各碰撞传感器检测有碰撞信号时，将信号传给J234进行比较分析。如果达到气囊展开条件，J234就会发送相应的点火信号到安全气囊和安全带预张紧器引爆装置（乘员侧正面安全气囊引爆装置要在 G128 前排乘员侧座椅占用传感器检测有人坐在位置上时才引爆），以保护乘员。J234 检测到该系统有故障时会给组合仪表发送安全气囊警示灯点亮信号。

图 1-30 所示为上汽大众帕萨特汽车安全气囊认识视频，图 1-31 所示为上汽大众帕萨特汽车安全气囊故障码读取视频。

图 1-30　上汽大众帕萨特汽车安全气囊认识视频

图 1-31　上汽大众帕萨特汽车安全气囊故障码读取视频

学习任务 2　汽车行车辅助系统认识

任务引入

随着汽车技术的发展及人们生活水平的提高，人们对汽车舒适性及安全性的要求越来越高。汽车主动巡航控制系统、汽车盲区显示系统、汽车自动泊车辅助系统、汽车夜视辅助系统、汽车车道保持系统、汽车抬头数字显示系统、汽车起—停系统、汽车多功能转向盘等提高汽车安全性及舒适性的装备在不同级别的汽车上广泛采用。这就要求汽车营销与服务技术从业人员具备这些系统组成、基本工作过程的基础知识，能与客户就这些系统的正确使用方法进行沟通。

任务描述

李小明在某本田汽车4S站做维修接待工作。有一天，客户陈先生开着一辆本田思铂睿汽车来到4S站，陈先生反映他的车在遇到红绿灯停车时发动机会自动熄火，松开制动踏板去踩油门踏板后，发动机又会自动点火，他想知道这种情况是否正常。

假如你是小明，请你负责该车辆的接待工作，为陈先生介绍汽车发动机起—停系统的组成、功能及正确使用方法，与陈先生就发动机起—停系统的正确使用及使用建议进行初步沟通。

学习目标

①能描述汽车主动巡航控制系统的作用及基本工作过程。
②能描述汽车盲区显示系统的作用及组成。
③能描述汽车自动泊车辅助系统的作用及基本工作过程。
④能描述汽车夜视辅助系统的作用及基本工作过程。
⑤能描述汽车车道保持系统的作用及基本工作过程。
⑥能描述汽车抬头数字显示系统的作用及基本工作原理。
⑦能描述汽车起—停系统的作用及基本工作过程。
⑧能描述汽车多功能转向盘的作用。

2.1 汽车主动巡航控制系统认识

汽车主动巡航控制系统（也叫自适应巡航系统，缩写为ACC）是一种新开发的行车辅助系统，它与传统的车速控制系统相比，在功能上有很大扩展。由于减少了对油门踏板和制动踏板的操作，所以可明显提高驾驶舒适性。使用该系统可以使驾驶员严格遵守车速限制以及车距规则，从而也就保证了交通的畅通。

主动巡航控制系统的基本功能是：保持驾驶员所选定的与前车的距离。因此，巡航控制系统是定速巡航系统的进一步发展。车上装有一个雷达传感器（图2-1），它用于测定与前车的车距和前车的车速。如果车距大于驾驶员设定的值，那么车就会加速，直至车速达到驾驶员设定的车速值。如果车距小于驾驶员设定的值，那么车就会减速，减速可通过降低输出功率、换挡或必要时施加制动力来实现。出于舒适性的考虑，制动效果只能达到制动系统最大制动减速能力的25%。这个调节过程可以减轻驾驶员的劳累程度，因此可以间接提高行车安全性。在某些情况下，还是需要驾驶员来操作制动器

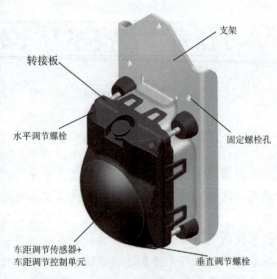

图2-1 主动巡航系统测距雷达单元

工作。

主动巡航控制系统也是有一定局限性的。主动巡航控制系统是一个驾驶员辅助系统，绝对不能将其看成安全辅助系统，也不能将其当成全自动驾驶系统。主动巡航控制系统在车速为 30～200 km/h 时才能工作，且主动巡航控制系统对固定不动的目标无法作出反应（图 2-2）。

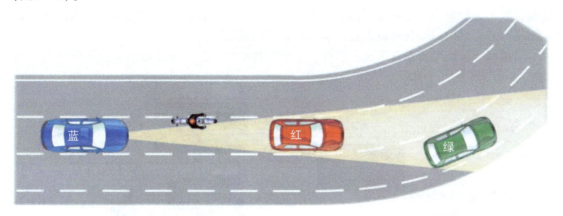

图 2-2　主动巡航系统工作示意

在实际行车中（如在高速公路、多车道路面以及转弯时），在雷达的视野中一般会出现多辆车。这时就需要识别：哪一辆与本车行驶在同一条车道上（或者说：本车应与哪辆车保持选定的距离）。这就需要车距调节控制单元确定车道，这个过程是相当复杂的；而且还需要其他信息（附加输入信号）。需要的信号中最重要的是：摆动传感器信号、车轮转速传感器信号以及转向盘转角信号。对这些信号进行分析就可获得车辆在公路上转弯时的信息。

这条"假想"车道是根据带有自适应巡航控制系统车的当前转弯半径和特定的车道平均宽度得出来的。雷达传感器测到的、距离本车最近的物体（也在本车道上）就作为车距调节的参照物。由于弯路在不断变化，或在驶入弯道及驶离弯道时，可能出现这样的情况，即本车短时"失去"了目标（前车），或将相邻车道上的某车当成了目标，所以有可能发生这样的情况：车辆莫名地就短时加速或减速。这种情况是系统本身的原因，并不表示有故障。

如图 2-3 所示，蓝车以规定的车距跟着红车行驶。当车辆经过 90°的弯路时，红车就会脱离雷达的信号发送/接收区，相邻车道上的一辆车却进入了雷达的视野。虽然车距调节控制单元计算了弯道的情况，但还是会短时出现调节过程（这是由另外一辆车引起的）。

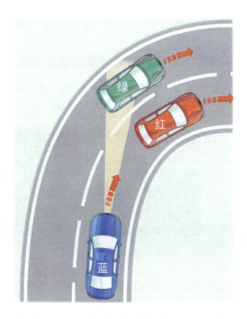

图 2-3　主动巡航系统检测前车距离示意

2.2　汽车盲区显示系统认识

盲区显示系统简称 LWC（Lane Watch Camera）。盲区显示系统通过使用盲区显示摄像头，能够将副驾驶员右侧的死角部分的图像显示到仪表板中央显示屏上，从而能够从主驾驶员位置上进行观察。该系统有助于在车辆变道时对本车右后方车辆情况的确认，以及右转时对右后盲区内的摩托车以及自行车、行人等的确认。

盲区显示系统主要由盲区显示摄像头、中央显示屏以及盲区显示系统开关等组成，如图 2-4 所示。

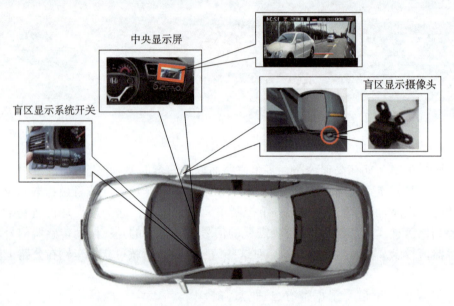

图 2-4　盲区显示系统组成示意

当按下盲区显示系统开关或者开启右转向灯时，中央显示屏上会显示摄像头所拍摄到的右后盲区的画面。注意：该系统只能显示右后盲区的画面，不具备警报功能。盲区摄像头所拍摄的区域如图 2-5 所示。

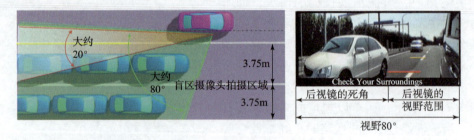

图 2-5　盲区摄像头所拍摄的区域

2.3　自动泊车辅助系统认识

自动泊车辅助系统是将侧方位停车和倒车入库固定成一种控制单元的模式化操作，控制单元计算确定停车位足够大后会引导驾驶员将车开到合适位置，驾驶员就可以将转向盘操作交给控制单元来完成，驾驶员只要按照控制单元的提示完成换挡以及进行适当车速控制即可完成倒车，如图2-6所示。

汽车移动到前车旁边时，控制单元会给驾驶员一个信号，告诉驾驶员将车停在合适的准备位置，然后控制单元提醒驾驶员换倒挡，并稍稍松开制动踏板开始倒车，同时控制单元将接管转向盘，通过动力转向系统电动机转动车轮，将汽车倒入停车位。当车辆位置还需要进一步调整时，控制单元会提示驾驶员将挡位换为前进挡，汽车向前移动；控制单元将车轮调整到位后就给驾驶员一个车辆已经停好的信号。

图2-6　汽车自动泊车辅助系统

自动泊车辅助系统启动开关如图2-7所示，自动泊车辅助系统的工作过程如图2-8所示。自动泊车辅助系统遵循以下五个基本工作步骤。

图2-7　自动泊车辅助系统启动开关

图2-8　自动泊车辅助系统工作过程

①驾驶员将汽车开到停车位的前面，停在前面一辆车的旁边，启动自动泊车辅助系统。

②自动泊车辅助系统向路边转动车轮，以大约45°将车向后切入停车位。

③汽车进入停车位后，自动泊车辅助系统会回正前轮，然后继续倒车。

④当通过后视镜确保与后面车辆保持一定距离后，自动泊车辅助系统会向路边打车轮，这时驾驶员需要将汽车挡位挂入前进挡，自动泊车辅助系统则会将汽车前端回转到停车位中。

⑤驾驶员需要在停车位前后移动汽车，直到汽车停在适当的位置为止。

自动泊车辅助系统一般会在汽车前、后保险杠四周装上超声波传感器，超声波传感器发出人耳听不见的超声波，它碰到障碍物后会反射回来，反射回来的超声波由一个麦克风接收，因此，超声波传感器既充当发送器，也充当接收器。这些超声波传感器会发送信号，当信号碰到车身周边的障碍物时会反射回来，控制单元会利用其接收信号所需的时间来确定障碍物的位置，汽车会检测到已停好的车辆、停车位的大小以及与路边的距离，然后将车驶入停车位。因为声音的传播速度与温度有关，所以车外温度传感器的信号也被纳入系统控制中。

2.4 汽车夜视辅助系统认识

汽车夜视辅助系统是一种利用红外线技术使驾驶员视觉增强的有效系统,其视距是汽车前照灯的四倍,能明显降低夜间驾驶风险。夜视辅助系统可在全黑、烟雾、下雨和下雪情况下帮助探测和识别潜在的危险,辅助驾驶员在黑夜中看清道路和其他障碍物,减少事故发生,增强汽车主动安全功能。其与汽车灯光系统作用范围的对比如图2-9所示,夜视辅助系统的探测范围为300m,摄像头水平探测角度为24°,如图2-10所示。

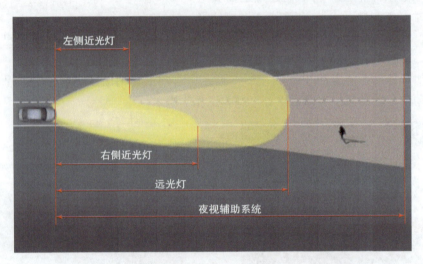

图2-9 汽车夜视辅助系统与灯光系统作用范围对比

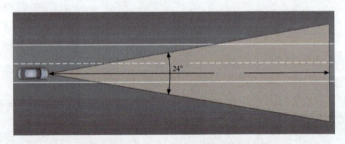

图2-10 汽车夜视辅助系统探测范围

汽车夜视辅助系统通过灯开关模块上的一个单独的按钮来接通。在外界光线较好时,随时都可以接通夜视辅助系统,而在黑暗环境中由光线传感器识别并且车辆的前照灯开关旋钮置于"AUTO"位置或"近光灯"位置时才能接通夜视辅助系统,如图2-11所示。

按照工作原理不同,汽车夜视辅助

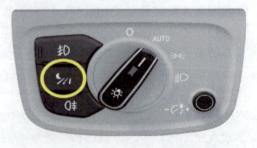

图2-11 汽车夜视辅助系统操作开关

系统可分为主动红外夜视系统和被动红外夜视系统,主动红外夜视系统主要采用主动红外成像技术,被动红外夜视系统主要采用热成像技术。

主动红外夜视系统主要由红外发射装置发射一定强度的红外波束,利用图像传感器感应从目标物体上反射回来的红外波束,把图像显示在车载显示屏上。

被动红外夜视系统利用自然界绝大多数物体的温度都大于绝对温度的原理,此情况下的物体都会向外发射一定波长的红外光束,其光谱处于 $3\mu m$ 以上范围;由于所发射红外光束的能量很弱,需要利用昂贵的专用红外图像传感器来感知目标物,所以它主要用于军事方面。

夜视辅助系统主要包括红外热敏摄像头、控制单元和显示系统等。红外热敏摄像头一般安装在车辆格栅后面或任何其他紧凑的空间,需要做到防止外力冲击、防潮防水。为了防止汽车行驶中飞起的石子对摄像头造成损坏,红外热敏摄像头的镜头前有一个保护窗,它采用富锗制成,而不能用玻璃来制作,因为热辐射无法穿过玻璃。红外热敏摄像头与其他设备一样可用水管喷洗干净,其工作环境温度在 -40℃ ~ +80℃,其内置加热器可对其防护窗口进行除霜,其结构如图 2 - 12 所示。

图 2 - 12　红外热敏摄像头结构

当环境温度在 -30℃ 和正对窗口的风速达到 100km/h 时,加热器能在短时间内除掉冻结在窗口上 2mm 厚的冰层。当窗口温度低于 4℃ 时,加热器自动加电;当窗口温度高于 6℃ 时,加热器会自动停电。这就保证了镜头的清洁和极冷环境中显示器上完美的红外热图像。

2.5　汽车车道保持系统认识

车道保持系统(Lane Assist)是一种驾驶员辅助系统,通过一个摄像机探测车辆前方区域,识别出当前所在车道左右两侧的道路标线。车道保持系统操作开关如图 2 - 13 所示,其显示界面如图 2 - 14 所示。如果在没有接通转向信号灯的情况下车辆偏向系统识别的一侧车道标志线,系统就会在越过标线之前通过转向盘振动及时提醒驾驶员车辆偏离了车道,同时系统会对转向实施校正干预,协助驾驶员将汽车保持在自己的车道里。该系统是针对高速公路或类似道路设计的,车速高于 65km/h 时方起作用。

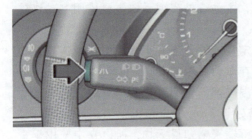

图 2-13 车道保持系统操作开关

图 2-14 车道保持系统显示界面

车道保持系统应用的前提是车辆必须配用电动助力转向系统（EPS），另外还要在前风窗玻璃后方的车内后视镜区域安装数字式摄像头，实时拍摄前方道路上的车道线。车道保持系统的组成如图 2-15 所示，拍摄的图像通过一根数据导线发送至控制单元进行实时处理分析。控制单元根据图像确定车辆在车道中的位置。如果发现行驶路线偏离车道中心线并且超过设定的偏离值，控制单元就会向 EPS 发出指令以对转向盘施加转向力（大众汽车上的车道保持系统可以施加 3N·m 的转向力矩），从而对车辆行驶方向进行纠正，如图 2-16 所示。

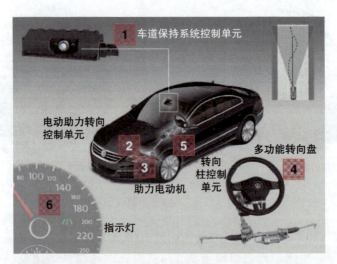

图 2-15 车道保持系统组成

图 2-16 车道保持系统工作场景

2.6 抬头数字显示系统认识

抬头数字显示系统 HUD（Head Up Display），意为抬头显示，也称平视显示器。HUD 系统最初被应用在战斗机上，最早装备 HUD 系统的是法国的幻影战斗机，从 1988 年开始用在汽车工业上。车辆在高速行驶时，特别是夜间高速行车时，驾驶员可能会低头观看仪表显示或观看中控台的音响等的显示，此时如果前方遇有紧急情况，就有可能因来不及采取有效措施而造成事故。为避免这种情况发生，在一些高端汽车上装备了 HUD 即抬头显示系统，如图 2－17 所示。抬头显示系统可以将有关信息显示在前风窗玻璃的驾驶员平视范围上，且显示位置、显示亮度可调。这样可以减少因低头、走神引起的交通事故，确保行车安全。

图 2－17 抬头显示系统

目前被广泛使用的 HUD 系统大多是由液晶显示系统构成，其工作原理如图 2－18 所示。

抬头显示（HUD）系统的控制模块和光学投影组件安装在仪表板的饰板下面，显示系统的控制开关位于仪表板上。系统进入工作状态时，车速、转向信号、远光灯、燃油不足、发动机机油压力等重要信息由发动机 ECU 传输给抬头显示系统控制模块，经处理后在模块的显示屏上显示出来，再经光学系统投射到前风窗玻璃上以形成虚拟影像，使驾驶员在视线不离开前方路面的情况下就能掌握这些信息。

在点火开关位于"RUN"时，打开仪表板上的控制开关（图 2－19），可以打开或关闭抬头显示系统。其显示位置、显示亮度也可调节。

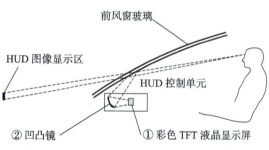

图 2－18 HUD 系统工作原理

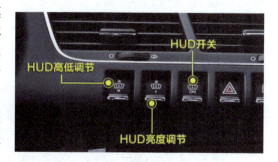

图 2－19 HUD 系统控制开关

2.7 汽车起—停系统认识

汽车起—停系统（英文名称 STOP—START，STT）的功能是车辆行驶过程中临时停车（例如等红灯）的时候自动熄火。它是当需要继续前进的时候，系统迅速响应驾驶员起动命令，自动快速重起发动机的一套系统。起—停系统操作开关及仪表显示界面如图 2-20 所示，怠速工况油耗在城市交通油耗中占有相当大的比例，因此采用汽车起—停系统可避免汽车怠速时的燃料消耗，减少汽车的排气污染，尤其在日益拥堵的城市

图 2-20 起—停系统操作开关及仪表显示界面

道路交通中能起到很好的降低燃料消耗量的作用，是改善汽车燃料经济性的一项重要措施。我们通过此项技术在一般路况条件下可以节约 5% 的燃油，而在拥堵路段中最高可以节约 15% 左右的燃油。据权威机构测试，此项技术的使用将使一辆普通轿车每年节省 10%～15% 的燃料。为此，美国在 2009 年颁布的减少 CO_2 排放的标准中要求广泛应用这项技术。

2.8 汽车多功能转向盘认识

汽车多功能转向盘是指在转向盘两侧或者下方设置一些功能键，包括音响控制、车载电话、定速巡航键等。多功能转向盘的好处在于驾驶员可以直接在转向盘上操控车内很多的电子设备，从而不需要在中控台上去寻找各类按钮，从而能更专心地注视前方，大大提高了行车的安全性。这本是属于中型车的装备，但随着技术的进步，也逐渐向家用车转移。

不同车型的配置要求各不相同，在转向盘上相应设置的按钮也不相同。操作这些按钮，可以对仪表板的多功能显示系统进行启用、控制、设定，如图 2-21 所示。每次按下多功能转向盘上的系统切换按钮，仪表板的多功能显示器显示的系统便会切换。在选定所需系统后，按下多功能转向盘上的向上/向下显示按钮，可以选择相关系统的功能菜单，并对所需项目进行设定，或是激活/解除某项功能，或是启用/取消某种工作模式。

图 2-21 多功能转向盘

2.9 在线测试

2.9 在线测验试题

参考文献

[1] 周建平. 汽车电气设备构造与检修（第三版）[M]. 北京：人民交通出版社，2016.
[2] 彭小红，陈清. 汽车电路和电子系统检测诊断与修复 [M]. 北京：人民交通出版社，2012.
[3] 韩飒. 汽车车身电气及附属电气设备检修（第二版）[M]. 北京：人民交通出版社，2015.